“十三五”职业教育国家规划教材

新编21世纪高等职业教育精品教材 财务会计类

第七版

会计学基础

主编／孙凤琴　谢新安

中国人民大学出版社

·北京·

图书在版编目（CIP）数据

会计学基础/孙凤琴，谢新安主编. --7版.
北京：中国人民大学出版社，2025.1. --(新编21世纪高等职业教育精品教材). -- ISBN 978-7-300-33212-3

Ⅰ. F230

中国国家版本馆CIP数据核字第2024HH9751号

“十四五”职业教育国家规划教材
“十三五”职业教育国家规划教材
新编21世纪高等职业教育精品教材·财务会计类
会计学基础（第七版）
主　编　孙凤琴　谢新安
Kuaijixue Jichu

出版发行	中国人民大学出版社		
社　　址	北京中关村大街31号	**邮政编码**	100080
电　　话	010－62511242（总编室）		010－62511770（质管部）
	010－82501766（邮购部）		010－62514148（门市部）
	010－62515195（发行公司）		010－62515275（盗版举报）
网　　址	http://www.crup.com.cn		
经　　销	新华书店		
印　　刷	北京溢漾印刷有限公司	**版　　次**	2008年8月第1版
开　　本	787 mm×1092 mm　1/16		2025年1月第7版
印　　张	20.25	**印　　次**	2025年1月第1次印刷
字　　数	435 000	**定　　价**	55.00元

前 言

在越来越多的公司通过媒体向社会公众披露会计信息的今天，人们面对着大量的会计术语，如果不是业内人士，要读懂这些信息，恐怕并不容易。

这是一本会计入门教材，旨在告诉人们会计是什么、会计干什么、会计怎么干。

用社会主义核心价值观铸魂育人，全面提高人才培养质量是指导本教材建设的基本思想。著名的会计学家娄尔行教授曾说过："一本好的会计学教材，应严格遵循和妥善运用会计学和教育学两方面的规律，后者容易被编写者忽视，教材应以教学为本，易教易学。"

本教材的主要特色是：目标先行、实例引领、理论简明、强化实务、同步启发、贴心助学、自测巩固。

为了帮助学生树立正确的人生观、价值观和良好的会计职业道德，真正掌握会计基础知识和基本技能，本教材对每章结构都做了精心设计：每章都有明确的学习目标和重点与难点提示；每章都紧扣课程内容和日常生活，设计了素养目标和相应的实践活动；每章章首都以一个实例作引入，将学科知识与经济现实联系起来，激发学生的学习兴趣，使人生观、价值观教育和职业道德教育自然融入其中，润物细无声，帮助学生明辨是非；每一节后都设计了具有挑战性的同步思考题，引导学生深度学习；每章结束均有一篇关于学习方法建议或难点释疑的贴心提示，以解答学习困惑；每章都有配套的自测题，帮助学生巩固练习。

在内容上，本教材对基本概念的表述力求简明准确，对基本原理的阐述力求深入浅出，对基本方法的描述力求通俗易懂，由浅入深、先简后繁，尽可能通过恰当的例子来诠释会计理论、演示会计实务，使学生逐步理解会计知识。

本教材附一本实训手册，提供教学中所需要的基础会计技能实训项目，学生通过填制凭证、登记账簿、编制报表等模拟实训，可以进一步理解教学内容，真正掌握会计基本技能。

本教材相关教学资源包括教学课件、自测题答案及配套实训（含参考答案），任课教师可以通过登录中国人民大学出版社官网获取；本书"同步思考"参考答案可通过扫描各章章首二维码获取。教材编写团队还制作了一系列生动有趣的动画微课，以帮助学生理解课程重难点，动画微课可通过扫描教材中的二维码获取。扫描教材每章"在线自测"二维码，即可进行自主测试，提交之后可立即获得反馈。

本教材由孙凤琴、谢新安担任主编，第一、二、三、四、五章由孙凤琴编写，第六、七、八、九章及附录二由谢新安编写，附录一由张海梅编写。附录一账务处理程序和附录二会计工作组织的内容可以扫描二维码获取。孙凤琴负责对全书进行总纂和定稿。

本教材是江苏省高等学校立项精品教材。希望它能为愿意获取会计基础知识的读者提供学习上的帮助，能得到读者的喜欢。让教材的使用者喜欢是一个很高的目标，但这正是本教材编写者所努力追求的。

由于水平有限，书中错漏难免，欢迎指正，以便完善。

编者

目　录

第一章

总　论

同步思考
参考答案

学习目标

通过本章的学习，学生应能够说出会计的基本职能，能够描述会计的目标、八项会计信息质量要求、四项会计基本假设以及企业会计准则体系。

素养目标

1. 了解源远流长的中国会计史，坚定文化自信，增强民族自豪感。
2. 树立会计信息质量意识，理解依法进行会计核算和监督的重要性。

重点与难点

1. 会计的基本职能。
2. 会计的目标和会计信息质量要求。
3. 企业会计准则体系。
4. 会计基本假设。

实践活动

1. 交流分享我国会计发展历史中的大事，丰富对“经济越发展、会计越重要”的认识。
2. 交流分享我国会计领域模范人物事迹，增强对会计行业的了解。

引例

重视会计——稻盛和夫拯救日航的一大利器

2010 年 2 月 1 日，应日本政府之邀，稻盛和夫担任日本航空公司董事长，拯救申请破产保护的日本航空公司。他 1959 年创办京都陶瓷株式会社，1984 年创办第二电信，这两家公司都进入了世界500强。

来到日航后，让稻盛先生大为吃惊的是，日航这么一个巨型公司，虽然人才济济，但是经营层居然不懂甚至不重视会计。财务报表要迟三个月才能出来，出来的也只是“盖浇饭”式的笼统数据。他们不晓得经营企业必须依据正确、及时反映企业真实状况的数据，正如飞行员驾驶飞机必须看仪表盘一样。稻盛先生认为，这样的经营者连一家蔬菜铺也经营不好。于是，在向日航注入灵魂——正确的经营哲学的同时，让日航的管理者学习经营的实学——简明的会计原则，就成为重建日航的当务之急。

哲学、实学双管齐下，见效之快令人惊叹不已。不到半年，日航就开始大幅度扭亏为盈，到2010年年底，就创造了历史上空前的1 580亿日元的巨额利润。

纯粹的理想主义和彻底的现实主义高度完美的结合，这就是稻盛和夫的哲学和实学，也是稻盛先生的成功原因。

资料来源：稻盛和夫．稻盛和夫的实学．曹岫云，译．北京：东方出版社，2011.

第一节 会计的含义

如果你是一位股东，你一定关心你所投资的公司或将要投资的公司的情况；如果你是一位经理，你一定关心你所经营的企业或项目的业绩如何。这些都离不开会计。

如果你是一名员工，你肯定有过与单位会计打交道的经历；如果你是一名学生，说不定毕业以后就会从事会计工作。会计其实离我们很近。

会计这个词对于我们来讲并不陌生，但要说清楚什么是会计并不容易。

一、会计的产生与发展

会计是适应人类生产活动的客观需要而产生的。随着生产力的不断发展，会计经历了一个由简单到复杂、由低级到高级的不断发展和完善的过程。

在我国，远在原始社会末期，人类为记录劳动成果的数量，采用了“结绳记事”“垒石计数”等方法，这是人类会计的雏形。当然，那时的会计只是生产职能的附带部分，还没有成为一项独立的专门工作。独立的会计职能出现于西周时期，当时，随着奴隶制经济的繁荣发展，出现了“司会”之职和“会计”这个词，会计两字的基本意思是：每月零星计算为“计”，年终总合计算为“会”。唐代元和二年（公元807年）李吉甫撰写的《元和国计簿》和大和元年（公元827年）韦处厚所作《大和国计》是我国最早的会计专著。宋朝开始运用“元管”“新收”“已支”“见在”之间的关系来反映财产的增减变化情况，明初概括为“四柱清册”（旧管＋新收－开除＝实在）。到明末清初，进一步出现了“龙门账”，它将账目划分为进、缴、存、该四大类，分别编制“进缴表”和“存该表”，运用“进－缴＝存－该”的平衡公式，两表计算的盈亏应该相等，称为“合龙门”。到清代，又产生了“天地合账”，它要求一切账项都要在账簿上记录两笔，既登记“来账”，又登记“去账”，账簿分上下两格，垂直书写，上格记“收”，称为“天”，下格记“付”，称为“地”，上下两格所记数额必须相等，称为“天地合”。“四柱清册”“龙门账”“天地合账”是我国历史上传统中式簿记的主要特色。

在国外，会计的产生与发展也经历了漫长的过程。在古代印度公社早期就已经出现了记账员，专门记载与农业生产有关的事项。13 世纪至 15 世纪，地中海沿岸一些城市的手工业和商业日趋发达，经济繁荣，从而诞生了科学的借贷记账法。1494 年，意大利数学家帕乔利所著的《算术、几何、比及比例概要》一书问世，书中系统地论述了借贷复式记账法，复式簿记遂得以在世界广为流传。帕乔利的著作对欧美各国产生了很大影响，传入欧洲大陆形成大陆式会计，传入英国和美国形成英美式会计。日本明治维新后从英国学得西式簿记，20 世纪初清政府派员赴日学习，英美式的复式记账由日本传入我国。

18 世纪至 19 世纪，英国爆发了工业革命，以后相继波及其他西方国家，大工厂逐步取代了手工作坊，出现了对大批量生产的产品进行成本计算的要求，成本会计应运而生。19 世纪，英国在产业革命的影响下，产生了所有权和经营权相分离的公司组织，为适应股份公司对外公开财务信息的需要，在簿记的基础上，逐步出现了资产、负债、资本的计量，收益的确定，财务报表的编制与审核等内容，从而完成了簿记向会计的过渡。进入 20 世纪，一方面，为了使会计工作规范化，提高会计信息的真实性，西方国家开始研究和制定会计准则，会计理论与实务得到新的发展；另一方面，科学技术的突飞猛进和市场竞争的日趋激烈，既要求企业内部管理更加合理化、科学化，又要求企业对外界情况具有灵活的反应和高度的适应能力，这样一个新的会计分支——管理会计，开始从成本会计的基础上发展起来，并从传统会计中分离出来。20 世纪 90 年代以来，信息技术与网络技术的飞速发展和知识经济社会的到来，大大地改变了会计的环境，这种改变不仅使会计的形式和内容发生了翻天覆地的变化，而且使会计作用的空间更大。

综上所述，会计的产生与发展离不开生产的发展。实践证明，经济越发展，会计越重要。

二、会计的基本职能

会计的职能是指会计具有的功能，即会计客观上能干什么。会计的基本职能是：会计核算和会计监督。

（一）会计核算职能

会计核算是指对各单位的经济活动进行确认、计量、记录、报告，将经济活动的内容转换成会计信息，提供给各信息使用者。其主要有以下特点。

1. 从数量方面核算

会计最初就是从数量上计算、记录财物的收支。对经济活动的计量，可用三种量度，即劳动量度（如生产工时）、实物量度（如千克、件）、货币量度（如人民币元）。由于劳动量度存在复杂性，实物量度存在差异性，只有货币量度才具有同质性、可加性、可比性，因此现实中会计主要利用货币计量单位，通过价值形式核算各单位经济活动的过程和结果。

【例 1 - 1】 某水果店有苹果 100 千克、橘子 50 千克、香蕉 80 千克、电子秤一台、货架一个，另有现金 800 元。

若要计算这家水果店总共有多少东西，我们无法将这些东西直接相加得到需要的结果。只有将它们都以货币来计量，如苹果 100 千克价值 600 元，橘子 50 千克价值 600 元，香蕉 80 千克价值 800 元，电子秤一台价值 50 元，货架一个价值 300 元，加上现金 800 元，才能计算出这家水果店总共有价值 3 150 元的东西。

2. 核算已经发生的交易或事项

各单位必须依据实际发生的交易或事项进行会计核算。会计核算的具体内容包括：款项和有价证券的收付，财物的收发、增减和使用，债权债务的发生和结算，资本、基金的增减，收入、支出、费用、成本的计算，财务成果的计算和处理以及其他事项。每项经济业务发生或完成后，都应取得和填制会计凭证，审核无误后才能进入账簿系统进行加工，以保证会计信息的可靠性。

【例 1-2】 某单位打算购买 10 台电脑，这笔业务由采购部的王先生和张小姐负责。王先生和张小姐先去市场考察了一遍，没有买到合适的电脑；两天后他们又去市场，买回 5 台电脑，总价款 20 000 元，以支票付讫，电脑已验收。还有 5 台准备等举办电脑展销会时再买。

该单位打算购买 10 台电脑和有关人员进行市场考察这些事项，都不能进行会计核算。对买回的 5 台电脑则应进行会计核算，从销售方取得的发票、付给销售方的支票存根、电脑验收的单据等都是会计核算的凭据，可以验证。

3. 会计核算具有完整性、连续性、系统性

完整性是指空间上会计要全面核算单位的经济业务，不能有任何遗漏；连续性是指按时间顺序进行核算，不能间断；系统性是指采用科学的方法对会计信息进行加工处理，将大量分散的数据进行分类、汇总，使之成为易于理解的、有序的、能说明全面情况的会计信息。

（二）会计监督职能

会计监督是指依据国家会计规范和单位内部财务会计制度，利用价值形式，对单位的各项经济活动进行监督，以保证其合法、合理、高效地运行。其主要有以下特点。

1. 会计监督与会计核算相伴相随

会计核算过程中，必然要根据国家有关规定、单位内部财务会计制度对经济业务进行审核和处理，这实际上就体现了会计监督职能。同时会计核算是一项程序性很强的工作，有关人员职责权限的分工分离及相互制约也是会计监督的要求。

2. 会计监督主要通过价值指标进行

各单位为了实现自身的目标，在管理上都会制定一些价值指标，利用价值形式进行会计监督，以便有效地控制单位的经济活动，使其朝着预定的目标运行。

3. 会计监督贯穿单位经济活动的全过程

会计监督包括事后监督、事中监督和事前监督。事后监督是指对已经发生的经济活动及结果进行分析，审查有关指标的执行情况，找出产生差异的原因，提出改进的措施；事中监督是指对正在发生的经济活动进行审查，及时纠正偏差，发挥控制经济活动进程的作用；事前监督是指对尚未发生的经济活动进行监督，即审查将要发生的经济活动是否符合有关法令、法规，是否符合经济规律的要求。

会计的两项基本职能是相辅相成、辩证统一的关系，会计核算是会计监督的基础，会计监督又是会计核算质量的保证。

三、会计的对象

会计的对象是指会计核算和会计监督的内容，企业会计核算和监督的内容就是企业发生的能够以货币表现的经济活动，即资金运动。

企业的资金运动从筹集资金开始，企业筹集资金有两种基本方式：一种方式是投资者投入资金，另一种方式是向债权人借入资金。投资者投入的资金是企业的资本金，它是企业从事生产经营活动最原始、最基本的资金来源，企业实现资金增值后应向投资者分配利润。负债经营是现代企业普遍的做法，向债权人借入资金可以增加企业的资金，扩大企业规模，但企业必须按照约定还本付息。所以，筹集资金会引起企业一系列的资金活动，如资金投入、利润分配、债务发生与偿还、利息支付等，这些活动是企业会计核算和会计监督的重要内容。

企业取得资金以后，要按照企业的经营目标运用资金，不同企业资金的具体用途不一样。以工业企业为例，产品加工过程可能比较简单，如食品、服装等，也可能比较复杂，如汽车、家电等，但无论是简单还是复杂，资金在经营过程中一般都要经过采购、生产、销售三个阶段，周而复始地循环周转，资金在运动中不断地改变形态，由货币资金转化为储备资金，由储备资金转化为生产资金，由生产资金转化为成品资金，再由成品资金转化为货币资金，同时这些资金形态在空间上是并存的。企业运用资金的目的是收回更多的资金，实现资金的增值，取得经济效益，所以，运用资金也会引起企业一系列的资金活动，如材料的采购、产品生产成本的归集、销售收入的实现、各项费用的发生、利润的确认、税金的缴纳等，这些活动也是企业会计核算和会计监督的重要内容。

四、会计的含义

关于会计的含义有两种说法：一种说法认为会计是一个以提供财务信息为主的信息系统；另一种说法认为会计是一种以价值管理为主要特征的经济管理活动。前者是根据会计工作的环节和目的来描述会计的，从取得原始数据进行加工处理到输出财务信息，需要经过会计确认、计量、记录和报告等一系列的工作环节，提供财务信息是会计工作的直接目的。后者则强调了会计在经济管理中的重要性，任何经济单位为了加强管理，均需要建立有效的管理信息系统，会计信息系统是其中涉及面最广的子系统，在管理组织体系中会计部门居于非常重要的地位，在预测、决策、组织、控制、检查、分析等管理活动中发挥着重要作用。所以，这两种说法并不矛盾，只是认识的角度不同，将会计定义为会计信息系统应该更接近会计的本质。

⇨ 同步思考

某单位规定职工出差每天住宿费标准不得超过 300 元。如果每天住宿费超过规定标准，超过部分不予报销；如果每天住宿费低于规定标准，则按节约部分的 10%给予出差人员奖励。你认为该单位的这项规定可以起到什么作用？

第二节　会计的目标

会计的目标是指会计信息系统运行所要达到的目的，具体的问题是向谁提供信息和提供什么样的信息。以下以企业会计信息系统为例说明会计的目标。

一、会计信息系统的服务对象

每个企业在经营过程中都不可避免地要和许多利益主体打交道，图 1－1 列示了与企业打交道的主要利益关系人。

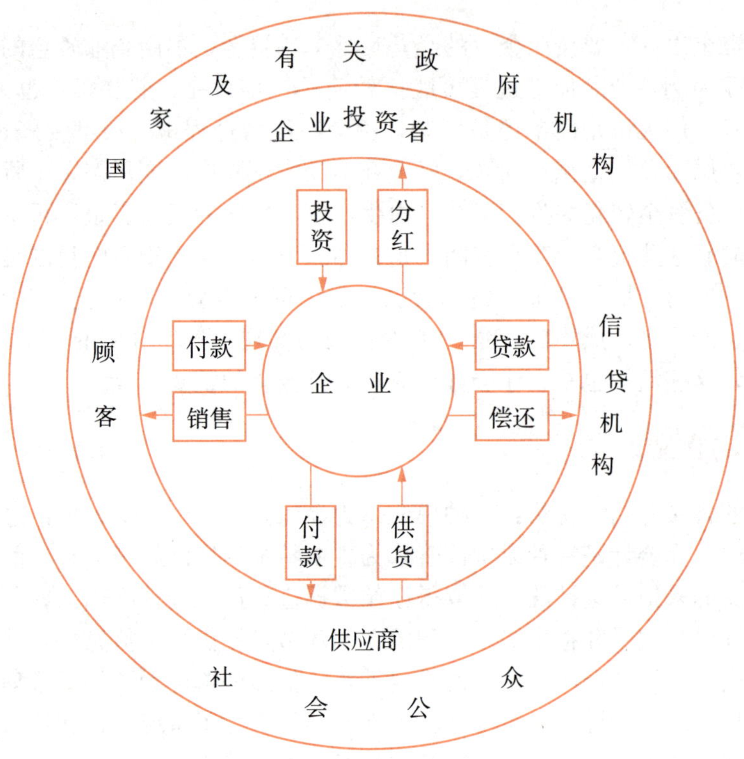

图 1－1　企业相关利益主体

从图 1－1 可以看出，企业的会计信息系统应该服务于以下两个层面。

（一）投资者、债权人、政府及其有关部门和社会公众等

投资者是企业资本的提供者，没有投资者提供资本，企业不可能存在，投资者投资的目的是实现资本的保值增值。近年来，我国企业改革持续深入，产权日益多元化，资本市场快速发展，机构投资者及其他投资者队伍日益壮大，他们需要会计信息来帮助他们做出决策，比如决定是否应当买进、持有或者卖出企业的股票或者股权，他们还需要信息来帮助其评估企业支付股利的能力等。由于现代企业主要采用公司组织形式，公司组织所有权和经营权相分离的基本特点，决定了投资者还需要借助会计信息来及时了解企业管理层保

管、使用资产的情况，以便于评价企业管理层的责任履行情况和经营业绩，并决定是否需要调整投资、是否需要加强企业内部控制和其他制度建设、是否需要更换管理层等。所以，向投资者提供信息是企业会计信息系统的必尽之责和首要任务。

企业贷款人、供应商等债权人通常十分关心企业的偿债能力和财务风险，他们需要了解企业的信誉、资产与负债情况、资产的质量、获利能力以及产生现金流量的能力等信息，借此来评估企业能否如期支付贷款本金及其利息、能否如期支付所欠购货款等。所以，企业若要获得贷款或商业信用，必然要向债权人提供会计信息，企业的会计信息是债权人进行贷款决策和信用决策的重要依据。

企业生产经营的好坏和经济效益的高低直接影响整个国民经济的稳定与发展。国家进行宏观经济管理和调控，必须关注经济资源的公平分配、市场经济秩序的公正有序、宏观决策信息的真实可靠等，有关政府机构，如财政、税收、审计、行业主管部门、证券监管部门等，代表国家履行相应的管理职能，企业应及时向其提供相关的会计信息，以满足国家宏观经济管理和调控的需要。

社会公众越来越关心企业的生产经营活动，如他们会关注企业的实力、形象、服务，关注企业产品的价格、质量等，也会关注企业对社会经济做出的贡献等信息，因此企业提供有关发展前景及能力、经营效益及效率等方面的信息，可以满足社会公众的需要。另外企业的顾客、员工等也是企业会计信息的使用者。

以上这些信息使用者的许多信息需求是共同的，由于投资者是企业的出资人，通常情况下，如果能够满足这一群体的会计信息需求，也就可以满足其他使用者的大部分信息需求。从投资者需要出发，企业所提供的信息应当如实反映企业所拥有或者控制的经济资源及其来源情况，如实反映企业的经营成果和现金流量等，从而帮助他们正确、合理地评价企业，并据以做出理性的决策。

（二）企业内部管理层

会计信息系统是企业管理信息系统最重要的组成部分，是企业经营决策和日常经营管理最重要的信息支持系统，会计信息是企业加强经营管理、提高经济效益的重要基础。所以满足企业内部经济管理的需要也是会计的重要目标。

上述第一方面的会计信息使用者是企业外部的信息使用者，第二方面的会计信息使用者是企业内部的信息使用者，他们所需的会计信息并不完全相同，而是各有侧重。因此，企业的会计信息系统又有两大分支：财务会计系统和管理会计系统。财务会计的目标是向投资者、债权人、政府及其有关部门和社会公众等外部信息使用者提供与企业财务状况、经营成果和现金流量等有关的会计信息，反映企业管理层受托责任履行情况，有助于他们做出经济决策。财务会计系统侧重为企业外部信息使用者服务，故又称为对外报告会计，其主要信息载体是财务报告。管理会计的目标是向企业内部管理层提供经营管理的详细信息，侧重为企业内部信息使用者服务，其信息不对外公开，故又称为对内报告会计。

本教材主要介绍财务会计的基本理论与方法，不涉及管理会计。

二、会计信息的质量要求

会计信息质量要求是对企业财务报告中所提供会计信息质量的基本要求。会计信息要对信息使用者进行经济决策有用，应该达到的基本要求包括可靠性、相关性、可理解性、可比性、实质重于形式、重要性、谨慎性和及时性八个方面。

（一）可靠性

可靠性要求企业以实际发生的交易或者事项为依据进行确认、计量和报告，如实反映符合确认和计量要求的各项会计要素及其他相关信息，保证会计信息真实可靠、内容完整。

可靠性要求企业的会计信息必须能确切地反映经济活动的本来面貌，必须是真实的、可核实的。如果企业提供的会计信息是虚假的、歪曲的，没有如实反映企业的实际情况，其危害性很大，甚至会误导信息使用者，导致决策的失误。因此，可靠性是会计信息的生命。

为了贯彻可靠性要求，企业应当做到：

（1）以实际发生的交易或者事项为依据进行确认、计量和报告，不得根据虚构的、没有发生的或者尚未发生的交易或者事项进行确认、计量和报告。

（2）在符合重要性和成本效益原则的前提下，保证会计信息的完整性。财务报告的内容应当保持完整，不能随意遗漏或者减少应予披露的信息，与使用者决策相关的信息都应当充分披露。

（二）相关性

相关性要求企业提供的会计信息应当与信息使用者的经济决策需要相关，有助于他们对企业过去、现在或者未来的情况做出评价或者预测。

会计信息是否有用、是否具有价值，关键是看其与使用者的决策需要是否相关，是否有助于他们的决策。相关的会计信息应当能够有助于使用者评价企业过去的决策，证实或者修正过去的有关预测，因而具有反馈价值；相关的会计信息还应当具有预测价值，有助于使用者根据财务报告所提供的会计信息预测企业未来的财务状况、经营成果和现金流量。

因此，企业在提供会计信息的过程中，应当充分考虑信息使用者的信息需求。但相关性是以可靠性为基础的，也就是说，会计信息在可靠性的前提下，尽可能地做到相关，以满足信息使用者的决策需要。如果将两者对立起来，追求会计信息的相关性而不具备可靠性，或者会计信息是可靠的但与决策无关，对决策者都没有实际意义。

（三）可理解性

可理解性要求企业提供的会计信息应当清晰明了，便于信息使用者理解和使用。会计信息要对使用者有用，前提是应能够被使用者理解，不能理解的信息，质量再好也没有用。而信息的可理解性，不仅取决于信息本身的特性，而且与使用者的理解力有关。我们不能假设信息使用者都精通会计专业知识，也不能假设他们对一般经济常识一无所知。因此，提供的会计信息，对于那些具有合理程度的企业经济活动知识，并愿意用合理的精力去研究信息的使用者来说，应当是可以理解的。即使是某些复杂的信息，如交易本身较为复杂或者会计处理较为复杂，企业也应当在财务报告中予以充分披露。

（四）可比性

可比性要求企业提供的会计信息应当相互可比，这主要包括两层含义。

1. 同一企业不同时期可比

可比性要求同一企业不同时期发生的相同或者相似的交易或者事项，应当采用一致的会计政策，不得随意变更。目的是便于信息使用者比较企业不同时期的会计信息，了解企业财务状况、经营成果、现金流量的变化趋势，客观地评价过去、预测未来，从而做出决策。但是，满足这一可比性要求，并非表明企业永远不能变更会计政策，如果按照规定或者在会计政策变更后可以提供更可靠、更相关的会计信息，可以变更会计政策，同时应将有关会计政策变更的情况在财务报告中加以说明。

2. 不同企业相同会计期间可比

可比性还要求不同企业发生的相同或者相似的交易或者事项，应当采用规定的会计政策，确保会计信息口径一致、相互可比。如果一个企业的信息与其他企业的同类信息相互可比，该信息的有用性会大大提高，可更好地帮助信息使用者比较、评价不同企业的财务状况、经营成果和现金流量情况，便于他们更好地决策。

（五）实质重于形式

实质重于形式要求企业应当按照交易或者事项的经济实质进行会计确认、计量和报告，不应仅以交易或者事项的法律形式为依据。

企业发生的交易或事项在多数情况下其经济实质和法律形式是一致的，但在有些情况下也会出现不一致。例如一家航空公司向某租赁公司融资租赁了 20 架飞机，虽然这些飞机在租赁期间内从法律上来看所有权属于租赁公司，但实质上由该航空公司控制，所以应当按照经济实质对其进行会计处理。

（六）重要性

重要性要求企业提供的会计信息应当反映与企业财务状况、经营成果和现金流量有关的所有重要交易或者事项。

企业的经济活动纷繁复杂，不分轻重主次地将所有经济数据全部转化为会计信息提供给信息使用者，既不符合成本效益原则，也是没有必要的。但是如果企业将应提供的会计信息省略、遗漏、错报，影响了信息使用者的判断和决策，则该信息就是重要的，必须提供。重要性的应用需要依赖职业判断，企业应当根据其所处环境和实际情况，从项目的性质和金额大小两个方面加以判断。

（七）谨慎性

谨慎性要求企业对交易或者事项进行会计确认、计量和报告时保持应有的谨慎，不应高估资产或者收益、低估负债或者费用。

市场经济环境下，企业的生产经营活动面临着许多不确定性，谨慎性要求企业在面临不确定因素的情况下，应当保持谨慎，充分考虑各种风险和损失，不高估资产或者收益，不低估负债或者费用。如考虑应收款项可能收不回来，企业应估计坏账损失；考虑售出产品可能发生返修等情况，企业应对售出商品所提供的产品质量保证责任加以估计。

谨慎性要求与可靠性要求从表面上看有些冲突，但实质上它是对风险的充分考虑，而风险是客观存在的，所以谨慎性要求也不是允许企业设置秘密准备。如果企业故意低估资产或者收入，或者故意高估负债或者费用，扭曲企业实际的财务状况和经营成果，将有违可靠性和相关性要求，会对信息使用者的决策产生误导，这是违背会计信息质量要求的。

（八）及时性

及时性要求企业对于已经发生的交易或者事项，应当及时进行确认、计量和报告，不得提前或者延后。

及时性是指在失去对决策的影响能力以前将信息提供给决策者。即使是可靠的、相关的会计信息，如果不及时提供，也失去了时效性，对于使用者的效用就大大降低，甚至不再具有实际意义。为了避免原本与决策相关可靠的信息失去效用，应及时提供会计信息。一方面，企业对发生的交易或者事项要及时进行会计处理；另一方面，要把会计信息及时传递给信息使用者。

上述八个方面中，可靠性、相关性、可理解性和可比性是会计信息的首要质量要求，是企业财务报告所提供的会计信息应具备的基本质量特征；实质重于形式、重要性、谨慎性和及时性是会计信息的次级质量要求，是对可靠性、相关性、可理解性和可比性等要求的补充和完善，尤其是在对某些特殊交易或者事项进行处理时，需要根据这些要求来把握其会计处理原则；另外，及时性还是会计信息相关性和可靠性的制约因素，企业需要在相关性和可靠性之间寻求一种平衡，以确定信息及时披露的时间。

⇨ 同步思考

1. 2024 年 4 月 2 日，某上市公司宣布，在审计 2023 年年报发现问题后，董事会成立了一个特别调查委员会，发现公司 2023 年第二季度至第四季度期间，伪造了 22 亿元人民币的交易额，相关的成本和费用也相应虚增。你认为该公司在被调查前发布的会计信息不符合会计信息质量的哪项要求？

2. 企业有 100 台电脑，原始购入成本是 50 万元，按目前市场价格并考虑其新旧程度，它们的价值已经大幅降低。你认为会计上要核算其减值损失吗？为什么？

第三节　会计规范

企业对外披露的会计信息是一种公共产品，在证券市场日益发达的今天，它对社会资源的配置和社会公众的利益影响重大，同时，它又是用来沟通的商业语言，直接影响国内国际经济合作与交流。因此，企业财务会计工作必须遵循统一的规范。

一、会计法

《中华人民共和国会计法》（以下简称《会计法》）于 1985 年 1 月 21 日第六届全国人民代表大会常务委员会第九次会议通过，同年 5 月 1 日起实施，后于 1993 年 12 月 29 日经第八届全国人民代表大会常务委员会第五次会议修正，于 1999 年 10 月 31 日经第九届全国人民代表大会常务委员会第十二次会议修订，于 2017 年 11 月 4 日经第十二届全国人民代表大会常务委员会第三十次会议修正，自 2017 年 11 月 5 日起施行。于 2024 年 6 月 28 日经第十四届全国人民代表大会常务委员会第十次会议修订，自 2024 年 7 月 1 日起施行。《会计法》是我国最高层次的会计规范，是规范我国会计活动的法律，其他的会计规范均应以它为基础。

《会计法》的核心内容包括：总则、会计核算、会计监督、会计机构和会计人员、法律责任和附则。

二、企业会计准则

我国企业会计准则体系包括基本准则和具体准则。

基本准则以《会计法》为主要制定依据，是企业会计准则体系的概念基础，在整个企业会计准则体系中具有统驭地位。制定基本准则的目的是规范企业会计行为，保证会计信息质量。我国《企业会计准则——基本准则》于2006年2月15日财政部以第33号部长令的形式对外公布，自2007年1月1日起施行，2014年7月23日财政部令第76号公布了对其的最新修改。其核心内容包括财务报告目标、会计基本假设、会计基础、记账方法、会计信息质量要求、会计要素分类及其确认与计量、财务会计报告等。

具体准则是以基本准则为依据，对会计确认、计量、相关信息披露以及会计工作具体内容的规定。2006年2月15日财政部发布了38项具体会计准则，自2007年1月1日起施行，具体包括共性业务准则、特殊业务准则、财务报告准则三类。近几年来，随着经济形势的发展变化，财政部新增和修订了若干准则，将来还会继续新增和修订。我国现行企业具体会计准则如表1-1所示。

表1-1 我国企业会计准则——具体准则

准则名称	最新变化	准则名称	最新变化
企业会计准则第1号——存货		企业会计准则第22号——金融工具确认和计量	2017年3月31日修订
企业会计准则第2号——长期股权投资	2014年3月13日修订	企业会计准则第23号——金融资产转移	2017年3月31日修订
企业会计准则第3号——投资性房地产		企业会计准则第24号——套期会计	2017年3月31日修订
企业会计准则第4号——固定资产		企业会计准则第25号——原保险合同	2020年12月19日修订
企业会计准则第5号——生物资产		企业会计准则第26号——再保险合同	2020年12月19日修订
企业会计准则第6号——无形资产		企业会计准则第27号——石油天然气开采	
企业会计准则第7号——非货币性资产交换	2019年5月9日修订	企业会计准则第28号——会计政策、会计估计变更和差错更正	
企业会计准则第8号——资产减值		企业会计准则第29号——资产负债表日后事项	
企业会计准则第9号——职工薪酬	2014年1月27日修订	企业会计准则第30号——财务报表列报	2014年1月26日修订
企业会计准则第10号——企业年金基金		企业会计准则第31号——现金流量表	
企业会计准则第11号——股份支付		企业会计准则第32号——中期财务报告	

续表

准则名称	最新变化	准则名称	最新变化
企业会计准则第 12 号——债务重组	2019 年 5 月 16 日修订	企业会计准则第 33 号——合并财务报表	2014 年 2 月 17 日修订
企业会计准则第 13 号——或有事项		企业会计准则第 34 号——每股收益	
企业会计准则第 14 号——收入	2017 年 7 月 5 日修订	企业会计准则第 35 号——分部报告	
企业会计准则第 15 号——建造合同		企业会计准则第 36 号——关联方披露	
企业会计准则第 16 号——政府补助	2017 年 5 月 10 日修订	企业会计准则第 37 号——金融工具列报	2017 年 5 月 2 日修订
企业会计准则第 17 号——借款费用		企业会计准则第 38 号——首次执行企业会计准则	
企业会计准则第 18 号——所得税		企业会计准则第 39 号——公允价值计量	2014 年 1 月 26 日新增
企业会计准则第 19 号——外币折算		企业会计准则第 40 号——合营安排	2014 年 2 月 17 日新增
企业会计准则第 20 号——企业合并		企业会计准则第 41 号——在其他主体中权益的披露	2014 年 3 月 14 日新增
企业会计准则第 21 号——租赁	2018 年 12 月 7 日修订	企业会计准则第 42 号——持有待售的非流动资产、处置组和终止经营	2017 年 4 月 28 日新增

与企业会计准则有关的重要会计规范有很多，比如 2007 年 1 月 1 日起施行的财政部根据基本准则和具体准则制定的《企业会计准则——应用指南》，除了第 15、25、26、29、32、36 号具体准则外，其他每项具体准则均有相应的应用指南。为了深入贯彻实施企业会计准则，解决执行中出现的问题，财政部在 2007 年到 2023 年间还制定了第 1 号至第 17 号《企业会计准则解释》。

另外，为了规范小企业会计确认、计量和报告行为，促进小企业可持续发展，发挥小企业在国民经济和社会发展中的重要作用，财政部于 2011 年 10 月 18 日根据《会计法》及其他有关法律和法规，制定了《小企业会计准则》，自 2013 年 1 月 1 日起在小企业范围内施行。

⇨ 同步思考

新年伊始，阿芳用 100 万元的积蓄投资设立一个服装厂，租了厂房，购买了设备和原材料，招聘了 30 名员工后正式营业。你认为这个服装厂应该执行《小企业会计准则》吗？

第四节 会计基本假设和会计基础

一、会计基本假设

动画微课：
会计假设有几个

会计基本假设是企业会计确认、计量和报告的前提，是对会计核算所处时间、空间环境等所做的合理设定。会计基本假设包括会计主体、持续经营、会计分期和货币计量四个方面。

（一）会计主体

会计主体是指企业会计确认、计量和报告的空间范围。在会计主体假设下，企业应当对其本身发生的交易或者事项进行会计确认、计量和报告。企业是一个特定的主体，是独立于所有者和其他企业之外的经济实体，在企业会计处理时不能将它们之间的经济业务混淆起来，这样才能客观、准确地反映企业的财务状况、经营成果和现金流量，才能向财务报告使用者提供反映企业本身这个特定对象的会计信息。

明确界定会计主体是开展会计确认、计量和报告工作的重要前提，只有明确会计主体，才能划定会计所要处理的各项交易或事项的范围边界，才能将某个会计主体的经济活动与其所有者的经济活动以及其他会计主体的经济活动区分开来。例如，企业所有者向银行借款 100 万元投入企业作为企业的资本，那么企业只要确认、计量和报告收到所有者的投入资本，而不必处理所有者向银行借款的事项，向银行借款是企业所有者的经济活动，不是企业的行为。

会计主体不同于法律主体。一般来说，法律主体必然是一个会计主体，例如，一个企业作为一个法律主体，应当建立财务会计系统，独立反映其财务状况、经营成果和现金流量。但是会计主体不一定是法律主体，例如就企业集团而言，为了全面反映企业集团的财务状况、经营成果和现金流量，有必要将企业集团作为一个会计主体，编制合并财务报表，但是企业集团却不是法律主体。

（二）持续经营

持续经营是指在可以预见的将来，企业将会按当前的规模和状态继续经营下去，不会停业，也不会大规模削减业务。在持续经营假设下，会计确认、计量和报告应当以企业持续、正常的生产经营活动为前提。虽然会计主体客观上存在不确定性，既可能持续经营下去，也可能终止，但持续经营应是企业生存过程中基本和主要的状态。持续经营假设从时间上规定了会计处理的正常范围。

我国企业会计准则体系是以企业持续经营为前提加以规范的。企业成立以后持续经营期间，资产将按照预计寿命使用，负债按照约定偿还，收入、费用按照正常的影响确认为各期损益，但如果企业终止清算了，显然不能再按持续经营假设选择会计确认、计量和报告的原则与方法，否则会误导会计信息使用者的经济决策。

（三）会计分期

会计分期是指将一个企业持续经营的期间划分为一个个连续的、长短相同的会计期间。在会计分期假设下，企业应当划分会计期间，分期结算账目和编制财务报告。会计分期的目的在于将持续经营的期间划分成连续、相等的期间，据以结算盈亏，按期编报财务报告，从而及时向财务报告使用者提供有关企业财务状况、经营成果和现金流量的信息。

会计分期假设是在会计主体持续经营的前提下，为了让信息使用者及时了解企业的情况而将持续经营的整个区间人为地加以划分。会计期间通常分为年度和中期。我国《会计法》明确规定：会计年度自公历 1 月 1 日起至 12 月 31 日止。中期是指短于一个完整的会计年度的报告期间，包括半年度、季度和月度等，其起讫日期均按公历起讫日期确定。

（四）货币计量

货币计量是指会计主体在会计确认、计量和报告时以货币为计量单位，反映会计主体的生产经营活动。我国《会计法》明确规定：会计核算以人民币为记账本位币，业务收支以人民币以外的货币为主的单位，可以选定其中一种货币作为记账本位币，但是编报的财务会计报告应当折算为人民币。

在有些情况下，统一采用货币计量也存在缺陷，某些影响企业财务状况和经营成果的因素，如企业经营战略、研发能力、市场竞争力、人力资源等，往往难以用货币来计量，而这些信息对于使用者决策来讲也很重要，企业可以通过在财务报告中披露有关非财务信息来弥补。

上述四项会计基本假设具有相互依存的关系，会计主体明确了会计确认、计量、报告的空间范围，它是其他假设的基础，没有会计主体，就不会有持续经营，没有持续经营，就不会有会计分期；持续经营和会计分期明确了特定主体会计确认、计量、报告的时间范围；货币计量为特定主体会计确认、计量、报告提供了计量手段。

二、会计基础

持续经营的企业应当以权责发生制为基础确认、计量、报告各会计期间的财务状况和经营成果。权责发生制的运用详见第四章。

⇨ 同步思考

王先生投资 20 万元开了一个便民超市，你认为有没有必要将这个超市的资金活动和王先生个人的资金活动区分开来？这个超市有没有必要进行分期会计核算？

第五节　会计核算方法

会计从取得原始数据进行加工处理到输出财务信息，需要经过会计确认、计量、记录和报告等一系列的工作环节，在各环节中都有专门的方法。会计核算方法一般包括设置会计科目和账户、复式记账、填制和审核会计凭证、登记账簿、成本计算、财产清查、编制财务报表等。这些方法是一个完整的体系，它们相互联系，紧密配合，既保证会计工作的有序进行，又能够实现会计工作的目标。

一、设置会计科目和账户

由于会计对象包含的内容纷繁复杂，需要通过设置若干会计科目和账户，对会计对象的具体内容进行分类核算，这样才能全面、连续、系统地反映企业的经济活动。

二、复式记账

复式记账是对每一项经济业务都要在两个或两个以上相关账户中进行记录的一种专门方法。采用复式记账方法，可以相互联系地反映企业经济活动全貌，可以揭示企业资金运动的来龙去脉。

三、填制和审核会计凭证

会计凭证是交易或事项的书面证明，是记账的依据。填制和审核会计凭证是保证会计资料真实的有效手段，有利于保证会计信息的可靠性。

四、登记账簿

根据会计凭证，在账簿上连续地、系统地、完整地记录交易或事项，是会计核算的一种专门方法。通过登记账簿并定期进行对账、结账，可以提供完整的、系统的会计资料，也为编制财务报告提供依据。

五、成本计算

成本计算就是对应计入一定对象的全部耗费进行归集、计算，它实际上是一种会计计量活动。通过成本计算，一方面能正确计量有关资产的价值，另一方面能为计量企业的经营成果提供数据。

六、财产清查

财产清查是对企业各项财产物资进行盘点、核对，以查明其实有数额与会计账簿记录是否相符的专门方法。若账实不符，应该及时调整账簿记录，使账存数与实存数保持一致，并查明账实不符的原因，明确责任。财产清查不仅是保证会计核算资料真实、正确的有效手段，而且有利于保护企业财产物资的安全与完整。

七、编制财务报表

编制财务报表是定期、总括地反映企业财务状况、经营成果和现金流量的一种专门方法。通过编制、报送或披露财务报表，可以为信息使用者提供有利于决策的会计信息。

⇨ 同步思考

你认为每个企业的会计工作细节都一样吗？

贴心提示

学好“会计学基础”课程对我们有什么帮助?

学好本课程，既可以知道会计这项工作的原理、流程和方法，又可以明白企业资金运动的轨迹和结果，对于我们以后学习其他课程来讲是打基础，非常重要。即使我们不从事会计工作，会计知识也是非常有用的。谁能不和钱打交道呢？就拿以后遇到投资理财的事情来说，懂不懂会计、会不会看报表，结果可能很不一样。

那么，怎样才能学好本课程？建议大家一定要联系实际，多思考、多观察、多练习，这样才能加深对基本原理的理解，真正掌握会计的方法，并能够学以致用。

自测题

在线自测

一、单项选择题

1. 规范我国会计工作的基本法律是（　　）。

A.《企业会计准则》　　B.《企业财务会计报告条例》

C.《企业会计制度》　　D.《中华人民共和国会计法》

2. 企业应当以（　　）为会计基础。

A. 权责发生制　　B. 持续经营　　C. 会计主体　　D. 财务报告

3. 会计核算采用的主要计量单位是（　　）。

A. 货币　　B. 实物　　C. 工时　　D. 人民币

4. 会计的对象是（　　）。

A. 资金运动　　B. 货币收支　　C. 经营成果　　D. 会计工作

5. 下列不属于会计假设的是（　　）。

A. 会计主体　　B. 持续经营　　C. 会计分期　　D. 权责发生制

6. 借贷记账法产生于（　　）。

A. 中国　　B. 意大利　　C. 埃及　　D. 印度

二、多项选择题

1. 会计的基本职能是（　　）。

A. 管理　　B. 核算　　C. 控制　　D. 监督

2. 下列属于会计核算方法的是（　　）。

A. 复式记账　　B. 财产清查

C. 成本计算　　D. 填制和审核会计凭证

3. 企业会计信息系统按照服务对象不同分为（　　）。

A. 财务会计　　B. 管理会计　　C. 成本会计　　D. 税务会计

4. 会计信息的首要质量要求包括（　　）。

A. 可靠性　　B. 相关性　　C. 可理解性　　D. 重要性

5. 会计监督包括（　　）。

A. 事前监督　　B. 事中监督　　C. 事后监督　　D. 核算监督

6. 下列属于会计假设的有（　　）。

A. 会计主体　　B. 持续经营　　C. 会计分期　　D. 货币计量

三、判断题

1. 可比性要求是指企业不同经济业务要按照同样的会计方法处理。（　　）
2. 企业合理估计资产的减值损失符合会计信息的质量要求。（　　）
3. 我国宋朝出现的“龙门账”标志着中式会计已达到比较科学、系统、完善的地步。（　　）
4. 法律上不属于企业所有但实质上由企业控制的资源可以作为企业的资产核算。（　　）
5. 会计主体必须是独立的企业法人。（　　）
6. 谨慎性要求是指会计人员在工作中要做到谦虚谨慎、不骄不躁。（　　）

四、简答题

1. 简述财务会计的目标。
2. 简述会计信息的质量要求。
3. 简述会计四项基本假设。
4. 简述我国企业会计规范的内容。

第二章

会计要素与会计等式

同步思考
参考答案

学习目标

通过本章的学习，学生应能够说出六个会计要素的名称、含义和内容，能够写出会计等式，能够分析经济业务对会计等式的影响。

素养目标

1. 学会从会计的视角去认识现实中的企业。
2. 重点了解我国企业的规模、发展速度，坚定四个自信。

重点与难点

1. 会计要素的含义、特征。
2. 会计等式。
3. 经济业务类型。

实践活动

《财富》杂志每年都会公布世界500强企业名单，每五年世界500强企业中，我国企业数分别是1995年的3家、2000年的11家、2005年的18家、2010年的54家、2015年的106家、2020年的133家（位列第一）。你可以画出世界500强企业中我国企业数增长的折线图，感受一下我国经济的增长速度。你知道世界500强企业是按照资产、净资产、营业收入、利润中的哪个指标来排名的吗？

引例

2022年中国证监会1号罚单

2022年1月4日，中国证监会发布2022年首张行政处罚决定书——中国证监会行政处罚决定书〔2022〕1号。金正大生态工程集团股份有限公司（简称“金正大”）及8名高管因财务造假，被给予警告并处以罚款，累计被罚755万元，其中3名主要责任人被采取3～10年市场禁入措施。

2015年至2018年上半年，金正大及其部分子公司通过与其供应商、客户和其他外部单位虚构合同，空转资金，开展无实物流转的虚构贸易业务，累计虚增收入230.7亿元，虚增成本210.8亿元，虚增利润总额19.9亿元。除此之外，金正大未按规定披露关联方及关联交易、部分资产及负债科目存在虚假记载。

资料来源：中国证券监督管理委员会网站.

第一节 会计要素

会计的对象是资金运动，企业的资金运动内容繁多、涉及面广，必须对它们进行分类。会计要素是对会计对象进行的分类。

一、会计要素的内容

会计要素具体包括资产、负债、所有者权益、收入、费用和利润。

（一）资产

1. 资产的定义及确认条件

资产是指企业过去的交易或者事项形成的、由企业拥有或者控制的、预期会给企业带来经济利益的资源。

符合上述定义的资源，在与该资源有关的经济利益很可能流入企业并且它的成本或者价值能够可靠地计量时，确认为企业的资产。

2. 资产的分类

资产按流动性可分为流动资产和非流动资产，资产的流动性是指资产的变现、出售或耗用时间长短，资产变现、出售或耗用时间短的流动性强，资产变现、出售或耗用时间长的流动性弱。

流动资产是指预计在一年或超过一年的一个正常营业周期内变现、出售或耗用的资产。货币资金流动性最强，变现一般针对应收账款等而言，出售一般针对商品存货等而言，耗用一般针对原材料存货等而言。一个正常营业周期，是指企业从购买用于加工的资产起至实现现金或现金等价物的期间。一般企业的正常营业周期通常短于一年，但也存在正常营业周期长于一年的情况，如房地产开发企业开发的用于出售的房地产开发产品，造船企业制造的用于出售的大型船只等，从购买原材料进入生产，到制造出产品出售并收回现金或现金等价物的过程，往往超过一年。在这种情况下，与生产循环相关的产成品、应收账款、原材料尽管超过一年才变现、出售或耗用，仍应确认为流动资产。当正常营业周期不能确定时，应当以一年即12个月作为正常营业周期。

非流动资产是指除流动资产以外的资产，包括固定资产、无形资产等。固定资产是指为生产商品、提供劳务或经营管理而持有的使用寿命超过一个会计年度的有形资产。无形资产是指企业拥有或者控制的没有实物形态的可辨认非货币性资产。例如一家服装厂的厂房建筑物、机器设备、运输车辆等是其固定资产，持有的专利权、商标权、土地使用权等是其无形资产，货币资金、应收账款、原材料、在产品、库存商品等是其流动资产。

3. 资产的特征

（1）资产必须是现实存在的资源。

现实存在的资产才能明确其归属，才能给企业带来经济利益。只有过去已经发生的交易或事项，包括购买、生产、建造、接受投资等才可能会形成现实的资产，企业预期在未来发生的交易或者事项不形成资产。

例如，企业计划购买 10 台电脑但尚未购买，就不能将这 10 台电脑确认为企业的资产，若买回来 5 台电脑，则这 5 台电脑应确认为企业的资产；投资人打算对企业投入 1 000 000 元，只有在他将这笔资金真正投入企业时才能确认为企业的资产。

（2）资产必须是企业所拥有或控制的资源。

由企业拥有或者控制是指企业享有某项资源的所有权，或者虽然不享有它的所有权，但它能被企业所控制。只有企业拥有或控制的资源，其产生的经济利益才能够排他性地流入企业。

例如，一家航空公司自己购买了 60 架飞机，还向某租赁公司长期租赁了 20 架飞机，因这 80 架飞机产生的经济利益都归属于该航空公司，那么它们自然都应该被确认为该航空公司的资产。

（3）资产预期会直接或间接地给企业带来经济利益。

资产预期会给企业带来经济利益，是指资产直接或者间接导致现金或现金等价物流入企业的潜力。这种潜力可以来自企业日常的生产经营活动，也可以是非日常活动；带来经济利益可以是现金或者现金等价物形式，也可以是能转化为现金或者现金等价物的形式，或者是可以减少现金或者现金等价物流出的形式。

例如，一家服装厂的货币资金、厂房设备、面料辅料、生产完工的服装和正在加工中的服装等都是该企业的资产，因为货币资金可用于企业的各项支付，厂房设备、原材料等可用于企业的生产经营过程制造商品，商品对外出售后收回货款，货款即企业所获得的经济利益，但如果是已经毁损不能销售的服装或已经毁损不能使用的设备，就不能将其确认为企业的资产。

（二）负债

1. 负债的定义及确认条件

负债是指企业过去的交易或者事项形成的，预期会导致经济利益流出企业的现时义务。

符合上述定义的义务，在与该义务有关的经济利益很可能流出企业并且未来流出的经济利益的金额能够可靠地计量时，确认为企业的负债。

2. 负债的分类

负债按流动性可分为流动负债和非流动负债。负债的流动性是指偿还时间长短，偿还时间短的流动性强，偿还时间长的流动性弱。

流动负债是指将在一年（含一年）或超过一年的一个正常营业周期内偿还的债务，包括短期借款、应付票据、应付账款、预收账款、应付职工薪酬、应交税费、应付股利、其他应付款等。

非流动负债是指除流动负债以外的负债，即长期负债，包括长期借款、应付债券等。例如某企业向银行借款 1 000 000 元，其中期限为 9 个月的借款 300 000 元，期限为 3 年的借款 700 000 元，前者是该企业的流动负债，后者是该企业的长期负债。

3. 负债的特征

（1）负债必须是企业承担的现时义务。

现时义务是指企业在现行条件下已承担的义务；未来发生的交易或者事项形成的义务，不属于现时义务，不应当确认为负债。这里所指的义务可以是法定义务，也可以是推定义务。法定义务是指具有约束力的合同或者法律法规规定的义务，通常必须依法执行，例如企业购买原材料形成的应付账款、向银行借入款项形成的借款、按照税法规定应当缴纳的税款等，均属于企业的法定义务，需要依法予以偿还。推定义务是指根据企业多年来的习惯做法、公开的承诺或者公开宣布的政策而导致企业将承担的责任，例如某企业多年来对于售出商品提供一定期限内的售后保修服务，那么保修期内为售出商品提供的保修服务就属于推定义务，应当将其确认为负债。

（2）负债预期会导致经济利益流出企业。

预期会导致经济利益流出企业也是负债的一个本质特征，只有企业在履行义务时会导致经济利益流出企业的，才符合负债的定义，如果不会导致企业经济利益流出，就不符合负债的定义。在履行义务清偿负债时，导致经济利益流出企业的形式多种多样，例如用现金偿还或以实物资产形式偿还，以提供劳务形式偿还，以部分转移资产、部分提供劳务形式偿还，将负债转为资本等。

（3）负债必须是由企业过去的交易或者事项形成的义务。

只有过去已经发生的交易或者事项才形成企业的现时义务，企业计划中或谈判中的交易不能确认为企业的负债，企业将在未来发生的承诺、签订的合同等交易事项，不能确认为负债。

（三）所有者权益

1. 所有者权益的定义及确认条件

所有者权益是指企业资产扣除负债后由所有者享有的剩余权益，是所有者对企业净资产的所有权。公司的所有者权益又称为股东权益。

所有者权益反映所有者在企业资产中的剩余权益，因此所有者权益的确认主要依赖于资产和负债的确认，所有者权益的金额取决于资产和负债的计量。例如，企业接受投资者投入的资产，在该资产符合企业资产确认条件时，就相应地符合了所有者权益的确认条件；当该资产的价值能够可靠计量时，所有者权益的金额也就可以确定。

2. 所有者权益的分类

所有者权益包括所有者投入的资本和在经营中实现的留存收益等。所有者投入的资本既包括所有者投入企业的构成企业注册资本或者股本的金额，也包括投入资本超过注册资本或者股本部分形成的资本公积。留存收益是企业历年实现的净利润留存于企业的部分，包括累计计提的盈余公积和未分配利润。

3. 所有者权益的特征

（1）所有者权益反映的是产权关系，即企业归谁所有，企业没有偿还所有者权益的义务。企业清算时，只有清偿所有的负债后，剩余财产才返还所有者。

（2）所有者权益的确认与计量主要依赖于资产和负债的确认与计量。

（3）随着企业增资和利润的实现，企业的所有者权益将会增加，而企业减资、发生亏损和分配利润，自然会减少所有者权益。例如，某企业由 A、B、C 三方各投入 600 000 元、450 000 元、450 000 元货币资金注册成立，经营一年后该企业盈利 300 000 元，那么该企业设立时的所有者权益为 1 500 000 元，一年后为 1 800 000 元。

（四）收入

1. 收入的定义及确认条件

收入是指企业在日常活动中形成的、会导致所有者权益增加的、与所有者投入资本无关的经济利益的总流入。日常活动是指企业为完成其经营目标所从事的经常性活动以及与之相关的活动，例如工业企业制造并销售产品、商业企业销售商品、软件企业为客户开发软件、商业银行对外贷款、租赁公司出租资产等，均属于企业的日常活动。

收入只有在经济利益很可能流入从而导致企业资产增加或者负债减少，且经济利益的流入额能够可靠计量时，才能予以确认。

2. 收入的分类

企业的收入按照来源渠道不同，分为销售商品取得的收入、提供劳务取得的收入、让渡资产使用权取得的收入等；按照业务的主次，收入又分为主营业务收入和其他业务收入，例如工业企业制造并销售产品的收入属于主营业务收入，对外出售不需用的原材料取得的收入则属于其他业务收入。

3. 收入的特征

（1）收入从企业日常经营活动中产生，而不是来自偶发的交易或事项。

（2）收入导致企业资产增加或负债减少，或二者兼而有之。

（3）收入会导致所有者权益增加，但与所有者投入资本无关。

（五）费用

1. 费用的定义及确认条件

费用是指企业在日常活动中发生的、会导致所有者权益减少的、与向所有者分配利润无关的经济利益的总流出。

费用只有在经济利益很可能流出从而导致企业资产减少或者负债增加，且经济利益的流出额能够可靠计量时，才能予以确认。

2. 费用的分类

费用是与收入相对应的概念，是企业在日常活动中为取得收入而付出的代价，通常包括营业成本、税金及附加、销售费用、管理费用、财务费用等，营业成本又分为主营业务成本和其他业务成本。

3. 费用的特征

（1）费用是由企业日常经营活动引起的经济利益流出，而不是由于偶发的交易或事项引起的经济利益流出。

（2）费用导致企业资产减少或负债增加，或二者兼而有之。

（3）费用会引起所有者权益减少，但与向所有者分配利润无关。

（六）利润

利润是指企业在一定会计期间的经营成果，是收入与费用配比之后的结果，企业偶然获取的利得（即营业外收入）和发生的损失（即营业外支出）对当期利润也会产生影响。

利润的确认与计量取决于收入和费用、直接计入当期利润的利得和损失的确认与计量。若偶发交易或事项较少，利润主要取决于收入与费用相减后的净额，收入大于费用为盈利，将引起所有者权益增加；收入小于费用为亏损，将引起所有者权益减少。

利润有三个层次，包括营业利润、利润总额和净利润。营业利润是日常经营活动中实现的各项收入与相应的费用配比之后的结果，利润总额由营业利润和营业外收支净额构成，净利润是利润总额扣除所得税费用后的金额。

以上六个会计要素可分为两大类，即反映企业财务状况的会计要素和反映企业经营成果的会计要素。资产、负债和所有者权益反映企业的财务状况，收入、费用和利润反映企业的经营成果。会计要素之间有着十分密切的联系。

二、会计要素的计量

符合确认条件的会计要素应当按照规定的会计计量属性进行计量，确定其金额。会计计量属性主要包括以下几个。

（一）历史成本

在历史成本计量下，资产按照购置时支付的现金或者现金等价物的金额，或者按照购置资产时所付出的对价的公允价值计量。负债按照因承担现时义务而实际收到的款项或者资产的金额，或者承担现时义务的合同金额，或者按照日常活动中为偿还负债预期需要支付的现金或者现金等价物的金额计量。

（二）重置成本

在重置成本计量下，资产按照现在购买相同或者相似资产所需支付的现金或者现金等价物的金额计量。负债按照现在偿付该项债务所需支付的现金或者现金等价物的金额计量。

（三）可变现净值

在可变现净值计量下，资产按照其正常对外销售所能收到现金或者现金等价物的金额扣减该资产至完工时估计将要发生的成本、估计的销售费用以及相关税费后的金额计量。

（四）现值

在现值计量下，资产按照预计从其持续使用和最终处置中所产生的未来净现金流入量的折现金额计量。负债按照预计期限内需要偿还的未来净现金流出量的折现金额计量。

（五）公允价值

在公允价值计量下，资产和负债按照市场参与者在计量日发生的有序交易中，出售资产所能收到或者转移负债所需支付的价格计量。

企业在对会计要素进行计量时，一般应当采用历史成本，采用重置成本、可变现净值、现值、公允价值计量的，应当保证所确定的会计要素金额能够取得并可靠计量。

⇨ 同步思考

A公司计划购买一台机器，2月份与B公司签订一份购销合同，约定于5月份交货，机器价款为100 000元。5月20日收到订购的机器，经安装调试于25日交付使用，货款于30日转账支付。你认为A公司应何时确认固定资产？B公司应何时确认销售收入？

第二节 会计等式

一、会计等式概述

动画微课：小明家的资产变化

任何一个企业为了进行生产经营活动，都需要拥有一定的资产，资产不可能凭空产生，其形成必然有一定的来源，要么是企业的投资者提供的，要么是债权人提供的。由于企业的投资者和债权人为企业提供了资产，他们就对企业的资产拥有权益，他们提供了多少资产，相应就拥有多少权益。资产与权益是相互依存的，没有无资产的权益，也没有无权益的资产，即资产等于权益。投资者作为企业的所有者拥有企业的产权，其权益是所有者权益；而债权人则对企业资产具有优先求偿权，其权益是债权人权益，债权人权益从企业来看就是企业的负债。所以资产、负债、所有者权益之间必然存在以下关系：

资产＝负债＋所有者权益　　(2-1)

等式（2-1）称为会计等式。

随着企业生产经营活动的进行，资产、负债、所有者权益会不断发生变化。企业一方面取得收入，因而增加了资产或减少了负债；另一方面发生费用，因而减少了资产或增加了负债；收入减去费用为利润。所以动态地看，会计等式可以表述为以下形式：

资产＝负债＋所有者权益＋（收入－费用）　　(2-2)

资产＝负债＋所有者权益＋利润　　(2-3)

由于企业实现的利润按规定程序分配给投资者之后，剩余的留存收益又归属于所有者权益，这样等式（2-2）或等式（2-3）又恢复到等式（2-1）的形式。

二、经济业务对会计等式的影响

经济业务是指企业发生的引起会计要素增减变动的交易或事项。企业发生的经济业务千变万化、多种多样，下面举例说明。

【例2-1】 王先生于3月31日投资100 000元现金开设一家星星商店。4月1日商店购进商品70 000元备售，其中40 000元商品款已经支付，暂欠供货方30 000元。至4月29日，商店购进的商品全部售出，全部销售款均已收回，共计现金 80 000 元，另支付人员工资、房租、水电费及其他杂费 4 500 元。4 月 30 日商店又购进 90 000 元商品，货款尚未支付。

星星商店在 3 月 31 日至 4 月 30 日间发生了投资者投资、购进商品、销售商品、支付费用等经济业务，这些经济业务对各会计要素的影响如表 2-1 所示。

表 2-1 星星商店经济业务对各会计要素的影响

单位：元

时间	资产	负债	所有者权益	收入	费用
3.31	100 000		100 000		
4.1	100 000＋70 000－40 000＝130 000	30 000	100 000		
4.1—4.29	130 000＋80 000－70 000－4 500＝135 500	30 000	100 000	80 000	70 000＋4 500＝74 500
4.30	135 500＋90 000＝225 500	30 000＋90 000＝120 000	100 000＋5 500＝105 500		

【例 2-2】 某企业 1 月份发生以下经济业务：

（1）1 月 2 日购入原材料 8 000 元，货款暂欠。

这笔经济业务发生后，使资产中原材料增加 8 000 元，使负债中应付账款增加 8 000 元，会计等式两边同时增加了 8 000 元。

（2）1 月 4 日接收某投资者追加投资 500 000 元，存入银行。

这笔经济业务发生后，使资产中银行存款增加 500 000 元，使所有者权益中资本增加 500 000 元，会计等式两边同时增加了 500 000 元。

（3）1 月 10 日以银行存款归还短期借款 200 000 元。

这笔经济业务发生后，使资产中银行存款减少 200 000 元，使负债中短期借款减少 200 000 元，会计等式两边同时减少了 200 000 元。

（4）1 月 15 日从开户银行提取现金 800 元。

这笔经济业务发生后，使资产中库存现金增加 800 元，银行存款减少 800 元，会计等式左边资产内部项目有增有减，增减金额均为 800 元。

（5）1 月 20 日经有关各方同意，将前欠某银行的 300 000 元长期借款转为该银行对本企业的投资，已办理相关手续。

这笔经济业务发生后，使负债中长期借款减少 300 000 元，使所有者权益中投入资本增加 300 000 元，会计等式右边负债及所有者权益项目有增有减，增减金额均为 300 000 元。

以上经济业务对会计等式的影响如表 2-2 所示。

表 2-2 某企业经济业务对会计等式的影响

单位：元

经济业务	资产	＝	负债	＋	所有者权益
（1）	＋8 000		＋8 000		
（2）	＋500 000				＋500 000
（3）	－200 000		－200 000		
（4）	＋800－800				
（5）			－300 000		＋300 000

虽然经济业务多种多样，但分析它们对会计要素和会计等式的影响不外乎以下四种基本类型：

（1）使等式两边即资产和负债及所有者权益双方同时等额增加。

（2）使等式两边即资产和负债及所有者权益双方同时等额减少。

（3）使等式左边即资产内部有的项目增加，有的项目减少，增减的金额相等。

（4）使等式右边即负债及所有者权益内部有的项目增加，有的项目减少，增减的金额相等。

以上四种基本类型还可以再细分为九种情形，如表2-3所示。

表2-3　会计等式变化的九种情形

基本类型	资产	=	负债	+	所有者权益
第1种类型（等式两边同增）	+		+		
	+				+
第2种类型（等式两边同减）	−		−		
	−				−
第3种类型（等式左边有增有减）	+−				
第4种类型（等式右边有增有减）			+−		
					+−
			+		−
			−		+

综上所述，经济业务发生后，无论是对会计等式两边产生影响，还是只影响会计等式一边，都不会改变会计等式的平衡关系，会计等式两边的金额永远相等，所以会计等式又称为会计恒等式。会计等式是复式记账、试算平衡、编制财务报表等的理论基础。

⇨ 同步思考

1. 企业将成本为10 000元的库存商品销售出去，售价为12 000元，货款已经收到存入银行，这项业务对会计要素和会计等式有什么影响？若售价为9 000元，对会计要素和会计等式有什么影响？

2. 例2-2中的五笔经济业务分别属于哪种类型？

贴心提示

怎样理解会计要素和会计等式？

会计要素是对资金运动的分类，会计等式反映了会计要素之间的联系，它是会计这个大厦的基石。理解“资产＝负债＋所有者权益”这个会计等式并不难。例如三个人各出资50万元（甲出货币、乙出房屋、丙出技术）办一个企业，企业设立时就拥有了150万元的资产，同时这150万元是所有者的权益；若企业随后向银行借款100万元，这时企业的资产就会增加100万元，企业拥有的资产变为了250万元，从其来源来看，这100万元是负债形成的，150万元是所有者投入的；若企业购买原材料20万元，货款暂欠供应商，这时企业的资产又增加了20万元，变成了270万元，此时企业的负债为120万元，所有者权益不变。

有一个能够帮助大家进一步理解的通俗易懂的表述：资产是你口袋里所有的钱，负债是你借来的钱，所有者权益是你自己的钱，你口袋里所有的钱等于你借来的钱与你自己的钱之和。当然这里的钱不是狭义的概念，对企业而言就是能够用货币表现的资金。

自测题

在线自测

一、单项选择题

1. 下列项目中，属于负债类的是（　　）。

A. 实收资本　　B. 应收账款　　C. 预付账款　　D. 应交税费

2. 从银行借入短期借款，会引起（　　）。

A. 资产减少　　B. 负债增加　　C. 收入增加　　D. 所有者权益增加

3. 下列经济业务影响资产总额变动的是（　　）。

A. 收回应收账款存入银行　　B. 偿还到期借款

C. 职工出差前预借差旅费　　D. 从银行提取现金

4. 某企业期初资产总计100万元，负债60万元，本期所有者追加投资40万元，此时企业所有者权益总计为（　　）万元。

A. 40　　B. 100　　C. 80　　D. 140

5. 下列项目中，属于资产类的是（　　）。

A. 实收资本　　B. 资本公积　　C. 预付账款　　D. 预收账款

6. 下列经济业务不会引起会计等式两边总额变动的是（　　）。

A. 购买材料，货款同时支付　　B. 偿还到期借款

C. 收到所有者投入资本　　D. 购买材料，货款尚未支付

二、多项选择题

1. 下列项目中，属于资产类的是（　　）。

A. 购进的原材料　　B. 生产的产品　　C. 库存现金　　D. 各项应收款

2. 企业归还银行短期借款200 000元，这笔业务引起（　　）。

A. 资产增加　　B. 资产减少　　C. 负债增加　　D. 负债减少

3. 所有者权益包括（　　）。

A. 投入资本　　B. 资本公积　　C. 盈余公积　　D. 未分配利润

4. 下列业务影响所有者权益增减变动的有（　　）。

A. 所有者投入资本　　B. 购买材料

C. 发生费用　　D. 分配利润

5. 下列业务可归为同一类型的有（　　）。

A. 收到所有者投资 B. 支付以前所欠的材料款
C. 预收销货款存入银行 D. 用资本公积转增资本

6. 费用的发生可能伴随（ ）。

A. 资产增加 B. 负债增加 C. 资产减少 D. 所有者权益增加

三、判断题

1. 某企业正常营业周期为 2 年，则偿还期在 2 年内的负债可以确认为流动负债。（ ）
2. 资产可以是有实物形态的，也可以是无形的。（ ）
3. “资产＝负债＋所有者权益”这个平衡公式是会计恒等式。（ ）
4. 收到购货单位预付的货款会导致资产和负债同时增加。（ ）
5. 企业的所有者在企业清算时对资产具有优先要求权。（ ）
6. 负债是指企业过去的交易或者事项形成的、预期会导致经济利益流出企业的现时义务，包括法定义务，亦包括推定义务。（ ）
7. 收入的发生可能伴随资产的增加，也可能伴随负债的减少。（ ）
8. 要将某项财产物资确认为企业的一项资产，其所有权必须属于企业。（ ）

四、简答题

1. 举例说明经济业务的四种类型。
2. 为什么“资产＝负债＋所有者权益”是会计恒等式?
3. 以一个超市为例，说出其具体有哪些资产、负债、所有者权益项目。
4. 简述反映企业经营成果的会计要素。

五、综合业务题

习题一

目的：理解经济业务的类型和会计等式。

资料：某企业发生如下经济业务。

1. 用银行存款购买材料，价款 20 000 元。
2. 用银行存款支付前欠某单位货款 30 000 元。
3. 从银行借入 3 年期借款 400 000 元，存入银行。
4. 用银行存款归还到期短期借款 200 000 元。
5. 收到所有者投入的设备，价值为 300 000 元。
6. 某职工因临时急需，经批准向单位借现金 2 000 元。
7. 收到购买单位前欠账款 8 000 元，存入银行。
8. 经有关各方同意，企业将以前向某单位的借款 1 000 000 元转为该单位对企业的投资。

要求：分析以上经济业务的类型，将经济业务序号填入表 2－4。

表 2－4 经济业务的类型

类型		经济业务序号
第 1 种类型（等式两边同增）	一项资产增加，一项负债增加	
	一项资产增加，一项所有者权益增加	

续表

类型		经济业务序号
第 2 种类型（等式两边同减）	一项资产减少，一项负债减少	
	一项资产减少，一项所有者权益减少	
第 3 种类型（等式左边有增有减）	一项资产增加，另一项资产减少	
第 4 种类型（等式右边有增有减）	一项负债增加，另一项负债减少	
	一项所有者权益增加，另一项所有者权益减少	
	一项负债增加，一项所有者权益减少	
	一项负债减少，一项所有者权益增加	

习题二

目的：理解会计要素的含义和相互间的关系。

资料：王先生于 1 月 31 日拿出 10 000 元个人积蓄，投资开设一家名为兴盛的商店。2 月 1 日商店购进 8 000 元商品备售，其中 6 000 元已经支付，暂欠供货方 2 000 元。2 月 11 日，王先生向一位朋友借款 10 000 元用于商店经营。2 月 15 日归还所欠供货方的商品款 2 000 元。至 2 月 28 日，商店购进的商品全部售出，全部销售款均已收回，共计现金 12 000 元。2 月 28 日以现金支付人员工资、房租、水电费及其他杂费 2 500 元。2 月 28 日商店又购进 15 000 元商品，其中 7 000 元已经支付，暂欠 8 000 元。

要求：1. 根据资料计算兴盛商店 2 月份的收入、费用和利润。

2. 确认不同时点兴盛商店资产、负债和所有者权益的金额，填入表 2 - 5。

表 2 - 5　兴盛商店资产、负债和所有者权益的金额　　单位：元

时间	资产	负债	所有者权益
1.31			
2.1			
2.11			
2.15			
2.16—2.28			

习题三

目的：练习经济业务的发生对会计等式的影响。

资料：大华工厂 8 月 31 日资产总计 600 000 元，负债总计 200 000 元，所有者权益总计 400 000 元，9 月份发生如下经济业务。

1. 3 日购入设备一台，价款 15 000 元，以银行存款支付。
2. 6 日投资者投入货币资金 100 000 元，存入银行。
3. 8 日归还短期借款 50 000 元。
4. 10 日从银行提取现金 2 000 元备用。
5. 14 日以银行存款偿还前欠供应单位货款 100 000 元。
6. 19 日职工王飞出差预借差旅费 1 000 元，以现金支付。
7. 22 日从银行借入长期借款 100 000 元。
8. 28 日收到购货单位前欠货款 60 000 元，存入银行。

要求：分析上述经济业务对会计等式的影响，并计算 9 月末资产总计、负债总计和所有者权益总计，在表 2-6 中完成。

表 2-6 大华工厂资产、负债和所有者权益的金额

单位：元

时间	资产	负债	所有者权益
8.31			
9.3			
9.6			
9.8			
9.10			
9.14			
9.19			
9.22			
9.28			
9.30			

第三章

会计科目、账户、记账方法

同步思考
参考答案

学习目标

通过本章的学习，学生应能够初步理解会计科目的含义和内容，熟记一些常用的会计科目名称，能够画出T形账户的基本结构，能够描述借贷记账法记账符号的含义，能够运用借贷记账法编写会计分录，能够编制试算平衡表。

素养目标

1. 学会对自己的日常收支分门别类记账，理解增收节支、规划生活的意义。

2. 从会计等式、记账规则、试算平衡的逻辑中去感受会计之美，激发学习兴趣。

重点与难点

1. 会计科目。
2. 账户的结构。
3. 借贷记账法。

实践活动

1. 你会为日常开销记账吗？可能很多同学的答案是“不会”。国家统计局曾经举办过“寻找共和国记账人”的活动，你可以上网搜索一下媒体分享的很多家庭的账簿记录，并谈谈感想。

2. 如果把会计学上升到哲学层面，设置会计科目和账户记账是帮助我们认识“你是谁、你从哪里来、你到哪里去”的工具。请上网搜索一个企业会计科目张冠李戴的案例，并分析其危害。

引例

一份合同背后眼花缭乱的会计科目

中国证监会2020年8月6日在官网上发布了〔2020〕49号行政处罚决定书，当事人为林州重机集团股份有限公司（以下简称“林州重机”），郭某生时任林州重机董事长、法定代表人，郭某时任林州重机董事、总经理，曹某平时任林州重机副总经理、财务负责人。

经查明，林州重机2017年年度报告存在虚假记载，存在的违法事实如下：

2017年2月10日，林州重机和兰州中煤支护装备有限公司（以下简称“兰州中煤”）签订工业产品采购合同，合同约定由兰州中煤向林州重机提供锂电池系列设备，合同总价款为3.9亿元，约定交、提货时间为2017年8月31日。2017年2月18日、21日，林州重机分两笔支付给兰州中煤1亿元、0.95亿元，记入对兰州中煤的预付账款。

2017年12月31日，林州重机将预付给兰州中煤的1.95亿元转为对子公司林州朗坤科技有限公司（以下简称“朗坤科技”）的其他应收款，朗坤科技确认对林州重机的其他应付款，并将其他应付款1.95亿元转入“在建工程”科目。同时，朗坤科技将其对林州重机的其他应付款利息进行资本化，即根据林州重机向兰州中煤支付预付账款起计算的利息（313天、年利率7.03%）共计11 918 779.16元，记入在建工程，同时贷记对林州重机的其他应付款；林州重机将此笔资本化利息借记对朗坤科技的其他应收款，同时抵减财务费用并确认应交增值税销项税。经查，朗坤科技将1.95亿元其他应付款转入在建工程时，并没有收到由兰州中煤提供的设备实物，也没有相关物流单据与发票。

林州重机在2017年合并资产负债表中，对朗坤科技确认的共计206 918 779.16元在建工程进行了合并披露，导致林州重机2017年合并资产负债表虚增在建工程2.07亿元，虚减预付账款1.95亿元；在编制合并利润表时，林州重机未对子公司予以资本化的其他应付款利息与母公司抵减的财务费用合并抵销，导致合并利润表虚减财务费用11 244 131.28元，虚增利润总额11 244 131.28元，占当期披露合并利润总额的比例为48.72%。

根据当事人违法行为的事实、性质、情节与社会危害程度，依据2005年《证券法》第一百九十三条第一款的规定，证监会决定：

（1）对林州重机集团股份有限公司给予警告，并处以30万元罚款；

（2）对郭某生、郭某、曹某平给予警告，并分别处以10万元罚款。

资料来源：中国证券监督管理委员会网站.

第一节　会计科目和账户

一、会计科目

会计科目是对会计要素的具体内容进行的分类。以资产为例，企业的资产既包括现金、银行存款、各种应收款，又包括库存材料物资、厂房、机器设备、运输车辆等，它们各有特点，具体用途不同，管理要求也不相同。因此，为了将纷繁复杂的经济活动转化为有序的、系统的会计信息，满足会计信息使用者的需要，必须对会计要素的具体内容进一步分类，分别冠以不同的项目名称，为分类核算和管理奠定基础。

（一）设置会计科目的原则

统一性和灵活性相结合是企业设置会计科目应遵循的基本原则。

为了保证会计科目的科学性、会计信息的可比性，企业必须根据国家统一规定设置会计科目。财政部颁布的《企业会计准则——应用指南》中明确规定了156个会计科目的名称、编号及各科目的用途，这些科目涵盖了各类企业的交易或者事项。

企业可以在不违反会计准则中确认、计量和报告规定的前提下，根据本单位的实际情况设置会计科目，也可以自行增设、分拆、合并会计科目，企业不存在的交易或者事项，可以不设置相关会计科目。会计科目编号供企业填制会计凭证、登记会计账簿、查阅会计账目、采用会计软件系统参考，企业可结合实际情况自行确定会计科目编号。

（二）会计科目的分类

1. 按反映的经济内容分类

一般企业涉及的会计科目按其经济内容不同，可以分为资产类、负债类、共同类、所有者权益类、成本类、损益类。本教材根据工业企业的基本经济业务特点，列出资产类、负债类、所有者权益类、成本类、损益类常用会计科目，如表3-1所示。

表3-1 常用会计科目表

序号	会计科目名称	序号	会计科目名称
	一、资产类	22	长期借款
1	库存现金		三、所有者权益类
2	银行存款	23	实收资本（或股本）
3	应收票据	24	资本公积
4	应收账款	25	盈余公积
5	其他应收款	26	本年利润
6	预付账款	27	利润分配
7	原材料		四、成本类
8	库存商品	28	生产成本
9	固定资产	29	制造费用
10	累计折旧		五、损益类
11	无形资产	30	主营业务收入
12	待处理财产损溢	31	其他业务收入
	二、负债类	32	营业外收入
13	短期借款	33	主营业务成本
14	应付票据	34	税金及附加
15	应付账款	35	其他业务成本
16	预收账款	36	销售费用
17	应付职工薪酬	37	管理费用
18	应付利息	38	财务费用
19	应付股利	39	营业外支出
20	应交税费	40	所得税费用
21	其他应付款	41	以前年度损益调整

（1）资产类科目分为流动资产、非流动资产两类，流动资产类科目包括“库存现金”“银行存款”“应收票据”“应收账款”“原材料”“库存商品”等，非流动资产类科目包括“固定资产”“累计折旧”“无形资产”等。

（2）负债类科目分为流动负债、非流动负债两类，流动负债类科目包括“短期借款”“应付票据”“应付账款”“应付职工薪酬”“应付利息”“应交税费”等，非流动负债类科目包括“长期借款”等。

（3）所有者权益类科目包括“实收资本（或股本）”“资本公积”“盈余公积”“本年利润”“利润分配”等。

（4）成本类科目包括“生产成本”“制造费用”等。

（5）损益类科目包括收入和费用两类，收入类科目包括“主营业务收入”“其他业务收入”等，费用类科目包括“主营业务成本”“其他业务成本”“管理费用”等。

2. 按反映经济内容的详细程度分类

会计科目按反映经济内容的详细程度，可分为总分类科目和明细科目。总分类科目又称为一级科目，它是对某一会计要素的具体内容进行的总括分类，上述会计科目表中的会计科目都是总分类科目。明细科目又可分为二级明细科目和三级明细科目，有些企业根据需要甚至可以设置四级、五级明细科目；二级明细科目是对总分类科目的进一步分类，三级明细科目是对二级明细科目的进一步分类，依此类推。

例如“应交税费”科目是总分类科目，反映企业应交税费的汇总情况，该科目可以按企业应交的税费项目设置“应交增值税”“应交消费税”“应交所得税”等若干二级明细科目，反映企业具体应交的各种税费。在“应交增值税”二级明细科目下，应设置“进项税额”“销项税额”等三级明细科目，更加详细地反映企业应交增值税的情况。再如“库存商品”科目是总分类科目，反映企业库存商品的汇总情况，其下可以根据不同的商品类别设置二级明细科目，再按品种设置三级明细科目，以反映各类商品、各种商品的具体情况。

明细科目的设置，企业也要遵循统一性和灵活性相结合的原则。对于有些总分类科目应当设置哪些明细科目，财政部有统一规定，企业应当按照要求设置，例如“盈余公积”总分类科目应当下设“法定盈余公积”“任意盈余公积”科目；对于没有统一规定名称的明细科目，企业可以根据需要自行设置。

二、账户

（一）设置账户的意义

会计科目仅仅是对会计核算的内容进行分类，为了全面、连续、系统地反映企业的资金运动，还必须根据会计科目在账簿中开设账户。账户是根据会计科目设置的、具有一定的格式和结构的、用于分类核算会计要素具体内容增减变动情况及结果的载体，它是会计最基本的汇总工具。根据总分类科目设置的，称为总分类账户，对经济业务进行总分类核算；根据明细科目设置的，称为明细账户，对经济业务进行明细核算。总分类账户以货币为计量单位，提供总括的核算指标；明细账户以货币为主要计量单位的同时，可以辅以实物量度和劳动量度，提供详细的核算指标。

例如“原材料”账户是总分类账户，用来核算企业库存材料总的金额增减变动情况及结果，其下应按材料的保管地点和材料的类别、品种、规格设置若干材料明细账户，材料明细账户既记载各种材料的金额增减变动情况，又记载各种材料的实物数量增减变动情况，为企业管理提供详细的信息。

账户与会计科目是两个不同的概念，它们之间既有联系又有区别。其联系在于账户是根据会计科目设置的，账户所核算的具体内容是由会计科目决定的，会计科目是账户的名称。没有会计科目，账户就无法进行分类核算。不设置账户，会计科目就无法发挥作用。二者区别在于会计科目只是对会计要素的具体内容的分类，只是项目名称，它本身并不能记载和汇总，而账户有一定的格式和结构，能够用来全面、连续、系统地记载会计要素具体内容的增减变动情况及结果。由于会计科目是账户的名称，因此在实务中对两者常常不加以严格区分。

（二）账户的格式和结构

账户用来记载会计要素具体内容的增减变动情况及结果，因此账户的格式尽管各种各样，但一般都包括以下主要内容：

（1）账户的名称，即会计科目。

（2）日期和摘要，反映账户记录的日期和经济业务的内容。

（3）凭证号数，反映账户记录的依据。

（4）账户增加和减少的金额。

（5）账户余额。

账户的核心内容是反映经济业务的数量变化情况，经济业务的数量变化不外是增加和减少两种情况，因此通常将账户中记载数量变化的部分划分为左右两方，一方登记增加额，另一方登记减少额。

账户中本期增加的金额称为本期增加发生额，本期减少的金额称为本期减少发生额，增减相抵后的差额称为余额，余额的方向一般与记录增加额的方向相同。余额按其表示的时间不同，分为期初余额和期末余额，本期的期末余额即下期的期初余额。因此，账户中记录的金额包括期初余额、本期增加发生额、本期减少发生额和期末余额四项指标，它们之间的基本关系如下：

期末余额＝期初余额＋本期增加发生额－本期减少发生额

为了便于理解上述关系，下面举一简例。

【例 3－1】 某企业“库存现金”账户 1 月 31 日余额为 450 元，2 月 3 日从银行提取现金 900 元，2 月 10 日一职工出差预借差旅费 800 元，2 月 20 日出售废旧物资收到现金 50 元。

根据上述资料，可以得出该账户：

2 月 1 日期初余额为 450 元；

2 月份本期增加发生额为 950（900＋50）元；

2 月份本期减少发生额为 800 元；

2 月末期末余额为 600（450＋950－800）元。

由于账户余额的方向一般与记录增加额的方向相同，所以上述四项指标可以在如图 3－1 所示的简化格式中进行描述。这个简化格式反映了账户的基本结构，因其形状像英文的大写字母“T”而被称为T形账户，又因像汉字“丁”字而被称为丁字形账户。在这个简化格式中，如果左方记录增加，则右方记录减少，余额一般在左方；如果右方记录增加，则左方记录减少，余额一般在右方。至于究竟哪一方记增加，哪一方记减少，则取决于所采用的记账方法和账户的性质。这个简化的账户结构格式在会计学习中非常有用，但它不是实际工作中采用的账页格式，实际工作中采用的完整账页格式见第七章。

账户名称（会计科目）

（左方）　　　　　　　　　　（右方）

图3-1　T形账户（丁字形账户）

同步思考

1. 企业“银行存款”账户1月31日余额为150 000元，2月1日从银行提取现金5 000元，2月10日从银行借款200 000元，2月20日支付购货款180 000元，2月23日收到销货款30 000元，2月25日支付借款利息1 500元。该企业2月份“银行存款”账户增加发生额、减少发生额、月末余额各为多少？

2. 企业“短期借款”账户1月31日余额为100 000元，2月10日从银行借入短期借款200 000元，2月20日归还银行借款50 000元。该企业2月份“短期借款”账户增加发生额、减少发生额、月末余额各为多少？

第二节　记账方法

一、单式记账法与复式记账法

设置了会计科目并根据会计科目开设账户之后，就需要采用一定的记账方法将会计要素的增减变动登记在账户中。

记账方法有两类：一类是单式记账法；另一类是复式记账法。

经济业务发生之后一般只在一个账户中进行登记的方法称为单式记账法。例如用现金购买材料，只在“库存现金”账户中登记现金的减少，而不记录材料的增加；销售商品收到现金，只在“库存现金”账户中登记现金的增加，而不记录收入的增加。这种记账方法不能反映经济业务的来龙去脉，各账户的记录之间没有联系，因而不能全面、系统地反映会计要素的增减变动情况，也不便于检查账户记录的正确性。

复式记账法是指对每一项经济业务所引起的资金运动，都要以相等的金额，同时在两个或两个以上相互联系的账户中进行登记的一种记账方法。会计等式所揭示的会计要素之间的数量平衡关系和增减变化的相互联系是复式记账法的理论基础。采用复式记账法，需要记录每笔交易或事项的双重影响。例如用现金购买材料，既要在“库存现金”账户中记录现金的减少，又要在“原材料”账户中记录原材料的增加；如果买进材料，款项尚未支付，既要在“原材料”账户中记录原材料的增加，又要在“应付账款”账户中记录应付账款的增加；用现金偿还应付账款，既要在“库存现金”账户中记录现金的减少，又要在“应付账款”账户中记录应付账款的减少。这种记账方法不但能全面、清晰地反映经济业务的来龙去脉，而且能使各账户的记录之间形成有机联系，便于相互核对和检查账户记录的正确性、真实性。

复式记账法有借贷记账法、增减记账法和收付记账法等。借贷记账法是国际上普遍采用的复式记账法，我国财政部颁布的《企业会计准则——基本准则》中明确规定会计记账应采用借贷记账法。

二、借贷记账法

借贷记账法是以“借”“贷”为记账符号，以会计等式为理论依据，对每项经济业务都在两个或两个以上账户中，以相等的金额全面地、相互联系地加以记录的一种复式记账法。

（一）主要特点

在借贷记账法中，“借”“贷”二字只是作为记账符号来使用，它们已失去了原来的字意。作为记账符号，“借”与“贷”有其专门的含义，在资产类账户中，“借”表示增加，“贷”表示减少；而在负债及所有者权益类账户中，“借”表示减少，“贷”表示增加。

（二）账户结构

借贷记账法下，账户的基本结构分为“借方”和“贷方”，左方为借方，右方为贷方。本期在借方登记的金额称为本期借方发生额，本期在贷方登记的金额称为本期贷方发生额。

下面分别说明各类账户的具体结构。

1. 资产类账户

资产类账户的结构是：借方记录资产的增加额，贷方记录资产的减少额，若有余额，一般为借方余额，表示资产的结余数额。

资产类账户期初余额、本期借方发生额、本期贷方发生额和期末余额的关系如下：

期末借方余额＝期初借方余额＋本期借方发生额－本期贷方发生额

图 3－2 反映借贷记账法下资产类账户的基本结构。

资产类账户

借方		贷方	
期初余额	×××		
本期增加额	×××	本期减少额	×××
本期发生额合计	×××	本期发生额合计	×××
期末余额	×××		

图 3－2　资产类账户

【例 3－2】 根据例 3－1 的资料，采用借贷记账法登记的“库存现金”账户如图 3－3 所示。

库存现金

借方		贷方	
期初余额	450		
本期增加额：从银行提现	900	本期减少额：职工出差借款	800
出售废旧物资	50		
本期发生额合计	950	本期发生额合计	800
期末余额	600		

图 3-3 “库存现金”账户

2. 负债类账户

负债类账户的结构是：贷方记录负债的增加额，借方记录负债的减少额，若有余额，一般为贷方余额，表示负债的结余数额。

负债类账户期初余额、本期借方发生额、本期贷方发生额和期末余额的关系如下：

期末贷方余额＝期初贷方余额＋本期贷方发生额－本期借方发生额

图 3-4 反映借贷记账法下负债类账户的基本结构。

负债类账户

借方		贷方	
		期初余额	×××
本期减少额	×××	本期增加额	×××
本期发生额合计	×××	本期发生额合计	×××
		期末余额	×××

图 3-4 负债类账户

【例 3-3】 某企业 1 月 1 日“短期借款”账户贷方余额为 300 000 元，1 月 10 日以银行存款归还到期短期借款 200 000 元，1 月 20 日从银行借入短期借款 150 000 元。采用借贷记账法登记的“短期借款”账户如图 3-5 所示。

短期借款

借方		贷方	
		期初余额	300 000
本期减少额：归还到期借款	200 000	本期增加额：向银行借款	150 000
本期发生额合计	200 000	本期发生额合计	150 000
		期末余额	250 000

图 3-5 “短期借款”账户

3. 所有者权益类账户

所有者权益类账户的结构是：贷方记录所有者权益的增加额，借方记录所有者权益的减少额，若有余额，一般为贷方余额，表示所有者权益的结余数额。

所有者权益类账户期初余额、本期借方发生额、本期贷方发生额和期末余额的关系如下：

期末贷方余额=期初贷方余额+本期贷方发生额−本期借方发生额

图 3-6 反映借贷记账法下所有者权益类账户的基本结构。

所有者权益类账户

借方		贷方	
		期初余额	×××
本期减少额	×××	本期增加额	×××
本期发生额合计	×××	本期发生额合计	×××
		期末余额	×××

图 3-6 所有者权益类账户

【例 3-4】 某企业 1 月 1 日“实收资本”账户贷方余额为 3 000 000 元，1 月 10 日接受投资者投入资金 2 000 000 元。采用借贷记账法登记的“实收资本”账户如图 3-7 所示。

实收资本

借方		贷方	
		期初余额	3 000 000
本期减少额	0	本期增加额：接受投资	2 000 000
本期发生额合计	0	本期发生额合计	2 000 000
		期末余额	5 000 000

图 3-7 “实收资本”账户

4. 成本类账户

成本类账户的结构是：借方记录发生的各项成本即成本的增加额，贷方记录完工结转的成本即成本的减少额，若有余额，一般为借方余额，表示尚未完工的在产品成本数额。

成本类账户期初余额、本期借方发生额、本期贷方发生额和期末余额的关系如下：

期末借方余额=期初借方余额+本期借方发生额−本期贷方发生额

图 3-8 反映借贷记账法下成本类账户的基本结构。

成本类账户

借方		贷方	
期初余额	×××		
本期增加额	×××	本期减少额	×××
本期发生额合计	×××	本期发生额合计	×××
期末余额	×××		

图 3-8 成本类账户

5. 损益类账户

损益类账户包括收入和费用两类。收入类账户的结构是：贷方记录收入的增加额，借方记录收入的减少额，期末时，应将账户贷方与借方的差额转入所有者权益类“本年利润”账户，转销数记入账户的借方，结转后无余额。

费用类账户的结构是：借方记录费用的增加额，贷方记录费用的减少额，期末时，应将账户借方与贷方的差额转入所有者权益类“本年利润”账户，转销数记入账户的贷方，结转后无余额。

图 3－9、图 3－10 分别反映借贷记账法下收入类和费用类账户的基本结构。

收入类账户

借方		贷方	
本期减少额	×××	本期增加额	×××
期末转销额	×××		
本期发生额合计	×××	本期发生额合计	×××

图 3－9　收入类账户

费用类账户

借方		贷方	
本期增加额	×××	本期减少额	×××
		本期转销额	×××
本期发生额合计	×××	本期发生额合计	×××

图 3－10　费用类账户

综上所述，借贷记账法下所有账户的基本结构都分为借方和贷方，但借方和贷方反映的内容随账户的性质不同而不同。用 T 形账户表示借贷记账法下账户的基本结构和内容，见图 3－11。

账户名称

借方	贷方
资产、成本、费用增加	负债及所有者权益、收入增加
负债及所有者权益减少	资产、成本减少
收入减少和转销	费用减少和转销

图 3－11　账户的基本结构和内容

（三）记账规则

根据第二章所述经济业务的四种类型和“借”“贷”记账符号表示的含义，每一项经济业务发生后都必定按借贷相反的方向同时记入两个或两个以上相互联系的账户，并且记入借方的金额合计一定等于记入贷方的金额合计。概括起来就是借贷记账法的记账规则：有借必有贷，借贷必相等。图 3－12 反映了采用借贷记账法对四种类型经济业务的处理。

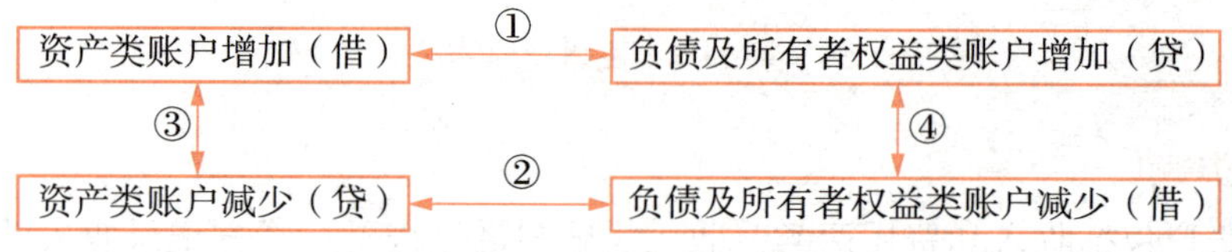

图 3－12　借贷记账法对四种类型经济业务的处理

以下举例说明借贷记账法的记账规则。

【例3-5】 某企业发生如下经济业务：

(1) 1月2日购入原材料8 000元，货款暂欠。

这笔经济业务发生后，使资产和负债同时增加了8 000元，具体应通过“原材料”账户的借方登记原材料增加8 000元，通过“应付账款”账户的贷方登记应付账款增加8 000元，见图3-13。

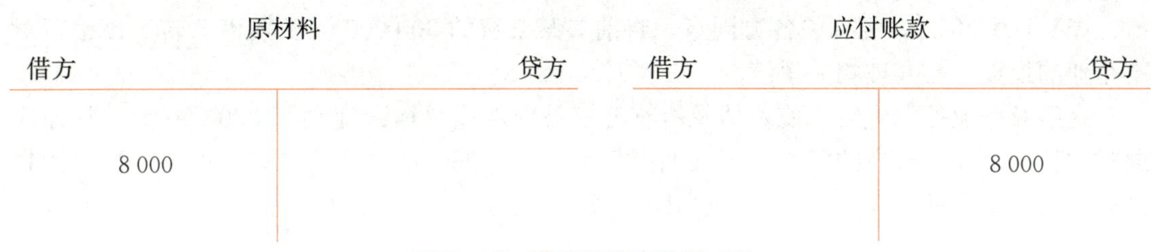

图3-13 借贷记账法举例（1）

(2) 1月4日接收某投资者追加的投资500 000元并存入银行。

这笔经济业务发生后，使资产和所有者权益同时增加了500 000元，具体应通过“银行存款”账户的借方登记银行存款增加500 000元，通过“实收资本”账户的贷方登记实收资本增加500 000元，见图3-14。

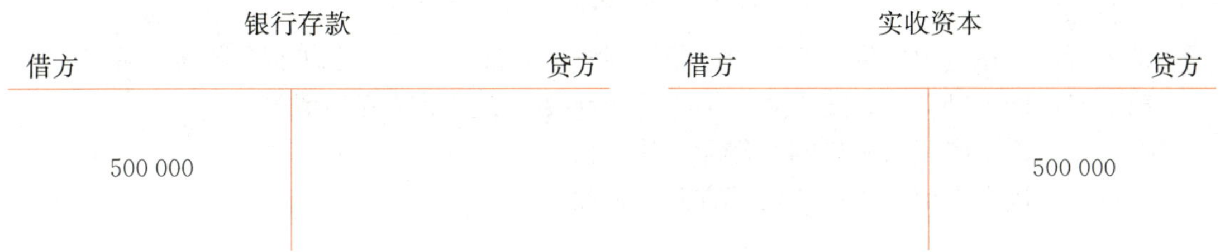

图3-14 借贷记账法举例（2）

(3) 1月10日以银行存款归还短期借款200 000元。

这笔经济业务发生后，使资产和负债同时减少了200 000元，具体应通过“银行存款”账户的贷方登记银行存款减少200 000元，通过“短期借款”账户的借方登记短期借款减少200 000元，见图3-15。

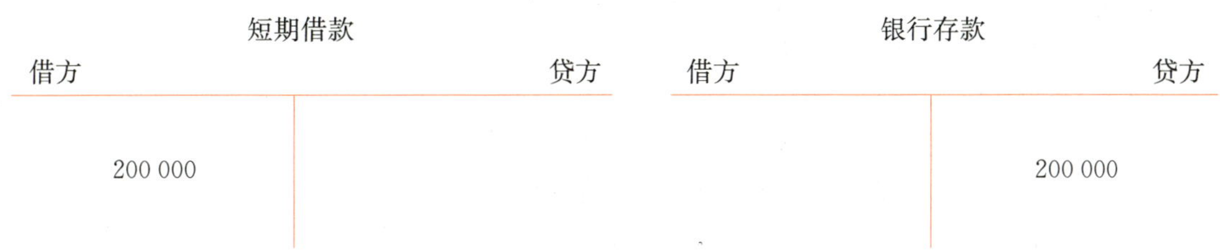

图3-15 借贷记账法举例（3）

(4) 1月15日从开户银行提取现金800元。

这笔经济业务发生后，使资产内部项目增减变动了800元，具体应通过“库存现金”账户的借方登记现金增加800元，通过“银行存款”账户的贷方登记银行存款减少800元，见图3-16。

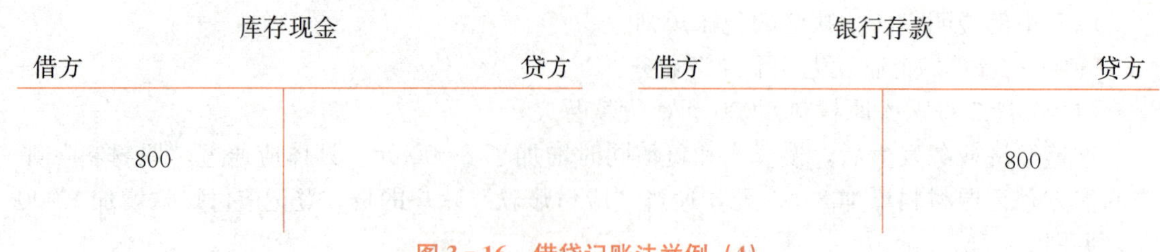

图 3-16　借贷记账法举例（4）

（5）1 月 20 日，经有关各方同意，将前欠某银行的 300 000 元长期借款转为该银行对本企业的投资，已办理相关手续。

这笔经济业务发生后，使负债及所有者权益内部项目增减变动了 300 000 元，具体应通过“长期借款”账户的借方登记长期借款减少 300 000 元，通过“实收资本”账户的贷方登记实收资本增加 300 000 元，见图 3-17。

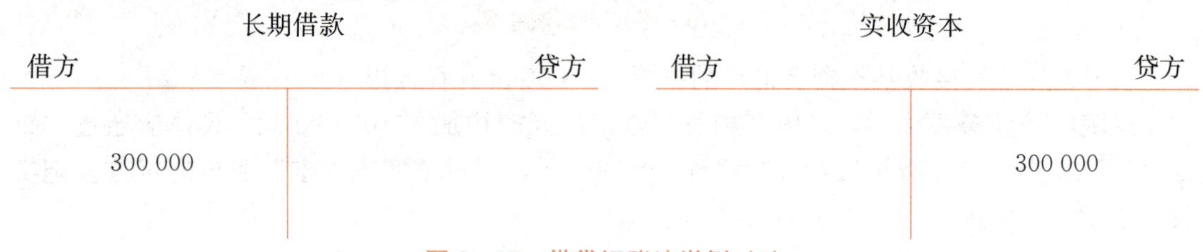

图 3-17　借贷记账法举例（5）

综上所述，在运用借贷记账法的记账规则时，通常可以按以下步骤分析经济业务：

第一步，确定经济业务发生后所影响的会计要素及其增减变动情况。

第二步，确定应记入账户的名称即会计科目。

第三步，确定应记入账户的借贷方向和金额。

（四）账户对应关系和会计分录

1. 账户对应关系

从前面业务处理可以看出，在运用借贷记账法的记账规则记录一笔经济业务时，在有关账户之间形成了应借、应贷的相互关系，账户之间的这种相互关系通常被称为账户对应关系。存在对应关系的账户互称为对应账户。

借贷记账法下的账户对应关系有以下四种情形：

（1）一个账户的借方同一个账户的贷方发生对应关系；

（2）一个账户的借方同几个账户的贷方发生对应关系；

（3）几个账户的借方同一个账户的贷方发生对应关系；

（4）几个账户的借方同几个账户的贷方发生对应关系。

例 3-5 中发生的业务均使有关账户之间形成了一借一贷的对应关系。

【例 3-6】 某企业购买原材料，价款 80 000 元，已经通过银行转账支付60 000元，其余暂欠。

这笔经济业务发生后，企业资产中原材料增加了 80 000 元，应登记在“原材料”账户的借方，同时银行存款减少了 60 000 元，应登记在“银行存款”账户的贷方，负债增加了 20 000 元，应登记在“应付账款”账户的贷方。“原材料”账户的借方和“银行存款”“应付账款”账户的贷方发生对应关系，见图 3-18。

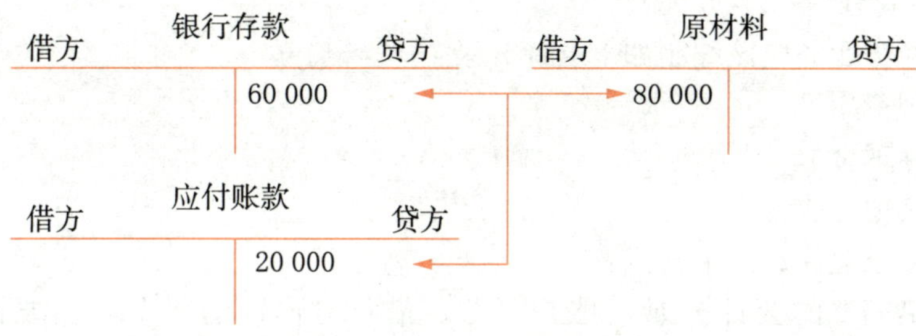

图 3-18　账户对应关系

通过账户对应关系，不仅可以全面地了解一项经济业务的来龙去脉，还可以检查经济业务的处理是否合法、合理，检查会计记录的正确性。

2. 会计分录

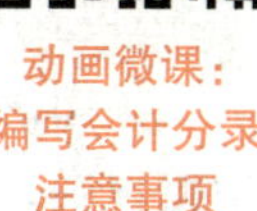

动画微课：编写会计分录注意事项

实际工作中，为了保证会计核算的正确性，在每项经济业务发生后，登记账户之前，应按借贷记账法的记账规则，编制记账凭证，然后再根据记账凭证在账簿中登记。记账凭证的核心是确定会计分录，会计分录是指明某项经济业务发生时所涉及的账户名称、借贷方向及记账金额的记录。

按借贷记账法的记账规则，例 3-5 中五笔经济业务在前面分析的基础上，编制会计分录如下：

(1) 借：原材料　　8 000
　　贷：应付账款　　8 000

(2) 借：银行存款　　500 000
　　贷：实收资本　　500 000

(3) 借：短期借款　　200 000
　　贷：银行存款　　200 000

(4) 借：库存现金　　800
　　贷：银行存款　　800

(5) 借：长期借款　　300 000
　　贷：实收资本　　300 000

会计分录按涉及账户的多少分为简单会计分录和复合会计分录两种。

所谓简单会计分录，是指只涉及两个对应账户的会计分录，即一借一贷的会计分录，它揭示上述第一种账户对应关系，例 3-5 的会计分录都是简单会计分录。

复合会计分录，是指涉及两个以上对应账户的会计分录，即一借多贷、多借一贷的会计分录或多借多贷的会计分录，它揭示上述第二、三、四种账户对应关系。

【例 3-7】 根据例 3-6 的经济业务，编制会计分录如下：

借：原材料　　80 000
　贷：银行存款　　60 000
　　　应付账款　　20 000

【例 3-8】 某企业王经理 7 月 10 日出差回来报销差旅费 2 000 元，退回现金 500 元（7 月 1 日曾预借差旅费 2 500 元）。

根据这笔经济业务应该编制如下会计分录：

借：管理费用　　2 000
　　库存现金　　500
　贷：其他应收款　　2 500

编制会计分录应注意以下几点：

第一，一笔完整的会计分录由账户名称、借贷方向、记账金额三要件构成，缺一不可。

第二，会计分录的书写格式是：上借下贷、左右错开、各自对齐、金额相等。

第三，一项经济业务发生后究竟是编制简单会计分录还是复合会计分录，完全取决于这项业务本身，既不能人为地将多项经济业务的简单会计分录合并成复合会计分录，甚至是多借多贷的会计分录，也不能将一项需要编制复合会计分录的经济业务人为分割成若干简单会计分录。

（五）试算平衡

采用借贷记账法处理每一笔经济业务时，都必须遵循“有借必有贷，借贷必相等”的记账规则，因此，在一定时期内所有账户的借方发生额合计与所有账户的贷方发生额合计必然相等。根据会计等式的恒等原理，所有账户的借方期末余额合计与所有账户的贷方期末余额合计也必然相等。

所谓试算平衡，就是利用账户本期发生额和余额各自存在的数量关系，检查和验算账户记录是否正确的一种方法。实际工作中通常是通过编制试算平衡表进行试算平衡。

试算平衡的公式是：

所有账户期初借方余额合计＝所有账户期初贷方余额合计
所有账户本期借方发生额合计＝所有账户本期贷方发生额合计
所有账户期末借方余额合计＝所有账户期末贷方余额合计

【例 3-9】 某企业 1 月 1 日资产、负债及所有者权益有关账户的余额见表 3-2，1 月份发生的经济业务见例 3-5。

表 3-2　账户余额

单位：元

资产	余额	负债及所有者权益	余额
银行存款	200 000	短期借款	200 000
原材料	110 000	应付账款	100 000
库存商品	190 000	长期借款	400 000
固定资产	700 000	实收资本	500 000
总计	1 200 000	总计	1 200 000

根据上述资料，将有关账户的期初余额和本期发生额全部登账（T 形账户）并结计出期末余额，见图 3-19。本月会计等式数据变化的过程见表 3-3，编制的试算平衡表见表 3-4。

原材料

借方		贷方
期初余额	110 000	
(1)	8 000	
本期发生额	8 000	
期末余额	118 000	

应付账款

借方	贷方	
	期初余额	100 000
	(1)	8 000
	本期发生额	8 000
	期末余额	108 000

银行存款

借方		贷方	
期初余额	200 000	(3)	200 000
(2)	500 000	(4)	800
本期发生额	500 000	本期发生额	200 800
期末余额	499 200		

实收资本

借方	贷方	
	期初余额	500 000
	(2)	500 000
	(5)	300 000
	本期发生额	800 000
	期末余额	1 300 000

库存现金

借方		贷方
(4)	800	
本期发生额	800	
期末余额	800	

短期借款

借方		贷方	
(3)	200 000	期初余额	200 000
本期发生额	200 000		
		期末余额	0

库存商品

借方		贷方
期初余额	190 000	
期末余额	190 000	

长期借款

借方		贷方	
(5)	300 000	期初余额	400 000
本期发生额	300 000		
		期末余额	100 000

固定资产

借方		贷方
期初余额	700 000	
期末余额	700 000	

图 3-19

表 3-3 会计等式数据变化过程表

单位：元

	资产	=	负债	+	所有者权益
期初余额	1 200 000		700 000		500 000
1.2	1 200 000+8 000 =1 208 000		700 000+8 000 =708 000		500 000
1.4	1 208 000+500 000 =1 708 000		708 000		500 000+500 000 =1 000 000
1.10	1 708 000−200 000 =1 508 000		708 000−200 000 =508 000		1 000 000

续表

	资产	=	负债	+	所有者权益
1.15	1 508 000+800−800 =1 508 000		508 000		1 000 000
1.20	1 508 000		508 000−300 000 =208 000		1 000 000+300 000 =1 300 000
期末余额	1 508 000		208 000		1 300 000

表 3-4　试算平衡表

单位：元

账户名称	期初余额		本期发生额		期末余额	
	借方	贷方	借方	贷方	借方	贷方
库存现金	0		800	0	800	
银行存款	200 000		500 000	200 800	499 200	
原材料	110 000		8 000	0	118 000	
库存商品	190 000		0	0	190 000	
固定资产	700 000		0	0	700 000	
短期借款		200 000	200 000	0		0
应付账款		100 000	0	8 000		108 000
长期借款		400 000	300 000	0		100 000
实收资本		500 000	0	800 000		1 300 000
总计	1 200 000	1 200 000	1 008 800	1 008 800	1 508 000	1 508 000

需要指出的是，编制试算平衡表是检查和验算账户记录是否正确的一种方法，如果试算平衡借贷合计不等，则肯定存在记账错误。但并不是说试算平衡表的结果平衡就意味着所有账户记录完全正确，对于错记借贷方向、错记账户、错记相等的金额、遗漏或重记交易事项等差错，试算平衡表并不能予以揭示。

同步思考

1. 在借贷记账法下，借就是增加，贷就是减少。你认为这种说法正确吗？

2. 王经理 7 月 1 日从企业预借差旅费 1 200 元，7 月 10 日出差回来报销差旅费 2 000 元，王经理借款和报销时，企业如何编制会计分录？若王经理出差前没有借款，企业又如何编制报销的会计分录？

贴心提示

怎样才能记住那么多会计科目？

会计科目需要记住，但死记硬背不是好办法，要在理解的基础上记忆。怎样才能掌握和熟练运用那么多的会计科目呢？一方面要认识会计科目的名称、了解各个科目的用途，另一方面要多运用，这样才能把每个会计科目代表的含义、核算的内容搞清楚。会计科目就像每个人的名字一样，每个名字代表不同的个体，我们认识同学的过程也是要多接触、多了解。在即将到来的第四章的学习中，大家就会运用到很多会计科目，一开始可能会经常用错或者无所适从，但只要多多琢磨，联系实际理解，慢慢就不会张冠李戴了。从模糊到清晰是我们学习任何知识的必经过程，请不要畏难。

自测题

在线自测

一、单项选择题

1. 下列会计科目中属于负债类的是（　　）。

A. “实收资本”　　B. “应收账款”　　C. “预付账款”　　D. “其他应付款”

2. 账户的期末余额一般在（　　）。

A. 增加额这一方　　B. 减少额这一方　　C. 借方　　D. 贷方

3. 计算账户期末余额的一般公式是（　　）。

A. 期末余额＝期初余额＋本期增加额－本期减少额

B. 期末余额＝期初余额＋本期减少额－本期增加额

C. 期末余额＝期初余额＋本期借方发生额－本期贷方发生额

D. 期末余额＝期初余额＋本期贷方发生额－本期借方发生额

4. 下列属于复式记账法特点的是（　　）。

A. 对发生的每一项经济业务只在一个账户中登记一笔账

B. 对发生的每一项经济业务至少在一个账户中登记两笔账

C. 对发生的每一项经济业务至少在两个账户中相互联系地进行登记

D. 一般只记现金、银行存款收付业务，实物的增减不做登记

5. “应收账款”账户的期初借方余额为 8 000 元，本期增加额为 12 000 元，期末借方余额为 6 000 元，则本期减少发生额为（　　）元。

A. 14 000　　B. 20 000　　C. 2 000　　D. 4 000

6. 在采用借贷记账法时，账户的贷方登记（　　）。

A. 资产增加　　B. 费用增加　　C. 收入增加　　D. 负债减少

7. 复合会计分录是指（　　）。

A. 涉及两个或两个以上账户的会计分录

B. 涉及三个或三个以上账户的会计分录

C. 涉及四个以上账户的会计分录

D. 多借多贷的会计分录

8. “生产成本”账户期初余额 110 000 元，本期借方发生额 500 000 元，贷方发生额 300 000 元，期末余额为（　　）元。

A. 130 000　　B. 310 000　　C. 910 000　　D. 600 000

9. 下列说法中正确的是（　　）。

A. 负债类账户若有期末余额，一般在借方

B. 借贷记账法下，如果试算平衡结果发现借贷余额是平的，说明记账一定正确

C. “借”“贷”作为记账符号，已失去其原始的含义

D. 复合会计分录就是指多借多贷的分录

10. 采用借贷记账法，收入类账户的结构特点是（　　）。

A. 增加记借方，减少记贷方，期末一般无余额

B. 增加记贷方，减少记借方，期末一般无余额

C. 增加记贷方，减少记借方，期末余额在贷方

D. 增加记借方，减少记贷方，期末余额在借方

二、多项选择题

1. 下列会计科目中，属于损益类的有（　　）。

A. “本年利润”　　B. “所有者权益”

C. “管理费用”　　D. “主营业务收入”

2. 下列会计科目中，属于资产类的是（　　）。

A. “原材料”　　B. “应付账款”

C. “库存现金”　　D. “实收资本”

3. T 形账户的基本结构分为左右两方，分别反映资金的（　　）。

A. 增加　　B. 减少　　C. 发生额　　D. 余额

4. 企业销售一批货物，部分货款已收回存入银行，部分尚未收回，这笔业务应记入（　　）账户的借方。

A. “银行存款”　　B. “应收账款”

C. “应交税费”　　D. “主营业务收入”

5. 借贷记账法下，账户的借方可记（　　）。

A. 应收账款的增加　　B. 应付账款的减少

C. 实收资本的增加　　D. 生产成本的增加

6. 用借方和贷方登记会计要素的增减金额，一般来说（　　）。

A. 借方登记资产、负债、所有者权益的增加，贷方登记其减少

B. 借方登记资产、负债、所有者权益的减少，贷方登记其增加

C. 借方登记资产增加、负债和所有者权益的减少

D. 贷方登记收入增加、负债和所有者权益的增加

7. 一笔完整的会计分录其内容应包括（　　）。

A. 应记账户的名称　　B. 应记入账的金额

C. 应记账户的方向　　D. 应记入账的时间

8. 借贷记账法的记账规则是（　　）。

A. 借方记资产增加，负债、所有者权益减少

B. 贷方记资产减少，负债、所有者权益增加

C. 有借必有贷

D. 借贷必相等

9. 下列公式中，正确的是（　　）。

A. 成本类账户期末余额＝期初余额＋本期借方发生额－本期贷方发生额

B. 负债类账户本期贷方发生额＝期初余额＋期末余额－本期借方发生额

C. 所有者权益类账户期末余额＝期初余额＋本期贷方发生额－本期借方发生额
D. 资产类账户本期借方发生额＝期末余额－期初余额＋本期贷方发生额

10. 下列项目中，属于资产类会计科目的有（　　）。

A. “固定资产”　　B. “运输设备”
C. “原材料”　　D. “在产品”

三、判断题

1. 账户分为左右两方，左方记增加额，右方记减少额。（　　）
2. 借贷记账法下，账户借方记增加，贷方记减少。（　　）
3. 会计科目是对会计要素的进一步分类。（　　）
4. 总分类科目和明细分类科目都是国家统一制定的。（　　）
5. 企业可以根据管理需要增设明细账户。（　　）
6. “库存现金”账户期末余额一般在借方。（　　）
7. 一笔经济业务发生后，应记账户的方向正好记反，试算平衡可以发现这种错误。（　　）
8. 复式记账法就是对每项经济业务都必须记入两个账户。（　　）
9. 费用类账户增加记借方，减少记贷方，期末一般无余额。（　　）
10. “实收资本”账户期末余额一般在贷方。（　　）
11. 每一个账户本期借方发生额必定等于本期贷方发生额。（　　）
12. 所有账户期末借方余额合计应该等于所有账户期末贷方余额合计。（　　）
13. 账户与会计科目两者的含义是一致的，没有区别。（　　）
14. 借贷记账法的理论基础是会计恒等式。（　　）

四、简答题

1. 简要说明会计科目与账户之间的关系。
2. 为什么借贷记账法的记账规则是“有借必有贷，借贷必相等”？
3. 简要说明试算平衡公式。
4. 简述损益类账户的结构特点。

五、综合业务题

习题一

目的：练习会计分录的编制、T形账户的登记和试算平衡方法。

资料：某企业3月份发生下列经济业务。

1. 收到投资者投资500 000元，存入银行。
2. 购买一台设备，价款230 000元，以银行存款支付。
3. 购买原材料一批，货款100 000元，尚未支付。
4. 从银行提取现金2 000元备用。
5. 从银行借入三个月借款200 000元。
6. 职工王某出差预借差旅费1 000元，以现金支付。
7. 购买原材料货款1 000元，以现金支付。
8. 以银行存款偿还前欠材料款50 000元。

9. 行政管理部门吴经理出差回来报销差旅费 1 200 元，出差前曾借款 1 000 元，差额以现金补付。

10. 收回以前销货款 50 000 元，存入银行。

要求：1. 根据上述经济业务编制会计分录，并指出会计分录的类型（是简单分录还是复合分录）。

2. 登记“银行存款”“其他应收款”“应付账款”三个 T 形账户（它们的期初余额分别是借方 100 000 元、借方 1 000 元、贷方 150 000 元），并分别计算出本期发生额和月末余额，完成图 3－20。

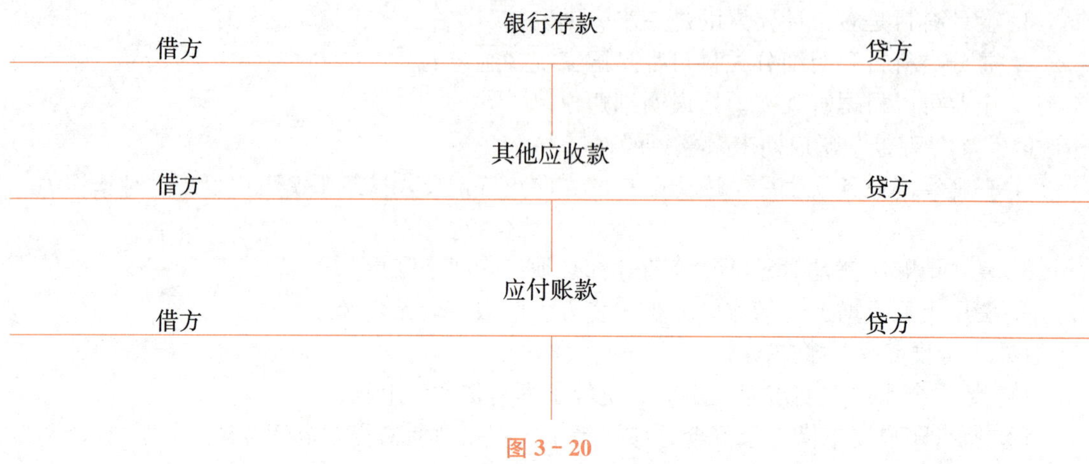

图 3－20

3. 编制本期发生额试算平衡表，完成表 3－5。

表 3－5　本期发生额试算平衡表　　单位：元

账户名称	本期借方发生额	本期贷方发生额
合计		

习题二

目的：掌握账户期初余额、本期发生额、期末余额之间的关系和试算平衡方法。

资料：银光工厂 5 月份总分类账户本期发生额及余额表如表 3－6 所示。

表 3-6 总分类账户本期发生额及余额表 单位：元

会计科目	期初余额（5月1日）		本期发生额		期末余额（5月31日）	
	借方	贷方	借方	贷方	借方	贷方
库存现金	300		—	—	（ ）	
银行存款	38 000		13 000	（ ）	29 700	
应收账款	3 000		—	3 000	（ ）	
原材料	80 000		60 000	（ ）	90 000	
生产成本	（ ）		70 000	80 000	20 000	
库存商品	（ ）		80 000	20 000	100 000	
固定资产	200 000		（ ）	20 000	220 000	
短期借款		（ ）	—	10 000		49 000
应付账款		（ ）	9 300	60 000		60 000
实收资本		343 000	（ ）	40 000		351 000
合计	（ ）	（ ）	（ ）	（ ）	（ ）	（ ）

要求：根据表 3-6 中的资料（表中“—”表示没有发生额），计算填列括号中的有关数字并进行试算平衡。

习题三

目的：练习会计分录的编制。

资料：某企业发生下列经济业务。

1. 用银行存款购买材料，价款 20 000 元。
2. 用银行存款支付前欠某单位货款 30 000 元。
3. 从银行借入 3 年期借款 400 000 元，存入银行。
4. 用银行存款归还到期短期借款 200 000 元。
5. 收到所有者投入的设备，价值为 300 000 元。
6. 某职工因临时急需，经批准向单位借现金 2 000 元。
7. 收到购买单位前欠账款 8 000 元，存入银行。
8. 经有关各方同意，企业的长期借款 1 000 000 元转为借款方对企业的投资。

要求：根据上述各项经济业务，编制会计分录。

习题四

目的：练习工业企业会计科目的使用。

资料：见表 3-7。

表 3-7 填写会计科目

描述	会计科目
出纳保管的现金	
投资者投入的资本	
办公设备及厂房	

续表

描述	会计科目
向银行借入的1年期借款	
广告宣传费用	
销售产品的收入	
应收某客户的销货款	
收到的转账支票款	

要求：根据表中第一列的描述，填写第二列应该使用的会计科目名称。

习题五

目的：进一步理解账户对应关系，掌握会计分录的编制方法。

资料：某企业3月1日设立，收到投资者投入200 000元，至3月5日共发生4笔交易，采用借贷记账法记账后，各账户金额见表3-8。

表3-8 各账户金额

单位：元

账户名称	借方金额	贷方金额
银行存款	202 000	53 000
应收账款	4 000	
库存商品	80 000	
应付账款		30 000
实收资本		200 000
管理费用	3 000	
主营业务收入		6 000
合计	289 000	289 000

要求：1. 描述该企业3月1日至5日发生的经济业务内容。

2. 根据上述经济业务内容编写会计分录。

第四章

企业主要经济业务的核算

同步思考
参考答案

学习目标

通过本章的学习，学生应能够描述企业主要经济业务的内容，认识和理解权责发生制会计核算基础，熟练运用借贷记账法对工业企业主要经济业务进行会计处理，系统掌握常用账户的用途、结构特点。

素养目标

1. 了解企业资金活动，提高从微观到宏观的洞察力和实践运用能力。
2. 理解全面、连续、系统地进行会计核算的要求，树立全局意识和整体观念。

重点与难点

1. 权责发生制。
2. 生产业务的核算。
3. 销售业务的核算。
4. 利润形成与分配业务的核算。

实践活动

1. 街边的面包店、包子铺、小饭店、杂货店等都是一个会计主体，你可以开展一项社会调查，了解小店老板投入了多少资金，一个月房租、水电、人工、进货等需要花费多少钱，一个月营业额有多少等。

2. 选择一个你感兴趣的方向模拟创业，提出需要多少资金、怎样筹集资金、如何把生意做好、如何赚钱等切实可行的方案。

引例

一个惊人的全流程造假实例

中国证监会2021年7月28日在官网上发布了〔2021〕55号行政处罚决定书，当事人为广东龙昕科技有限公司（以下简称“龙昕科技”），时任龙昕科技总经理、法定代表人为廖某茂，财务负责人为曾某洋。

2015年至2017年，龙昕科技存在虚增收入、利润等财务造假行为，具体造假行为如下：

2015年至2017年，龙昕科技通过虚开增值税发票或未开票即确认收入的方式，通过客户欧朋达科技（深圳）有限公司、深圳市东方亮彩精密技术有限公司等11家公司，在正常业务基础上累计虚增收入90 069.42万元（2015年至2017年6月累计虚增收入54 674.53万元）。其中，2015年虚增收入14 412.5万元，占龙昕科技总收入22.02%；2016年虚增收入30 647.53万元，占龙昕科技总收入30.09%；2017年1—6月虚增收入9 614.5万元，占龙昕科技总收入21.51%；2017年虚增收入45 009.4万元，占龙昕科技总收入40.59%。

龙昕科技虚增收入导致各期末形成大量虚假应收账款余额，2015年末虚假应收账款余额13 176.95万元，2016年末虚假应收账款余额7 820.1万元，2017年6月末虚假应收账款余额11 921.49万元，2017年末虚假应收账款余额21 492.14万元。龙昕科技虚增收入的回款主要由廖某茂控制的东莞龙冠真空科技有限公司（以下简称“龙冠真空”）、东莞市德誉隆真空科技有限公司（以下简称“德誉隆”）以客户名义支付，其中，2015年回款2 022.8万元，2016年回款34 458.62万元，2017年回款46 698.29万元。

同时，龙昕科技按正常业务毛利率水平，虚假结转成本。其中，2015年虚增成本8 843.59万元，2016年虚增成本18 759.73万元，2017年1—6月虚增成本7 298.96万元，2017年虚增成本27 624.49万元。导致龙昕科技2015年虚增利润5 568.91万元，2016年虚增利润11 887.8万元，2017年1—6月虚增利润2 315.54万元，2017年虚增利润17 384.91万元。

此外，为平衡结转的虚假成本，龙昕科技倒算出需采购的原材料数据，进行虚假采购，虚假采购的款项主要支付给龙冠真空、德誉隆。其中，2015年虚假采购金额18 700.94万元，2016年虚假采购金额33 700.15万元，2017年1—6月虚假采购金额8 340.37万元，2017年虚假采购金额30 498.45万元。龙昕科技虚假采购导致各期末形成大量虚假应付账款余额，2015年末虚假应付账款余额11 577.81万元，2016年末虚假应付账款余额233.22万元，2017年6月末虚假应付账款余额10 329.06万元，2017年末虚假应付账款余额4 172.91万元。

龙昕科技虚增收入和虚假采购中的相关单据，如销售合同、订单、发货单、对账单、入库单等均由龙昕科技财务部制作。相关单据需外部单位签字或盖章的，均由龙昕科技财务部人员模仿签字，或由龙昕科技财务部人员使用私刻的部分客户和供应商的公章、财务专用章等盖章。相关单据需龙昕科技内部部门配合签字的，部分由龙昕科技财务人员代签。

根据当事人违法行为的事实、性质、情节与社会危害程度，依据2005年《证券法》

第一百九十三条第一款的规定，证监会决定：

(1) 对广东龙昕科技有限公司责令改正、给予警告，并处以60万元罚款；

(2) 对廖某茂给予警告，并处以30万元罚款；

(3) 对曾某洋给予警告，并处以20万元罚款。

资料来源：中国证券监督管理委员会网站.

第一节 企业主要经济业务的内容和会计核算基础

一、企业主要经济业务的内容

企业从事生产经营活动，必须拥有一定数量的财产物资，这些财产物资的货币表现，称为资金。筹集资金是企业资金运动的起点。

商品流通企业拥有资金以后，开展商品流通活动，其经营过程主要分为购进和销售两个基本环节。企业为销售而购进商品，并不改变商品的基本物质形态，随着商品购进，企业的货币资金转化为商品资金，商品的成本很容易确定，包括买价和进货费用等；随着商品销售，企业的商品资金又转化为货币资金，实现的销售收入补偿了各种费用之后，企业取得了利润，如果实现的销售收入补偿不了各种费用，企业就会亏损。商品流通企业的资金在商品购销过程中周而复始地循环和周转，其价值亦在不断地发生变化。

工业企业是以产品加工制造和销售为主要生产经营活动的经济组织。为了生产产品，需要进行生产准备，如购建厂房、机器设备等固定资产和购买各种原材料，一方面形成企业的基本生产经营能力，另一方面为生产进行必要的物资储备。在将原材料投入生产加工成产品的过程中，发生各种生产耗费，如材料的消耗、固定资产的磨损、劳动报酬的支付等，这些耗费便构成了产品成本。虽然各工业企业生产的产品不同，如制鞋厂和造船厂，它们的生产工艺、生产过程、生产周期存在很大差异，但产品成本的确定都是企业一项重要且复杂的工作，它不仅影响企业经营成果的计量，也影响存货资产价值的计量。至于产品销售，与商品流通企业类似，如果产品符合市场需求，企业就可以将其顺利销售出去，实现利润，当然也有可能发生亏损。工业企业的资金在采购、生产、销售过程中，经历货币资金、储备资金、生产资金、商品资金等形态，最后再转化为货币资金，不断地循环与周转。

综上所述，工业企业生产经营活动比商品流通企业复杂，但也有许多共同之处，所以本章以工业企业生产经营过程中的主要经济业务为对象，介绍工业企业主要经济业务的会计处理方法。工业企业主要经济业务包括筹集资金、生产准备、产品生产、产品销售、经营成果确认及利润分配六个方面的内容。

二、会计核算基础

企业在连续不断、循环往复的生产经营过程中，要进行会计分期，以便及时核算各会计期间企业的财务状况和经营成果。如何确认各会计期间的收入和费用？在会计核算上有收付实现制和权责发生制之分。

（一）收付实现制

收付实现制是指以实收实付为标志来确认各期收入和费用，凡是本期收到的收入和支出的费用，不管其是否属于本期赚得和本期负担，都作为本期的收入和费用；凡是本期未收到的收入和未支出的费用，即使属于本期，也不能作为本期的收入和费用。由于收付实现制以现金收付为标准，因此又称现金制或实收实付制。

【例 4-1】 某企业 7 月份发生下列经济业务：

（1）7 月 1 日通过银行转账支付下半年财产保险费 6 000 元。

（2）7 月 1 日出租闲置房屋，租期一年，每月租金 50 000 元，合同约定每季末收取当季租金。

（3）7 月 10 日销售产品一批，货款 100 000 元，已收到存入银行。

（4）7 月 10 日预收货款 30 000 元存入银行，合同约定 10 月 10 日交货。

（5）7 月 15 日通过银行转账支付上月水电费 4 000 元。

（6）7 月 20 日收回上月销货款 18 000 元，存入银行。

（7）7 月 25 日用现金支付本月职工差旅费 5 000 元。

（8）7 月 30 日收到本月招待费账单共计 3 000 元，尚未支付。

按照收付实现制确认该企业 7 月份的收入和费用，结果见表 4-1。

表 4-1 按照收付实现制确认该企业 7 月份的收入和费用 单位：元

收入	费用
（3）100 000	（1）6 000
（4） 30 000	（5）4 000
（6） 18 000	（7）5 000

从表 4-1 看出，按照收付实现制确认该企业 7 月份收入合计 148 000 元，费用合计 15 000 元。以现金收付时间来区分各期收入和费用是收付实现制的基本特点，本月收到的收入确认为本月收入，本月支付的费用确认为本月费用，这样确认的本月损益与现金净流量一致，会计处理简单。但它将销售活动不在本月发生的预收款项和上月销货款计入本月收入（业务 4、业务 6），而本月因出租房屋产生的应收租金不计入本月收入（业务 2），将应由下半年 6 个月共同负担的财产保险费全部计入本月费用（业务 1），将上个月的水电费也计入本月费用（业务 5），而本月的招待费却并不计入本月费用（业务 8），混淆了应归属于各期的收入和费用界限，不能准确地反映各期经营成果。

（二）权责发生制

权责发生制是指以经济业务引起的权利责任实际发生为标志来确认各期收入和费用，凡是本期已经实现的收入和应当负担的费用，不论款项是否在本期实际收付，都应当作为本期的收入和费用处理；凡是不属于本期的收入和费用，即使款项在本期收付，也不能作为本期的收入和费用。由于权责发生制以应收应付为标准，所以又称应计制或应收应付制。

【例 4-2】 承例 4-1，按照权责发生制确认该企业 7 月份的收入和费用，结果见表 4-2。

表4-2 按照权责发生制确认该企业7月份的收入和费用

单位：元

收入	费用
(2) 50 000 (3) 100 000	(1) 1 000 (7) 5 000 (8) 3 000

从表4-2看出，按照权责发生制确认7月份收入合计150 000元，费用合计9 000元。比较表4-1和表4-2，对于归属期和收付期一致的收入和费用，如销售活动发生在本期并且货款于本期收到的收入（业务3）和本期支付的本月费用（业务7），按照权责发生制和收付实现制确认和计量没有差异。但是采用权责发生制，本期已履行了租赁义务而产生的应收租金应确认为本期收入（业务2），而本期收到的预收货款应该在实际交货的月份才能确认为收入（业务4），本期收到的上月销货款应于上月确认收入（业务6），预付的下半年财产保险费只能将本月应该负担的部分计入本月费用（业务1），本月的招待费尽管还没有支付但也应该计入本月费用（业务8），至于在本期支付的上月水电费和应由以后月份负担的财产保险费不应计入本月费用（业务5、业务1）。

按照权责发生制和收付实现制分析例4-1中发生的经济业务对各期收入、费用确认的综合影响，如表4-3所示。

表4-3 权责发生制和收付实现制对收入、费用确认的影响

序号	业务	权责发生制	收付实现制
1	7月1日通过银行转账支付下半年财产保险费6 000元	7月初支付该款项时属于预付费用，7月末应确认本月应该负担的1 000元计入当月费用，以后每个月末均如此，直至年末	7月初支付该款项时即将其全部确认为当月费用
2	7月1日出租闲置房屋，租期一年，每月租金50 000元，合同约定每季末收取当季租金	7月末应确认本月应收租金收入50 000元，8月末亦如此，9月末收到15 000元租金时确认本月租金收入依然是50 000元，以后每季度各月末均如上述，直至期满	在收到租金时将一个季度的租金全部确认为当月收入，如9月末收到15 000元租金时全部确认为当月收入，没有收到租金的月份不确认收入
3	7月10日销售产品一批，货款100 000元，已收到存入银行	收到本月销货款确认为本月收入	收到销货款即确认为当月收入
4	7月10日预收货款30 000元存入银行，合同约定10月10日交货	7月10日预收销货款不确认收入，10月10日实际交货时才确认为收入	7月10日收到销货款即确认为当月收入
5	7月15日通过银行转账支付上月水电费4 000元	上月应付水电费已经在上月末确认为费用，7月份支付时不再确认为费用	7月15日支付该款项时确认为当月费用
6	7月20日收回上月销货款18 000元，存入银行	上月销货款已经在上月销售时确认为收入，7月份收到时不再确认为收入	7月20日收到该款项时确认为当月收入

续表

序号	业务	权责发生制	收付实现制
7	7月25日用现金支付本月职工差旅费5 000元	支付本月差旅费确认为本月费用	支付差旅费即确认为当月费用
8	7月30日收到本月招待费账单共计3 000元，尚未支付	本月招待费应确认为本月费用	尚未支付，所以不确认费用

根据权责发生制，收入在企业销售商品或提供服务之时实现，收入实现的同时可能收到现金，也可能没有现金流入，伴随着债权的增加或者债务的减少；费用是为实现收入而发生的耗费，费用发生的同时可能发生现金流出，也可能没有现金流出，伴随着债务的增加、债权的减少或其他非现金资产的减少。采用权责发生制，对跨期交易应注意区分受交易影响的各期收入和费用，每个期末应进行账项调整，将收入已经实现但款项尚未收到的事项，一方面确认为应收款项，另一方面确认为收入；将以前已经预收货款但在本期实现销售的事项，一方面冲减预收款项，另一方面确认为收入；将以前已经预付但应由本期负担的费用，一方面冲减预付款项，另一方面计入本期费用；将本期应该负担但以后期间支付的费用，一方面确认为应付款项，另一方面计入本期费用。

与收付实现制比较，权责发生制的会计处理复杂，需要进行期末账项调整，并且对交易影响期间和各期金额的判断可能会受主观影响，当期收入费用配比之后得出的损益与当期现金净流量不一致，不便于直接进行现金流量分析。但采用权责发生制确认的各期收入费用配比合理，相关的资产、负债反映全面，对企业财务状况和经营成果的核算清晰完整，有助于决策者利用会计信息进行正确决策。我国《企业会计准则——基本准则》明确规定企业应当以权责发生制为基础进行会计确认、计量和报告。

本章以权责发生制为基础，介绍工业企业主要经济业务的核算。

同步思考

1. 王先生打算拿出100万元积蓄投资创办企业，但究竟是开一家超市还是开一家服装厂他还没决定。超市和服装厂的具体业务有什么不同？

2. A企业某年11月30日与某电视台签署协议，买断下一年该电视台某金牌栏目广告时段播放权，为此A企业当日向电视台支付200万元广告费。根据权责发生制，A企业应该如何处理这笔广告费？电视台又该如何处理这笔广告收入？

第二节　筹集资金业务的核算

一、筹集资金业务的主要内容

筹集资金是企业资金运动的起点。企业筹集资金有两个基本渠道：一是接受投资者投入资本；二是向债权人借入资金。企业筹集资金的方式主要有吸收直接投资、发行股票、借款、发行债券、融资租赁、商业信用等。

（一）吸收直接投资

吸收直接投资是指企业以协议合同等形式吸收国家、其他企业、个人和外商等直接投入资金，形成企业资本金的一种筹资方式。吸收直接投资是有限责任公司筹集资本金的基本方式。

（二）发行股票

股份有限公司通过发行股票筹集资本，将其资本划分为股份，股票是公司签发的证明股东所持股份的凭证，代表着股东对公司的所有权，股东以其认购的股份为限对公司承担责任。发行股票是股份有限公司筹集资本金的基本方式。

（三）借款

动画微课：
阿四的服装厂

企业根据借款协议或合同向银行或非银行金融机构借入资金，用于满足企业长期投资或短期资金周转需要，企业应按约定及时、足额偿还借款本金和利息。企业的借款按偿还期长短分为长期借款和短期借款，偿还期限超过一年的为长期借款，偿还期限不超过一年（含一年）的为短期借款。

（四）发行债券

债券是企业为筹集资金而发行的、约期还本付息的有价证券。公司为满足投资建设的资金需要发行公司债券，通常期限超过一年，其实质是公司以债券为媒介向社会公众借入长期资金。

（五）融资租赁

融资租赁是由出租人按照承租人的要求融资购买设备，在合同规定的较长时期内提供给承租人使用并向承租人收取租金的信用业务，承租企业取得租赁设备使用权的同时，产生了一项长期的租赁负债。

（六）商业信用

商业信用是企业在商品购销活动中形成的借贷关系，是企业间与商品交易相伴随的直接信用行为，从筹资方来说是在商品购销活动中伴随商品交易形成的各种应付及预收款项等。

企业吸收直接投资、发行股票筹集的资金属于所有者权益资金，也称为股权资金。向银行或非银行金融机构借款、发行债券、融资租赁、商业信用等都属于负债筹资。

二、筹集股权资金的核算

企业设立时投资者必须投入资本形成企业的注册资金，在生产经营过程中投资者也可以追加投资，投资者依法享有投票权以参与公司的重大决策，享有资产收益权如利润分配权、企业清算时剩余财产分配权等。投资者可以用货币出资，也可以用实物、知识产权、土地使用权等可以用货币估价并可以依法转让的非货币财产作价出资。对作为出资的非货币财产应当评估作价，核实财产，不得高估或者低估作价。投资者以货币出资的，应当将货币出资足额存入企业在银行开设的账户；以非货币财产出资的，应当依法办理其财产权的转移手续。

（一）吸收直接投资的核算

1. 需要设置的主要账户

（1）“实收资本”账户。

“实收资本”账户用来核算企业实际收到投资人投入的资本。该账户属于所有者权益类账户，贷方登记企业实际收到投资者投入的资本数额以及转增的资本数额，借方登记企业按法定程序报经批准减少的注册资本数额，期末余额在贷方，表示企业实收资本总额。为了反映各投资者投入资本的具体数额，“实收资本”账户可按投资者进行明细核算。“实收资本”账户的结构见图 4－1。

实收资本

借方	贷方
	期初余额：实收资本总额
发生额：减少的注册资本	发生额：实际收到投资者投入资本
	期末余额：实收资本总额

图 4－1 “实收资本”账户

（2）“银行存款”账户。

“银行存款”账户用来核算企业存入银行或其他金融机构的各种款项。该账户属于资产类账户，借方登记企业银行存款的增加数额，贷方登记企业银行存款的减少数额，期末余额在借方，表示企业实际存在银行或其他金融机构的款项。“银行存款”账户的结构见图 4－2。

银行存款

借方	贷方
期初余额：银行存款实有数额	
发生额：银行存款的增加	发生额：银行存款的减少
期末余额：银行存款实有数额	

图 4－2 “银行存款”账户

（3）“固定资产”账户。

“固定资产”账户用来核算企业持有的固定资产原价。该账户属于资产类账户，借方登记固定资产原价的增加，贷方登记固定资产原价的减少，期末余额在借方，表示企业现有固定资产的原价。该账户可按固定资产类别和项目进行明细核算。接受投资者投入固定资产的原价，应当按照投资合同或协议约定的价值确定。“固定资产”账户的结构见图 4－3。

固定资产

借方	贷方
期初余额：现有固定资产原价	
发生额：固定资产的增加	发生额：固定资产的减少
期末余额：现有固定资产原价	

图 4－3 “固定资产”账户

(4)“无形资产”账户。

“无形资产”账户用来核算企业持有的无形资产成本，包括专利权、非专利技术、商标权、著作权、土地使用权等。该账户属于资产类账户，借方登记企业取得无形资产的成本，贷方登记处置无形资产的成本，期末余额在借方，反映企业无形资产的成本。该账户可按无形资产项目进行明细核算。接受投资者投入无形资产的成本，应当按照投资合同或协议约定的价值确定。“无形资产”账户的结构见图 4-4。

无形资产

借方	贷方
期初余额：无形资产成本 发生额：取得无形资产的成本	发生额：处置无形资产的成本
期末余额：无形资产成本	

图 4-4 “无形资产”账户

2. 核算举例

以下业务以新华工厂为例。

20××年 3 月 1 日，A、B、C 三方投资者签订协议共同出资 6 000 000 元设立新华工厂，A 方以货币形式出资，出资比例为 30%；B 方以厂房、机器设备出资，出资比例为 65%；C 方以专利权出资，出资比例为 5%。

【例 4-3】 3 月 5 日收到 A 方货币出资 1 800 000 元，存入银行。

这项经济业务的发生，使企业的银行存款增加了 1 800 000 元，应记入“银行存款”账户的借方，同时使企业的实收资本增加了 1 800 000 元，应记入“实收资本”账户的贷方。会计分录如下：

借：银行存款　　1 800 000

　贷：实收资本　　1 800 000

【例 4-4】 3 月 10 日收到 B 方以厂房、机器设备投入资本，评估价为 3 900 000 元，产权转移手续已经办妥。

这项经济业务的发生，使企业的固定资产增加了 3 900 000 元，应记入“固定资产”账户的借方，同时使企业的实收资本增加了 3 900 000 元，应记入“实收资本”账户的贷方。会计分录如下：

借：固定资产　　3 900 000

　贷：实收资本　　3 900 000

【例 4-5】 3 月 12 日收到 C 方以专利权投入资本，评估价为 300 000 元，有关权利转移手续已经办妥。

这项经济业务发生，使企业的无形资产增加 300 000 元，应记入“无形资产”账户的借方，同时使企业的实收资本增加了 300 000 元，应记入“实收资本”账户的贷方。会计分录如下：

借：无形资产　　300 000

　贷：实收资本　　300 000

企业吸收直接投资业务有关账户对应关系见图 4-5。

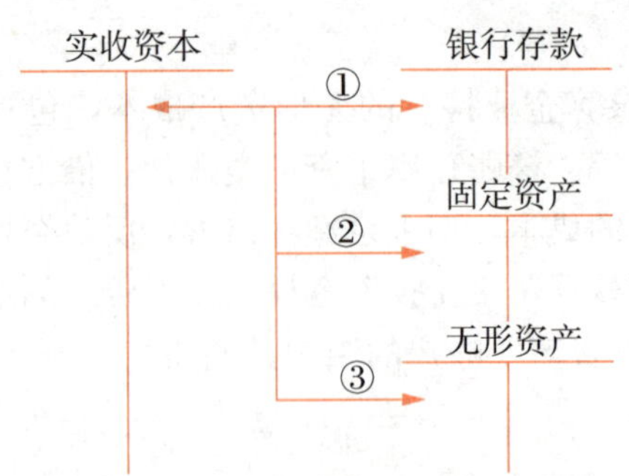

图 4-5　企业吸收直接投资业务有关账户对应关系

说明：①吸收货币资金投资；②吸收固定资产投资；③吸收无形资产投资。

（二）发行股票的核算

1. 需要设置的主要账户

（1）“股本”账户。

“股本”账户用来核算股份有限公司发行股票筹集的股本总额，股本总额是股票面值与股份总数的乘积。该账户属于所有者权益类账户，贷方登记企业实际收到股东投入的股本数额，借方登记企业按法定情形收购本公司股份（如减少注册资本、将股份奖励给本公司职工等）而减少的股本数额，期末余额在贷方，表示企业股本总额。为了反映股份有限公司股东构成情况，“股本”账户可按股东姓名进行明细核算。

“股本”账户的结构见图 4-6。

借方　　股本	贷方
	期初余额：股本总额
发生额：减少的股本数额	发生额：实际收到投资者投入股本
	期末余额：股本总额

图 4-6　“股本”账户

（2）“资本公积”账户。

“资本公积”账户用来核算企业收到投资者出资额超出其在注册资本或股本中所占份额的部分（即资本溢价或股本溢价）。该账户属于所有者权益类账户，贷方登记企业收到投资者出资时发生的资本溢价或股本溢价，借方登记企业将资本公积转增资本的数额和支付与发行股票直接相关的手续费、佣金等交易费用。该账户期末余额在贷方，表示企业资本公积总额。

“资本公积”账户的结构见图 4-7。

借方　　资本公积	贷方
	期初余额：资本公积总额
发生额：资本公积转增资本 股票发行手续费等	发生额：资本溢价或股本溢价
	期末余额：资本公积总额

图 4-7　“资本公积”账户

2. 核算举例

【例 4-6】 A 股份有限公司发行股票 10 000 万股，每股面值 1 元，发行价 20 元，发行股票所筹资金已经存入该公司在银行开设的账户。

这项经济业务表明，A 公司因发行股票使银行存款增加了 2 000 000 000 元，应记入"银行存款"账户的借方，同时使股本增加了 100 000 000 元，应记入"股本"账户的贷方，股本溢价 1 900 000 000 元，应记入"资本公积"账户的贷方。会计分录如下：

借：银行存款	2 000 000 000	
贷：股本		100 000 000
资本公积		1 900 000 000

【例 4-7】 上述 A 公司支付股票发行手续费 2 000 000 元。

这项经济业务表明，A 公司支付股票发行手续费使资本公积减少 2 000 000 元，应记入"资本公积"账户的借方，同时银行存款减少 2 000 000 元，应记入"银行存款"账户的贷方。会计分录如下：

借：资本公积	2 000 000	
贷：银行存款		2 000 000

三、借入资金的核算

从银行或非银行金融机构借款、发行债券、融资租赁等都属于负债筹资，其中借款是企业最为常见和普遍的负债筹资方式。企业利用债务资金，需要按期偿还，还需要支付利息。

(一) 需要设置的主要账户

1. "短期借款"账户

"短期借款"账户用来核算企业从银行或其他金融机构借入的期限在一年以内（含一年）的各种借款。该账户属于负债类账户，贷方登记企业借入的各种短期借款，借方登记企业归还的各种短期借款，期末余额在贷方，表示尚未偿还的各种短期借款数额。该账户可按借款种类、贷款人和币种设置明细账，进行明细核算。

"短期借款"账户的结构见图 4-8。

短期借款

借方	贷方
	期初余额：尚未偿还的短期借款数额
发生额：偿还短期借款	发生额：借入短期借款
	期末余额：尚未偿还的短期借款数额

图 4-8 "短期借款"账户

2. "长期借款"账户

"长期借款"账户用来核算企业从银行或其他金融机构借入的期限在一年以上的各项借款。该账户属于负债类账户，贷方登记企业借入的各项长期借款，借方登记企业归还的各项长期借款，期末余额在贷方，表示尚未偿还的长期借款。该账户可按贷款单位和贷款种类设置明细账，进行明细核算。

"长期借款"账户的结构见图 4-9。

长期借款

借方	贷方
	期初余额：尚未偿还的长期借款数额
发生额：偿还长期借款	发生额：借入长期借款
	期末余额：尚未偿还的长期借款数额

图 4-9 "长期借款"账户

3. "财务费用"账户

"财务费用"账户用来核算企业为筹集生产经营所需资金等而发生的费用，包括利息费用及相关的手续费等。该账户属于损益类账户，借方登记企业发生的利息费用，贷方登记发生的利息收入，期末其余额结转至"本年利润"账户，结转后无余额。

"财务费用"账户的结构见图 4-10。

财务费用

借方	贷方
本期发生的利息费用	本期发生的利息收入
	期末结转至本年利润

图 4-10 "财务费用"账户

4. "应付利息"账户

"应付利息"账户用来核算企业按照合同约定应支付的利息。该账户属于负债类账户，贷方登记企业按合同利率计算确定的应付未付利息，借方登记企业实际支付的应付利息，期末余额在贷方，表示企业应付未付的利息。

"应付利息"账户的结构见图 4-11。

应付利息

借方	贷方
	期初余额：应付利息数额
发生额：本期支付的应付利息	发生额：本期发生的应付利息
	期末余额：应付利息数额

图 4-11 "应付利息"账户

（二）核算举例

【例 4-8】 新华工厂 4 月 1 日从银行借款 300 000 元存入其开户银行账户，期限为半年，年利率 8%，利息按季支付。

这项经济业务表明，该企业因向银行借款，银行存款增加了 300 000 元，应记入"银行存款"账户的借方，同时因为借款期限为半年，所以短期借款增加了 300 000 元，应记入"短期借款"账户的贷方。会计分录如下：

借：银行存款	300 000	
贷：短期借款		300 000

【例 4-9】 4 月 30 日确认本月应负担的短期借款利息支出 2 000 元。

这项经济业务表明，该企业由于从银行借款，本月应向银行支付利息 2 000(300 000×8%/12) 元。因为利息按季支付，所以在按照权责发生制确认本月应负担的利息支出计入财务费用时，应确认应付利息。财务费用增加，应记入“财务费用”账户的借方；应付利息增加，应记入“应付利息”账户的贷方。会计分录如下：

借：财务费用　　2 000
　贷：应付利息　　2 000

5 月末、7 月末、8 月末账务处理同上。

【例 4－10】 6 月 30 日新华工厂以银行存款支付第二季度借款利息 6 000 元。

这项经济业务表明，由于利息按季支付，所以 6 月末支付利息时，既包括当月应当负担的利息支出 2 000 元，也包括 4 月份和 5 月份的应付利息 4 000 元。支付当月的利息费用，应记入“财务费用”账户的借方；支付以前的应付利息，应记入“应付利息”账户的借方；因支付利息银行存款减少 6 000 元，应记入“银行存款”账户的贷方。会计分录如下：

借：财务费用　　2 000
　　应付利息　　4 000
　贷：银行存款　　6 000

9 月末账务处理同上。

【例 4－11】 10 月 1 日上述借款到期，新华工厂归还银行 300 000 元。

这项经济业务表明，该企业归还银行借款，短期借款减少了 300 000 元，应记入“短期借款”账户的借方，同时银行存款减少了 300 000 元，应记入“银行存款”账户的贷方。会计分录如下：

借：短期借款　　300 000
　贷：银行存款　　300 000

【例 4－12】 4 月 1 日新华工厂从银行借款 1 000 000 元存入其开户银行账户，期限为 3 年，用于生产经营活动，年利率 9%，利息按季支付。

这项经济业务表明，该企业由于向银行借款，银行存款增加了 1 000 000 元，应记入“银行存款”账户的借方；同时因借款期限为 3 年，企业长期借款增加了 1 000 000 元，应记入“长期借款”账户的贷方。会计分录如下：

借：银行存款　　1 000 000
　贷：长期借款　　1 000 000

月末按照权责发生制确认本月应负担的长期借款利息 7 500（1 000 000×9%/12）元，会计分录如下：

借：财务费用　　7 500
　贷：应付利息　　7 500

季末支付本季利息 22 500 元，会计分录如下：

借：财务费用　　7 500
　　应付利息　　15 000
　贷：银行存款　　22 500

到期归还长期借款 1 000 000 元，会计分录如下：

借：长期借款　　1 000 000
　贷：银行存款　　1 000 000

企业借款业务有关账户对应关系见图 4－12。

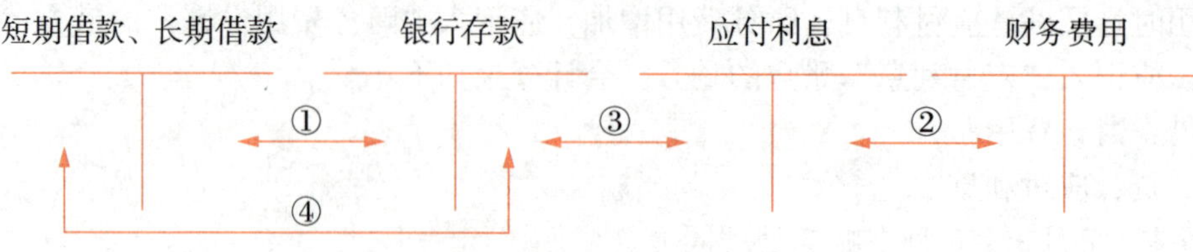

图 4-12　借款业务账户对应关系

说明：①从银行或非银行金融机构借入短期借款、长期借款；②按权责发生制确认财务费用和应付利息；③支付利息；④归还短期借款、长期借款。

同步思考

1. 例 4-8 中的短期借款若约定到期还本付息，如何编制有关会计分录？
2. 例 4-12 中的长期借款若约定每月末支付利息，如何编制有关会计分录？

第三节　生产准备业务的核算

一、生产准备业务的主要内容

工业企业筹集到生产经营所需资金后，首先要购建厂房、建筑物、机器设备等，为生产经营准备必要的场所和手段。企业持有的具有实物形态的使用寿命超过一个会计年度的资产称为固定资产。企业具备开展生产经营活动的劳动资料后，还必须购买各种原材料，形成生产储备，为产品生产准备劳动对象。生产准备业务会计核算的主要任务，就是确认、计量和记录企业形成的固定资产和原材料的实际成本，以及由此引起的与相关单位之间的款项结算。

企业外购固定资产的成本包括购买价款、相关税费（允许抵扣的增值税除外），以及使固定资产达到预定可使用状态前所发生的可归属于该项资产的运输费、装卸费、安装费和专业人员服务费等；自行建造固定资产的成本，由建造该项资产达到预定可使用状态前所发生的必要支出构成。固定资产的成本称为固定资产的原始价值，简称为原价。

企业外购材料的采购成本，包括购买价款、相关税费（允许抵扣的增值税除外）、运输费、装卸费、保险费以及其他可归属于采购成本的费用。由于购建的固定资产可以在较长时期内使用，而原材料在生产过程中不断被消耗，需要不断补充，因此生产准备业务主要是指材料日常采购业务。企业材料日常核算有两种方法，本教材只介绍按实际成本进行材料日常核算的方法，不涉及计划成本核算的方法。

二、需要设置的主要账户

（一）“原材料”账户

“原材料”账户用来核算企业库存的各种材料，包括原料及主要材料、辅助材料、外购半成品（外购件）、修理用备件（备品备件）、包装材料、燃料等的实际成本。该账户属于资产类账户，借方登记已验收入库原材料的实际成本，贷方登记发出原材料的实际成本，期末余额在借方，表示库存材料的实际成本。该账户可按材料的保管地点（仓库）、材料的类别、品种和规格等进行明细核算。

“原材料”账户的结构见图 4-13。

原材料

借方	贷方
期初余额：库存材料实际成本	
发生额：库存材料的增加	发生额：库存材料的减少
期末余额：库存材料实际成本	

图 4-13 “原材料”账户

(二)“在途物资”账户

“在途物资”账户用来核算企业尚未验收入库的在途物资的采购成本。该账户属于资产类账户，借方登记在途物资的增加，在途物资到达并验收入库后登记在贷方，期末余额在借方，反映企业在途物资的采购成本。该账户可按供应单位和材料品种进行明细核算。

“在途物资”账户的结构见图 4-14。

在途物资

借方	贷方
期初余额：在途物资采购成本	
发生额：在途物资的增加	发生额：在途物资的减少
期末余额：在途物资采购成本	

图 4-14 “在途物资”账户

(三)“库存现金”账户

“库存现金”账户用来核算企业库存现金的增减变动及结余情况。该账户属于资产类账户，借方登记库存现金增加，贷方登记库存现金减少，期末余额在借方，反映企业持有的库存现金。

“库存现金”账户的结构见图 4-15。

库存现金

借方	贷方
期初余额：库存现金实有数额	
发生额：库存现金的增加	发生额：库存现金的减少
期末余额：库存现金实有数额	

图 4-15 “库存现金”账户

(四)“预付账款”账户

“预付账款”账户用来核算企业因购货等原因预付的款项。该账户属于资产类账户，借方登记企业按照合同预付给供应单位的款项以及补付的款项，贷方登记收到所购物资后需支付给供应单位的款项。期末余额如在借方，反映企业预付的款项；期末余额如在贷方，反映企业尚未补付的款项。该账户可按供应单位进行明细核算。

“预付账款”账户的结构见图 4-16。

预付账款

借方	贷方
期初余额：预付账款数额	
发生额：预付账款的增加	发生额：预付账款的减少
期末余额：预付账款数额	

图 4-16 “预付账款”账户

（五）“应付账款”账户

“应付账款”账户用来核算企业因购买材料、商品和接受劳务等经营活动应支付给供应单位的款项。该账户属于负债类账户，贷方登记应付给供应单位的款项，借方登记已偿还给供应单位的款项。期末余额如在贷方，表示企业尚未支付的应付账款数额；期末余额如在借方，反映企业预付的款项。该账户可按供应单位进行明细核算。

“应付账款”账户的结构见图 4-17。

应付账款

借方	贷方
	期初余额：应付账款数额
发生额：应付账款的减少	发生额：应付账款的增加
	期末余额：应付账款数额

图 4-17 “应付账款”账户

（六）“应付票据”账户

“应付票据”账户用来核算企业购买材料、商品和接受劳务供应等开出、承兑的商业汇票，包括银行承兑汇票和商业承兑汇票。该账户属于负债类账户，贷方登记企业开出、承兑的商业汇票，借方登记到期支付票款和到期无力支付票款转入“应付账款”或“短期借款”账户的款项，期末余额在贷方，表示企业尚未到期的商业汇票的票面金额。该账户可按债权人进行明细核算，同时企业应当设置“应付票据备查簿”，详细登记商业汇票的种类、号数和出票日期、到期日、票面金额、交易合同号、收款人姓名或单位名称以及付款日期和金额等资料。应付票据到期结清时，在备查簿中应予以注销。

“应付票据”账户的结构见图 4-18。

应付票据

借方	贷方
	期初余额：未到期的应付票据
发生额：票据到期支付或转出	发生额：开出、承兑商业汇票
	期末余额：未到期的应付票据

图 4-18 “应付票据”账户

（七）“应交税费”账户

“应交税费”账户用来核算企业按照税法等规定计算应缴纳的各种税费，包括增值税、消费税、所得税、资源税、土地增值税、城市维护建设税、房产税、土地使用税、车船税、教育费附加等。

该账户属于负债类账户，贷方登记应缴纳的各种税费，借方登记已缴纳的税费。期末余额如在贷方，反映企业尚未缴纳的税费；期末余额如在借方，反映企业多缴或尚未抵扣的税费。该账户可按应交的税费项目进行明细核算。

以下介绍“应交税费——应交增值税”明细账户。

增值税是对我国境内从事销售货物或者加工、修理修配劳务，销售服务、无形资产、不动产以及进口货物的单位和个人征收的一种税。增值税纳税义务人有一般纳税人和小规模纳税人之分。

增值税纳税人年应税销售额超过财政部、国家税务总局规定的小规模纳税人标准的，应当向主管税务机关办理一般纳税人资格登记。

应纳增值税的计算方法有两种：一般计税方法和简易计税方法。一般纳税人适用一般计税方法计税，小规模纳税人适用简易计税方法计税。

一般计税方法下的应纳税额，是指当期销项税额抵扣当期进项税额后的余额。应纳税额计算公式为：

应纳增值税额＝当期销项税额－当期进项税额

当期销项税额小于当期进项税额不足抵扣时，其不足部分可以下期继续抵扣。

销项税额是指纳税人按照应税销售额和适用的增值税税率计算的增值税额。销项税额计算公式为：

销项税额＝销售额×税率

进项税额是指纳税人购进商品或者接受应税劳务，支付或者负担的增值税额，如从销售方或者提供方取得的增值税专用发票上注明的增值税额、从海关取得的海关进口增值税专用缴款书上注明的增值税额等。

作为一般纳税人，企业购进商品和接受劳务时，支付或者负担的准予抵扣的增值税额记入“应交税费——应交增值税”明细账户（进项税额）借方；销售商品和提供劳务时应收取的增值税额，记入“应交税费——应交增值税”明细账户（销项税额）贷方。当期销项税额大于进项税额产生的应纳增值税额，缴纳时记入“应交税费——应交增值税”明细账户（已交税金）借方；尚未缴纳的，月末应该从“应交税费——应交增值税”明细账户借方转出（转出未交增值税），贷记“应交税费——未交增值税”明细账户。当期销项税额小于进项税额时，月末应该从“应交税费——应交增值税”明细账户贷方转出（转出多交增值税），借记“应交税费——未交增值税”明细账户。“应交税费——应交增值税”明细账户应按“进项税额”“已交税金”“转出未交增值税”“销项税额”“出口退税”“进项税额转出”“转出多交增值税”等分别设置专栏核算。

“应交税费——应交增值税”账户的结构见图 4－19。

应交税费——应交增值税

借方	贷方
发生额：购进商品等的进项税额 缴纳本期增值税 转出本期未交增值税	发生额：销售商品等的销项税额 转出本期多交增值税

图 4－19 “应交税费——应交增值税”账户

小规模纳税人销售商品或者应税劳务，实行简易计税方法计算应纳增值税额，其进项税额不得抵扣，计算公式为：

应纳增值税额=销售额×征收率

小规模纳税人只需要设置“应交税费——应交增值税”明细账户，不需要设置专栏核算。

三、核算举例

下面以新华工厂20××年12月份发生的经济业务为例，假设新华工厂为增值税一般纳税人。

（一）固定资产购进业务

【例4-13】 购入不需要安装的设备10台，买价100 000元，增值税13 000元，全部通过开户银行转账支付，设备已运达企业并已验收。

这项经济业务表明，该企业固定资产增加100 000元，应记入“固定资产”账户的借方，购进环节支付的增值税13 000元应记入“应交税费——应交增值税”账户的借方，同时银行存款减少113 000元，应记入“银行存款”账户的贷方。会计分录如下：

借：固定资产	100 000	
应交税费——应交增值税（进项税额）	13 000	
贷：银行存款		113 000

（二）材料购进业务

企业购进材料的核算，一要注意货款的结算方式，二要注意运杂费等采购费用的发生情况。

材料货款的结算方式一般有以下几种：收料的同时支付货款、先收料后付款、先付款后收料等。购进材料的运杂费等采购费用如果是专门为采购某种材料发生的，直接计入该材料采购成本；如果是采购几种材料共同负担的，应按材料的买价或者重量、体积比例等分配到各材料采购成本中。

【例4-14】 购入甲材料10吨，单价5 000元，计买价50 000元，增值税6 500元；发生运费1 000元，增值税90元。全部款项已经通过开户银行转账支付，材料已验收入库。

这项经济业务发生后，可以抵扣的进项税额为6 590（6 500+90）元，甲材料的采购成本为51 000（50 000+1 000）元。甲材料已验收入库，应按采购成本记入“原材料”账户的借方，其进项税额应记入“应交税费——应交增值税”账户的借方，因在收料的同时支付货款，所以银行存款减少，应记入“银行存款”账户的贷方。会计分录如下：

借：原材料——甲材料	51 000	
应交税费——应交增值税（进项税额）	6 590	
贷：银行存款		57 590

【例4-15】 从宏达工厂购入乙材料15吨，单价2 000元，计买价30 000元，进项税额3 900元，增值税专用发票已取得，材料已验收入库，货款尚未支付。

这项经济业务表明，乙材料已经验收入库，应按其采购成本30 000元记入“原材料”账户的借方，按其进项税额记入“应交税费——应交增值税”账户的借方，因购买乙材料的货款尚未支付，形成企业对供应单位的一项债务，负债增加了33 900元，应记入“应付账款”账户的贷方。会计分录如下：

借：原材料——乙材料　　30 000
　　应交税费——应交增值税（进项税额）　　3 900
　贷：应付账款——宏达工厂　　33 900

【例 4-16】 通过开户银行转账支付前欠宏飞工厂的材料款 104 440 元。

这项经济业务表明，由于偿还了前欠宏飞工厂的材料款，企业对宏飞工厂的债务减少了 104 440 元，即应付账款减少，应记入“应付账款”账户的借方，同时企业的银行存款也减少了 104 440 元，应记入“银行存款”账户的贷方。会计分录如下：

借：应付账款——宏飞工厂　　104 440
　贷：银行存款　　104 440

【例 4-17】 从宏远工厂购入甲材料 20 吨，单价 5 100 元，计买价 102 000 元，进项税额 13 260 元，增值税专用发票已取得，材料已验收入库，开出半年期无息商业承兑汇票一张，票面金额 115 260 元。

这项经济业务表明，购买的甲材料已验收入库，应按其采购成本 102 000 元记入“原材料”账户的借方，按其进项税额记入“应交税费——应交增值税”账户的借方，同时，企业开出商业承兑汇票，应付票据增加了 115 260 元，应记入“应付票据”账户的贷方。会计分录如下：

借：原材料——甲材料　　102 000
　　应交税费——应交增值税（进项税额）　　13 260
　贷：应付票据——宏远工厂　　115 260

若上述票据到期时，企业通过开户银行转账支付宏远工厂 115 260 元。会计分录如下：

借：应付票据——宏远工厂　　115 260
　贷：银行存款　　115 260

若票据到期，企业无力支付票据款时，应将到期应付票据票面金额转作对宏远工厂的应付账款。会计分录如下：

借：应付票据——宏远工厂　　115 260
　贷：应付账款——宏远工厂　　115 260

【例 4-18】 通过银行转账缴纳增值税 50 000 元。

这项经济业务表明，企业缴纳增值税使应交税费债务减少了 50 000 元，应记入“应交税费”账户的借方，同时企业的银行存款也减少了 50 000 元，应记入“银行存款”账户的贷方。会计分录如下：

借：应交税费——应交增值税（已交税金）　　50 000
　贷：银行存款　　50 000

【例 4-19】 从宏顺工厂购入甲材料 20 吨，单价 5 000 元，计买价 100 000 元，进项税额 13 000 元；购入乙材料 10 吨，单价 2 000 元，计买价 20 000 元，进项税额 2 600 元。增值税专用发票已取得，材料在运输途中，货款尚未支付。

这项经济业务表明，企业购入的材料尚未运到，其采购成本应记入“在途物资”账户的借方，其进项税额记入“应交税费——应交增值税”账户的借方，由于货款尚未支付，形成企业对供应单位的一项债务，负债增加应记入“应付账款”账户的贷方。会计分录如下：

借：在途物资——甲材料　100 000
　　在途物资——乙材料　20 000
　　应交税费——应交增值税（进项税额）　15 600
　贷：应付账款——宏顺工厂　135 600

【例4-20】开出现金支票一张，从银行提取现金3 000元。

这项经济业务表明，企业库存现金增加3 000元，应记入“库存现金”账户的借方，银行存款减少3 000元，应记入“银行存款”账户的贷方。会计分录如下：

借：库存现金　3 000
　贷：银行存款　3 000

【例4-21】收到上述从宏顺工厂购入材料的运费增值税专用发票，其中运费1 200元，增值税108元，共计1 308元，以现金支付。运费按照材料买价分配。

这项经济业务发生后，应将运费按照材料买价比例在甲、乙两种材料之间分配，计入它们的采购成本。

材料运费的分配率＝1 200÷（100 000＋20 000）＝0.01
甲材料应分配的运费＝100 000×0.01＝1 000（元）
乙材料应分配的运费＝20 000×0.01＝200（元）

由于材料尚未验收入库，材料的运费应记入“在途物资”账户的借方，运费发票中的增值税可以作为进项税额抵扣，应记入“应交税费——应交增值税”账户的借方，支付运费使库存现金减少，应记入“库存现金”账户的贷方。会计分录如下：

借：在途物资——甲材料　1 000
　　在途物资——乙材料　200
　　应交税费——应交增值税（进项税额）　108
　贷：库存现金　1 308

【例4-22】从宏顺工厂购入的材料运到并验收入库。

这项经济业务表明，购入的材料运到并验收入库，原材料增加，在途物资减少，应按其采购成本记入“原材料”账户的借方和“在途物资”账户的贷方。会计分录如下：

借：原材料——甲材料　101 000
　　原材料——乙材料　20 200
　贷：在途物资——甲材料　101 000
　　　在途物资——乙材料　20 200

【例4-23】开出转账支票一张，金额10 000元，预付给宏太工厂购买丙材料。

这项经济业务表明，企业因预付款而拥有了对宏太工厂的一项债权，应记入“预付账款”账户的借方，同时企业的银行存款减少10 000元，应记入“银行存款”账户的贷方。会计分录如下：

借：预付账款——宏太工厂　10 000
　贷：银行存款　10 000

【例4-24】收到宏太工厂发来的丙材料，增值税专用发票上载明价款20 000元，进项税额2 600元，材料已验收入库。

这项经济业务表明，购买的材料已验收入库，应按其采购成本20 000元记入“原材料”账户的借方，其进项税额应记入“应交税费——应交增值税”账户的借方，由于预订的材料已经收到，因而对宏太工厂的债权减少，应记入“预付账款”账户的贷方。会计分录如下：

借：原材料——丙材料　　20 000
　　应交税费——应交增值税（进项税额）　　2 600
　贷：预付账款——宏太工厂　　22 600

【例 4-25】 开出转账支票一张，金额 12 600 元，补付宏太工厂丙材料款。

这项经济业务表明，企业补付丙材料款，银行存款减少了 12 600 元，应记入“银行存款”账户的贷方，同时与宏太工厂之间预付款购买材料的业务已经结清，应记入“预付账款”账户的借方。会计分录如下：

借：预付账款——宏太工厂　　12 600
　贷：银行存款　　12 600

企业生产准备业务（材料购进业务）有关账户对应关系见图 4-20。

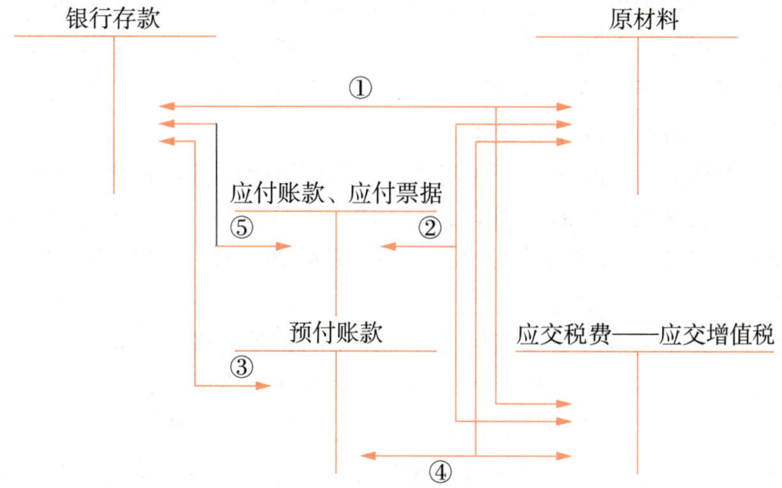

图 4-20 生产准备业务账户对应关系

说明：①购进原材料，支付其采购成本及进项税额；②购进原材料，其采购成本及进项税额尚未支付；③预付购货款；④收到预付款订购的材料；⑤偿还应付账款或支付到期应付票据。

⇨ 同步思考

例 4-24 中若收到宏太工厂发来的丙材料，增值税专用发票上载明价款 8 000 元，进项税额 1 040 元，材料已验收入库。如何编制该业务和可能发生的后续业务的会计分录？

第四节 产品生产业务的核算

一、产品生产业务的主要内容

产品生产是工业企业重要的经营活动。在产品生产过程中，生产人员借助固定资产等劳动资料把原材料等劳动对象加工成为产品，这一过程既是产品的制造过程，又是物化劳动和活劳动的消耗过程。从实物形态看，材料通过加工形成在产品，再从在产品加工成为产成品；从价值形态看，劳动资料、劳动对象、活劳动等各种耗费，构成产品的生产成本。

产品的生产成本包括直接材料成本、直接人工成本和制造费用。

直接材料是指企业在产品生产过程中消耗并构成产品实体的原材料、配件及有助于产品形成的辅助材料等，如服装厂生产服装要耗用布料、线、纽扣、拉链等，汽车厂生产汽车要耗用钢材及其他金属材料、漆、轮胎、玻璃、塑料等。由于企业每次采购的材料成本可能存在差异，因此应当采用先进先出法、加权平均法或者个别计价法确定消耗材料的实际成本。

直接人工是指企业应支付给直接从事产品生产人员的工资、奖金等薪酬。

直接材料和直接人工称为直接费用或直接生产成本，一般易于辨别它们是为生产哪一种产品而发生的，因此可以直接计入所生产的产品成本。

制造费用是指企业为生产产品而发生的各项间接费用，如车间生产管理人员的薪酬，厂房及机器设备的折旧，车间所发生的办公费、水电费、取暖费、差旅费等，这些间接费用是企业制造部门为生产多种产品而发生的共同性费用，应当按照合理的方法在各种产品之间进行分配，计入每种产品生产成本。

企业行政管理部门为组织和管理生产经营活动而发生的各种耗费称为管理费用，它包括行政管理部门人员薪酬、行政管理部门使用的固定资产折旧、办公费、差旅费、会议费、聘请中介机构费、咨询费、诉讼费、业务招待费、技术转让费、研究费用、排污费等。

管理费用、财务费用以及企业销售过程中发生的销售费用，与企业产品生产没有直接关系，均不构成产品成本，它们属于期间费用，直接计入当期损益。

因此，企业产品生产业务核算的主要任务是正确核算产品成本，注意区分应计入产品成本的费用和不应计入产品成本的费用。由于企业生产是连续不断进行的，而产品成本要按期核算，因此还要注意区分不同期间的产品成本、完工产品成本和在产品成本等。

二、需要设置的主要账户

为了全面核算企业产品生产过程中所发生的各种耗费，正确计算产品成本，应设置“生产成本”“制造费用”“管理费用”“其他应收款”“应付职工薪酬”“累计折旧”“库存商品”等账户。

（一）“生产成本”账户

“生产成本”账户用来核算企业进行工业性生产发生的各项生产成本，包括生产各种产品（产成品、自制半成品等）、自制材料、自制工具、自制设备等。该账户属于成本类账户，借方登记发生的各项直接生产成本和应负担的制造费用，贷方转出已经生产完成并已验收入库的产成品和自制半成品的实际成本，期末余额在借方，表示尚未完工的在产品成本。

“生产成本”账户可按基本生产成本和辅助生产成本进行明细核算，基本生产成本应当分别按照基本生产车间和成本核算对象（产品的品种、类别、订单、批别等）设置明细账，并按照规定的成本项目设置专栏。

“生产成本”账户的结构见图 4－21。

借方 生产成本	贷方
期初余额：在产品成本	
发生额：生产成本的增加	发生额：转出完工入库的产成品的成本
期末余额：在产品成本	

图 4－21 “生产成本”账户

（二）“制造费用”账户

“制造费用”账户用来核算企业生产车间为生产产品而发生的各项间接费用。该账户属于成本类账户，由于制造费用项目较多，发生各项制造费用时先在该账户借方归集，期末将归集的制造费用按合理的分配方法分别计入各种产品生产成本，分配时在该账户贷方登记，期末一般无余额。该账户可按不同的生产车间、部门和费用项目进行明细核算。

“制造费用”账户的结构见图 4－22。

借方 制造费用	贷方
归集各项制造费用	期末分配制造费用

图 4－22 “制造费用”账户

（三）“管理费用”账户

“管理费用”账户用来核算企业行政管理部门为组织和管理生产经营活动而发生的各种耗费。该账户属于损益类账户，借方登记当期发生的各项管理费用，期末其余额从贷方结转至“本年利润”账户，结转后无余额。该账户可按费用项目进行明细核算。

“管理费用”账户的结构见图 4－23。

借方 管理费用	贷方
归集各项管理费用	期末结转至本年利润

图 4－23 “管理费用”账户

（四）“其他应收款”账户

“其他应收款”账户用来核算企业除应收票据、应收账款等以外的各种应收及暂付款项。该账户属于资产类账户，借方登记企业发生的其他应收及暂付款项，贷方登记收回或转销的数额，期末余额在借方，表示尚未收回的其他应收款项。该账户可按对方单位（或个人）进行明细核算。

“其他应收款”账户的结构见图 4－24。

其他应收款

借方	贷方
期初余额：尚未收回的其他应收款 发生额：其他应收款的增加	发生额：收回或转销的其他应收款
期末余额：尚未收回的其他应收款	

图 4-24 “其他应收款”账户

（五）“应付职工薪酬”账户

职工薪酬，是指企业为获得职工提供的服务或解除劳动关系而给予的各种形式的报酬或补偿。职工薪酬包括短期薪酬、离职后福利、辞退福利和其他长期职工福利。企业提供给职工配偶、子女、受赡养人，以及已故员工遗属、其他受益人等的福利，也属于职工薪酬。短期薪酬，是指企业在职工提供相关服务的年度报告期间结束后 12 个月内需要全部予以支付的职工薪酬，因解除与职工的劳动关系给予的补偿除外。短期薪酬具体包括：职工工资、奖金、津贴和补贴，职工福利费，医疗保险费、工伤保险费和生育保险费等社会保险费，住房公积金，工会经费和职工教育经费，短期带薪缺勤，短期利润分享计划，非货币性福利以及其他短期薪酬。

“应付职工薪酬”账户用来核算企业应付给职工的各种薪酬。该账户属于负债类账户，贷方登记企业发生的应计入有关成本费用或相关资产成本的职工薪酬，借方登记实际支付的职工薪酬，期末余额在贷方，反映企业应付未付的职工薪酬。

“应付职工薪酬”账户的结构见图 4-25。

应付职工薪酬

借方	贷方
发生额：本期支付的职工薪酬	期初余额：尚未支付的职工薪酬 发生额：本期发生的应付职工薪酬
	期末余额：尚未支付的职工薪酬

图 4-25 “应付职工薪酬”账户

（六）“累计折旧”账户

固定资产的特点是单位价值大，在企业生产经营管理中长期使用而其实物形态基本保持不变，但是其价值会随着使用和时间推移逐渐地发生损耗。在固定资产使用寿命内按照确定的方法对其价值进行系统分摊，称为按期计提固定资产折旧，即按期计算固定资产的磨损价值。应当计提折旧的固定资产的原价扣除其预计净残值后的金额称为应计折旧总额。企业应当合理选择固定资产折旧方法，可选用的折旧方法包括年限平均法、工作量法、双倍余额递减法和年数总和法等。

将应计折旧总额按固定资产预计使用年限平均分摊的方法称为年限平均法。如企业厂房原价 2 000 万元，预计使用年限 50 年，预计净残值 200 万元，采用年限平均法计提折旧，每年应计提折旧（2 000－200)/50＝36（万元），每月应计提折旧 36/12＝3（万元）。

固定资产折旧应该根据固定资产用途计入产品成本或当期损益，如生产用固定资产折旧应计入制造费用，行政管理用固定资产折旧应计入管理费用。但企业生产车间和行政管理部门发生的固定资产修理费用，均计入管理费用。

固定资产计提折旧，表明成本费用增加，同时固定资产价值相应减少，按理固定资产价值减少应记入“固定资产”账户的贷方，但是考虑到固定资产原价能比较客观地反映出企业的经营规模，只有在固定资产清理处置时，才将退出企业生产经营过程的固定资产原价记入“固定资产”账户的贷方，所以“固定资产”账户只反映其原价的增减变动以及结存情况，不反映其磨损价值。

“累计折旧”账户用来专门核算固定资产的磨损价值，该账户属于资产类账户。由于固定资产磨损价值增加，意味着固定资产实际价值的减少，因此“累计折旧”账户实际上是“固定资产”账户的调整账户，其贷方登记企业按月提取的固定资产折旧额，借方登记企业因出售、报废、盘亏、毁损、投资转出等原因减少固定资产已提取的累计折旧额，期末余额在贷方，表示企业现有固定资产的累计折旧数额。用“固定资产”账户借方余额反映的固定资产原价减去“累计折旧”账户贷方余额反映的固定资产的磨损价值，就是固定资产的折余价值，即固定资产净值。“累计折旧”账户可按固定资产的类别或项目进行明细核算。

“累计折旧”账户的结构见图 4－26。

累计折旧

借方	贷方
	期初余额：固定资产累计折旧
发生额：本期减少的累计折旧	发生额：本期计提的累计折旧
	期末余额：固定资产累计折旧

图 4－26 “累计折旧”账户

（七）“库存商品”账户

“库存商品”账户用来核算企业各种库存商品的实际成本。该账户属于资产类账户，借方登记已经生产完成并验收入库的各种产成品的实际成本，贷方登记对外销售的产成品实际成本，因每批生产的产成品实际成本可能不同，发出产成品的成本应采用先进先出法、加权平均法或个别认定法计算确定，期末余额在借方，表示库存商品的实际成本。该账户可按库存商品的种类、品种和规格设置明细账，进行明细分类核算。

“库存商品”账户的结构见图 4－27。

库存商品

借方	贷方
期初余额：库存商品成本	
发生额：完工入库的产成品成本	发生额：发出的产成品成本
期末余额：库存商品成本	

图 4－27 “库存商品”账户

三、核算举例

动画微课：
一个面包能赚多少钱

产品成本核算是企业生产过程核算的主要任务，基本思路是直接材料和直接人工等直接费用发生时直接记入“生产成本”账户，各项间接费用发生时先在“制造费用”账户中归集，期末按照合理的方法分配记入“生产成本”账户，产品完工验收入库，应将其成本从“生产成本”账户转入“库存商品”账户；各项期间费用发生时，分别记入“管理费用”“财务费用”等账户，不计入产品成本，直接计入当期损益。

下面以新华工厂12月份发生的经济业务为例。

【例4-26】 企业会计部门根据仓库转来的发料凭证，汇总各种材料的耗用情况，见表4-4。

表4-4 材料耗用汇总表

用途		甲材料			乙材料			合计
		数量（吨）	单价（元）	金额（元）	数量（吨）	单价（元）	金额（元）	金额（元）
生产产品耗用	A产品	16	5 000	80 000	3	2 000	6 000	86 000
	B产品	4	5 000	20 000	5	2 000	10 000	30 000
车间一般耗用		1	5 000	5 000				5 000
企业管理部门耗用					1	2 000	2 000	2 000
合计		21	5 000	105 000	9	2 000	18 000	123 000

这项经济业务表明，生产A产品耗用材料86 000元，生产B产品耗用材料30 000元，直接材料费用应记入“生产成本”账户的借方；生产车间一般耗用的材料5 000元是间接费用，应记入“制造费用”账户的借方；企业管理部门耗用的材料2 000元，应记入“管理费用”账户的借方；同时，材料从仓库发出，企业库存材料减少123 000元，应记入“原材料”账户的贷方。会计分录如下：

借：生产成本——A产品　　86 000
　　　　　　——B产品　　30 000
　　制造费用　　5 000
　　管理费用　　2 000
　贷：原材料——甲材料　　105 000
　　　　　　——乙材料　　18 000

【例4-27】 结算本月应付职工工资80 000元，其用途如下：

生产工人工资　　50 000元
其中：制造A产品的生产工人工资　　30 000元
　　　制造B产品的生产工人工资　　20 000元
车间管理人员工资　　8 000元
企业行政管理人员工资　　22 000元
　　合计　　80 000元

这项经济业务表明，企业本月发生应付职工工资80 000元，其中制造A、B产品的生产工人工资50 000元，是用于产品生产的直接人工，应记入“生产成本”账户的借方；车间管理人员和企业行政管理人员工资30 000元，应分别记入“制造费用”“管理费用”账户的借方；同时，应付职工工资是企业对职工的薪酬债务，负债增加80 000元，应记入“应付职工薪酬”账户的贷方。会计分录如下：

借：生产成本——A产品　　30 000
　　　　　　——B产品　　20 000

制造费用　　8 000
管理费用　　22 000
贷：应付职工薪酬　　80 000

【例 4-28】 从银行提取现金 80 000 元，以备发放职工工资。

这项经济业务表明，企业从银行提取现金，库存现金增加 80 000 元，应记入“库存现金”账户的借方；同时，银行存款减少 80 000 元，应记入“银行存款”账户的贷方。会计分录如下：

借：库存现金　　80 000
贷：银行存款　　80 000

【例 4-29】 以现金发放职工工资 80 000 元。

这项经济业务表明，企业实际支付了职工工资 80 000 元，企业对职工的薪酬债务减少，应记入“应付职工薪酬”账户的借方；同时，以现金支付工资，库存现金减少 80 000 元，应记入“库存现金”账户的贷方。会计分录如下：

借：应付职工薪酬　　80 000
贷：库存现金　　80 000

【例 4-30】 以银行存款支付本月生产车间办公费、水电费 1 600 元，行政管理部门办公费、水电费 2 000 元。

这项经济业务表明，生产车间办公费、水电费 1 600 元属于间接费用，应记入“制造费用”账户的借方；行政管理部门办公费、水电费 2 000 元属于管理费用，应记入“管理费用”账户的借方；同时，银行存款减少了 3 600 元，应记入“银行存款”账户的贷方。会计分录如下：

借：制造费用　　1 600
管理费用　　2 000
贷：银行存款　　3 600

【例 4-31】 支付本季度银行借款利息 30 000 元，其中应由本月负担的利息 10 000 元。

这项经济业务表明，支付本季度利息时，既包括当月应当负担的利息费用 10 000 元，也包括前两个月按照权责发生制确认的应付利息 20 000 元。支付当月利息费用，应记入“财务费用”账户的借方；支付以前的应付利息，应记入“应付利息”账户的借方；同时，因支付利息使银行存款减少 30 000 元，应记入“银行存款”账户的贷方。会计分录如下：

借：财务费用　　10 000
应付利息　　20 000
贷：银行存款　　30 000

【例 4-32】 厂部行政管理人员李涛出差前预借差旅费 1 500 元，以现金支付。

这项经济业务表明，李涛预借差旅费，企业暂付款增加了 1 500 元，应记入“其他应收款”账户的借方；同时，企业库存现金减少了 1 500 元，应记入“库存现金”账户的贷方。会计分录如下：

借：其他应收款　　1 500
贷：库存现金　　1 500

【例 4-33】 李涛出差回来，报销差旅费 1 460 元，交回现金 40 元，结清前借款项。

这项经济业务表明，厂部行政管理人员报销差旅费，企业的管理费用增加了 1 460 元，应记入“管理费用”账户的借方；余款交回，现金增加了40元，应记入“库存现金”账户的借方；同时，李涛通过报销并交回余款，结清了原借款，应记入“其他应收款”账户的贷方。会计分录如下：

借：管理费用　　1 460
　　库存现金　　40
　贷：其他应收款　　1 500

【例4-34】 以银行存款支付下年财产保险费6 000元。

这项经济业务表明，企业为下年支付财产保险费，属于预付款项，应该记入“预付账款”的借方；同时，银行存款减少了6 000元，应记入“银行存款”账户的贷方。会计分录如下：

借：预付账款　　6 000
　贷：银行存款　　6 000

【例4-35】 确认以前支付但应由本月负担的财产保险费500元，其中由制造费用负担200元，由管理费用负担300元。

这项经济业务表明，企业本期制造费用增加了200元，应记入“制造费用”账户的借方；管理费用增加了300元，应记入“管理费用”账户的借方；同时，预付账款转销了500元，应记入“预付账款”账户的贷方。会计分录如下：

借：制造费用　　200
　　管理费用　　300
　贷：预付账款　　500

【例4-36】 按规定计提本月固定资产折旧8 840元，其中：车间用固定资产计提折旧7 680元，行政管理部门用固定资产计提折旧1 160元。

这项经济业务表明，企业计提固定资产折旧，成本费用增加，其中车间用固定资产计提折旧7 680元，属于间接费用，应记入“制造费用”账户的借方；行政管理部门用固定资产计提折旧1 160元，属于管理费用，应记入“管理费用”账户的借方；同时，通过计提固定资产折旧，累计折旧增加了8 840元，应记入“累计折旧”账户的贷方。会计分录如下：

借：制造费用　　7 680
　　管理费用　　1 160
　贷：累计折旧　　8 840

【例4-37】 按照生产工人工资比例分配并结转本月制造费用。

根据例4-26、例4-27、例4-30、例4-35、例4-36五笔经济业务提供的资料，通过“制造费用”账户的归集，本月份发生的制造费用总额为22 480元。这是生产A、B两种产品共同发生的费用，应由这两种产品共同负担。但每种产品应负担多少，需采取一定的方法在A、B两种产品之间进行分配，分别计入A、B产品的生产成本。制造费用分配方法有多种，通常有按生产工人工资分配、按生产工人工时分配、按机器工时分配、按计划分配率分配、按耗用原材料的数量或成本分配、按直接成本（直接材料和直接人工之和）分配及按产成品产量分配等。本例按生产工人工资比例分配，其计算公式如下：

制造费用分配率＝制造费用总额/生产工人工资总额
　　　　　　　＝22 480/(30 000＋20 000)
　　　　　　　＝0.449 6

某产品应分配的制造费用=该种产品的生产工人工资×制造费用分配率

A产品应分摊的制造费用=30 000×0.449 6=13 488（元）

B产品应分摊的制造费用=20 000×0.449 6=8 992（元）

将上述计算结果，从“制造费用”账户转入“生产成本”账户，会计分录如下：

借：生产成本——A产品　　13 488

　　　　　　——B产品　　8 992

　贷：制造费用　　22 480

【例4-38】 200件A产品全部完工并验收入库，B产品月末尚未完工（假设A、B产品均是本月投产，期初没有在产品）。

根据例4-26、例4-27、例4-37三笔经济业务，本月为生产A、B两种产品所发生的直接材料、直接人工和制造费用，已按产品归集到了“生产成本”账户，A产品本月发生的生产成本为129 488元，B产品本月发生的生产成本为58 992元。A产品全部完工并验收入库，其成本应从“生产成本”账户结转到“库存商品”账户，结转之后其生产成本明细账没有余额，A产品每件单位成本为647.44（129 488/200）元；B产品因月末尚未完工，其生产成本明细账余额表示其在产品成本。有关A产品、B产品生产成本明细账和A产品成本计算单见表4-5至表4-7。

表4-5　生产成本明细账

产品名称：A产品　　　　单位：元

20××年		凭证号数	摘要	借方（成本项目）				贷方	余额
月	日			直接材料	直接人工	制造费用	合计		
		(26)	生产耗用材料	86 000			86 000		86 000
		(27)	生产工人工资		30 000		30 000		30 000
		(37)	分配制造费用			13 488	13 488		13 488
		(38)	结转完工产品成本					129 488	0
			本期发生额及余额	86 000	30 000	13 488	129 488	129 488	0

表4-6　生产成本明细账

产品名称：B产品　　　　单位：元

20××年		凭证号数	摘要	借方（成本项目）				贷方	余额
月	日			直接材料	直接人工	制造费用	合计		
		(26)	生产耗用材料	30 000			30 000		30 000
		(27)	生产工人工资		20 000		20 000		20 000
		(37)	分配制造费用			8 992	8 992		8 992
			本期发生额及余额	30 000	20 000	8 992	58 992		58 992

表 4-7 产品成本计算表

产品名称：A 产品　　　　　　　　　　　　　　　　　　　　　　单位：元

成本项目	总成本（200 件）	单位成本
直接材料	86 000	430
直接人工	30 000	150
制造费用	13 488	67.44
产品成本	129 488	647.44

A 产品完工入库的会计分录如下：

借：库存商品　　129 488

　贷：生产成本——A 产品　　129 488

企业产品生产业务有关账户对应关系见图 4-28。

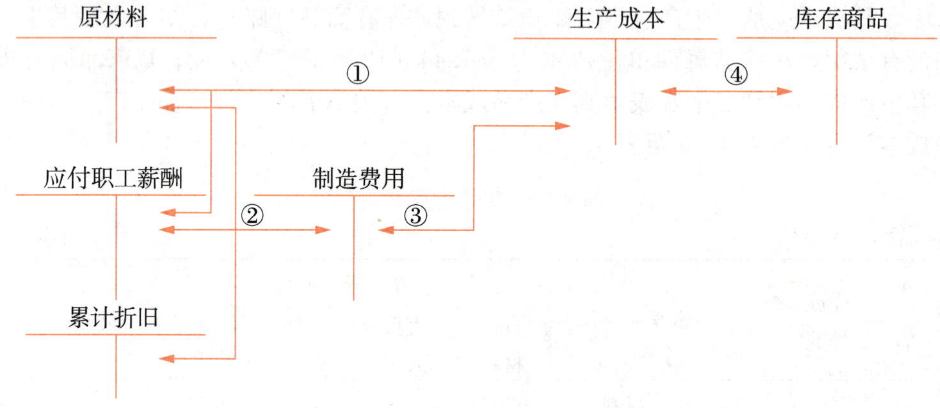

图 4-28 产品生产业务账户对应关系

说明：①直接材料、直接人工等直接费用计入生产成本；②归集各项间接费用计入制造费用；③制造费用分配计入生产成本；④完工产品入库，结转完工产品成本。

⇨ 同步思考

例 4-38 中若 A 产品是上月投产本月继续加工，其生产成本明细账月初余额为 30 000 元，本月末 200 件 A 产品全部完工并验收入库，该批完工的 A 产品总成本和单位成本分别是多少？若 B 产品本月末完工一部分，完工产品成本为 40 000 元，B 产品月末在产品成本是多少？

第五节　销售业务的核算

一、销售业务的主要内容

企业产品生产出来需尽快销售出去，只有销售出去才能实现其价值。在销售过程中，企业一方面组织产品发运，另一方面办理货款结算，以及时取得销售收入。在销售收入实现的同时，企业将产品让渡出去，因此其发出产品的成本、销售过程中发生的销售费用和依法应向国家缴纳的相关税金及附加等均是实现销售收入的代价。企业的销售收入和销售成本、销售费用、税金及附加等相配比，是当期利润的主要来源。

工业企业的销售业务分为主营业务和其他业务。主营业务具有经常性、连续性的特点，在企业经营活动中占主导地位，具体包括销售产品、自制半成品、代制品、代修品和提供工业性劳务等，主营业务形成的销售收入、相应的销售成本称为主营业务收入、主营业务成本。主营业务以外占比重较小、不经常发生的经营业务称为其他业务，其他业务具体包括材料销售、商品和包装物出租、固定资产出租、无形资产出租（即转让无形资产的使用权）、提供非工业性劳务等，其他业务形成的销售收入、相应的销售成本称为其他业务收入和其他业务成本。经营过程中发生的依法应向国家缴纳的相关税金及附加称为税金及附加。工业企业销售业务核算的主要内容包括：销售产品并办理货款结算、结转销售成本、发生销售费用、计算和缴纳税金及附加等。

二、需要设置的主要账户

为了正确、全面地核算销售业务，需要设置“主营业务收入”“主营业务成本”“其他业务收入”“其他业务成本”“税金及附加”“销售费用”“应收账款”“应收票据”“预收账款”等账户。

（一）“主营业务收入”账户

“主营业务收入”账户用来核算企业确认的销售商品、提供劳务等主营业务的收入。该账户属于损益类账户，企业应当按照从购货方已收或应收的合同或协议价款确定销售收入金额，记入该账户的贷方；发生的销售退回或销售折让，应冲减主营业务收入，记入该账户的借方；期末应将余额结转至“本年利润”账户，结转后应无余额。该账户可按主营业务的种类进行明细核算。

“主营业务收入”账户的结构见图 4-29。

主营业务收入

借方	贷方
销售退回或销售折让 期末结转至本年利润	已售商品或劳务的收入

图 4-29 “主营业务收入”账户

（二）“主营业务成本”账户

“主营业务成本”账户用来核算企业确认销售商品、提供劳务等主营业务收入时应结转的商品或劳务成本。该账户属于损益类账户，借方登记企业结转的已售商品或已提供劳务的实际成本；本期发生的销售退回，如已结转销售成本的，应冲减主营业务成本，记入该账户的贷方；期末余额应转入“本年利润”账户，结转后应无余额。该账户可按主营业务的种类进行明细核算。

“主营业务成本”账户的结构见图 4-30。

主营业务成本

借方	贷方
已售商品或劳务的实际成本	已结转销售成本的销售退回 期末结转至本年利润

图 4-30 “主营业务成本”账户

（三）“其他业务收入”账户

“其他业务收入”账户用来核算企业确认的除主营业务活动以外的其他经营活动实现的收入。该账户属于损益类账户，贷方登记本期实现的其他业务收入，借方登记其他业务收入的减少数和期末转入“本年利润”账户的数额，期末结转后应无余额。该账户可按其他业务收入的种类进行明细核算。

“其他业务收入”账户的结构见图 4-31。

其他业务收入

借方	贷方
期末结转至本年利润	其他经营活动的收入

图 4-31 “其他业务收入”账户

（四）“其他业务成本”账户

“其他业务成本”账户用来核算企业确认的除主营业务活动以外的其他经营活动所发生的支出，包括销售材料的成本、出租固定资产的折旧额、出租无形资产的摊销额、出租包装物的成本或摊销额等。该账户属于损益类账户，借方登记企业发生的其他经营活动的成本，贷方登记期末转入“本年利润”账户的数额，期末结转后应无余额。该账户可按其他业务成本的种类进行明细核算。

“其他业务成本”账户的结构见图 4-32。

其他业务成本

借方	贷方
其他经营活动的成本	期末结转至本年利润

图 4-32 “其他业务成本”账户

（五）“税金及附加”账户

“税金及附加”账户用来核算企业经营活动中发生的消费税、城市维护建设税、资源税、教育费附加及房产税、土地使用税、车船税、印花税等相关税费。该账户属于损益类账户，借方登记企业按规定计算确定的与经营活动相关的税费，贷方登记期末转入“本年利润”账户的数额，结转后应无余额。

“税金及附加”账户的结构见图 4-33。

税金及附加

借方	贷方
与经营活动相关的税费	期末结转至本年利润

图 4-33 “税金及附加”账户

（六）“销售费用”账户

“销售费用”账户用来核算企业在销售商品和材料、提供劳务的过程中发生的各种费用，包括保险费、包装费、展览费和广告费、商品维修费、预计产品质量保证损失、运输费、装卸费等以及为销售本企业商品而专设的销售机构（含销售网点、售后服务网点等）的职工薪酬、业务费、折旧费等经营费用。该账户属于损益类账户，借方登记发生的各种销售费用，贷方登记期末转入“本年利润”账户的数额，结转后应无余额。该账户可按费用项目进行明细核算。

“销售费用”账户的结构见图4－34。

销售费用

借方	贷方
归集的各项销售费用	期末结转至本年利润

图4－34 “销售费用”账户

（七）“应收账款”账户

“应收账款”账户用来核算企业因销售商品、提供劳务等经营活动应向购货方或接受劳务方收取的款项。该账户属于资产类账户，借方登记企业因销售商品、提供劳务等经营活动而发生的应收货款、增值税、代垫费用及应收票据到期未收到转入的款项等，贷方登记企业收回的应收款项，期末余额在借方，表示企业尚未收回的应收账款。该账户可按债务人进行明细核算。

“应收账款”账户的结构见图4－35。

应收账款

借方	贷方
期初余额：尚未收回的应收账款	
发生额：应收账款增加	发生额：收回的应收账款
期末余额：尚未收回的应收账款	

图4－35 “应收账款”账户

（八）“应收票据”账户

“应收票据”账户用来核算企业因销售商品、提供劳务等经营活动而收到的商业汇票，包括银行承兑汇票和商业承兑汇票。该账户属于资产类账户，借方登记收到的商业汇票的票面金额，贷方登记商业汇票到期收到的票面金额以及到期未收到转入应收账款的款项，或者经背书转让或贴现的商业汇票的票面金额，期末余额在借方，表示企业持有的商业汇票的票面金额。该账户可按开出、承兑商业汇票的单位进行明细核算。另外，企业应当设置“应收票据备查簿”，逐笔登记商业汇票的种类、号数和出票日、票面金额、交易合同号和付款人、承兑人、背书人的姓名或单位名称、到期日、背书转让日、贴现日、贴现率和贴现净额以及收款日和收回金额、退票情况等资料，商业汇票到期结清票款或退票后，应在备查簿中予以注销。

“应收票据”账户的结构见图4－36。

应收票据

借方	贷方
期初余额：尚未到期的应收票据	
发生额：收到的商业汇票	发生额：汇票到期收回或转让等
期末余额：尚未到期的应收票据	

图 4-36 “应收票据”账户

（九）“预收账款”账户

“预收账款”账户用来核算企业按照合同规定预收的款项。该账户属于负债类账户，贷方登记向购货方预收的款项和购货方补付的款项，借方登记向购货方发出商品实现的销售货款。期末余额在贷方，表示企业预收的款项，如期末余额在借方，表示企业应向购货方收取的款项。该账户可按购货单位进行明细核算。预收账款情况不多的，也可以不设置该账户，将预收的款项直接记入“应收账款”账户的贷方。

“预收账款”账户的结构见图 4-37。

预收账款

借方	贷方
	期初余额：预收款数额
发生额：销售实现时转销预收账款	发生额：预收购货方的款项
	期末余额：预收款数额

图 4-37 “预收账款”账户

三、核算举例

仍以新华工厂 12 月份发生的经济业务为例。

（一）主营业务的核算

【例 4-39】 销售给光明工厂 A 产品 100 件，每件售价 1 000 元，价款 100 000 元，增值税额 13 000 元，款项收到存入银行。

这项经济业务表明，企业销售产品，款项收到存入银行，银行存款增加了 113 000 元，应记入“银行存款”账户的借方；同时，实现产品销售收入 100 000 元，应记入“主营业务收入”账户的贷方；销售产品时向购货方收取的增值税 13 000 元属于增值税销项税额，应记入“应交税费”账户的贷方。会计分录如下：

借：银行存款　　113 000

　贷：主营业务收入　　100 000

　　　应交税费——应交增值税（销项税额）　　13 000

【例 4-40】 销售给大阳工厂 A 产品 90 件，每件售价 1 000 元，价款90 000元，增值税额 11 700 元，收到大阳工厂开出的票面金额为 101 700 元的商业承兑汇票一张。

这项经济业务表明，企业销售产品收到购货方开出的商业承兑汇票，应收票据增加了 101 700 元，应记入“应收票据”账户的借方；同时，实现产品销售收入 90 000 元，应记入“主营业务收入”账户的贷方；应收取的增值税 11 700 元属于增值税销项税额，应记入

“应交税费”账户的贷方。会计分录如下：

借：应收票据——大阳工厂 101 700

贷：主营业务收入 90 000

应交税费——应交增值税（销项税额） 11 700

【例 4-41】 销售给大明工厂 A 产品 10 件，每件售价 1 000 元，价款10 000元，增值税额 1 300 元，款项尚未收到；另以现金代垫运费 200 元。

这项经济业务表明，企业销售产品货款尚未收到，还发生了代垫运费，因此应收账款增加了 11 500(10 000+1 300+200) 元，应记入“应收账款”账户的借方；同时，实现产品销售收入 10 000 元，应记入“主营业务收入”账户的贷方；应收取的增值税 1 300 元属于增值税销项税额，应记入“应交税费”账户的贷方；以现金代垫运费，使库存现金减少了 200 元，应记入“库存现金”账户的贷方。会计分录如下：

借：应收账款——大明工厂 11 500

贷：主营业务收入 10 000

应交税费——应交增值税（销项税额） 1 300

库存现金 200

【例 4-42】 收到上述大明工厂偿还的账款 11 500 元，存入银行。

这项经济业务表明，企业收到购货方偿还的账款，银行存款增加了 11 500 元，应记入“银行存款”账户的借方；同时，应收账款减少了 11 500 元，应记入“应收账款”账户的贷方。会计分录如下：

借：银行存款 11 500

贷：应收账款——大明工厂 11 500

【例 4-43】 收到光大工厂预订 100 件 B 产品的货款 100 000 元，存入银行。

这项经济业务表明，企业向购货方预收货款，银行存款增加了 100 000 元，应记入“银行存款”账户的借方；同时，企业形成了一项负债，预收账款增加了 100 000 元，应记入“预收账款”账户的贷方。会计分录如下：

借：银行存款 100 000

贷：预收账款——光大工厂 100 000

【例 4-44】 向光大工厂发出其预订的 B 产品 100 件，每件售价 2 000 元，价款 200 000 元，增值税额 26 000 元。

这项经济业务表明，企业向光大工厂发出产品意味着因预收款而形成的一项负债减少，应记入“预收账款”账户的借方；同时，产品销售收入增加了200 000元，应记入“主营业务收入”账户的贷方；应交增值税销项税额增加了 26 000 元，应记入“应交税费”账户的贷方。会计分录如下：

借：预收账款——光大工厂 226 000

贷：主营业务收入 200 000

应交税费——应交增值税（销项税额） 26 000

【例 4-45】 收到光大工厂补付的货款 126 000 元。

这项经济业务表明，企业收到光大工厂补付的货款，银行存款增加了 126 000 元，应记入“银行存款”账户的借方；同时，还应记入“预收账款”账户的贷方，以结清“预收账款”账户。会计分录如下：

借：银行存款　　126 000

　贷：预收账款——光大工厂　　126 000

【例 4-46】 结转 A、B 两种产品的销售成本，A 产品单位成本为 620 元，B 产品单位成本为 1 200 元。

这项经济业务表明，在前面已经确认 200 件 A 产品和 100 件 B 产品销售收入实现以后，应该确认相应的销售成本，A 产品的销售成本为 124 000(200×620) 元，B 产品的销售成本为 120 000(100×1 200) 元，应记入“主营业务成本”账户的借方；同时，因产品已经销售出去，库存商品减少 244 000 元，应记入“库存商品”账户的贷方。会计分录如下：

借：主营业务成本　　244 000

　贷：库存商品　　244 000

企业主营业务收入账户对应关系见图 4-38。

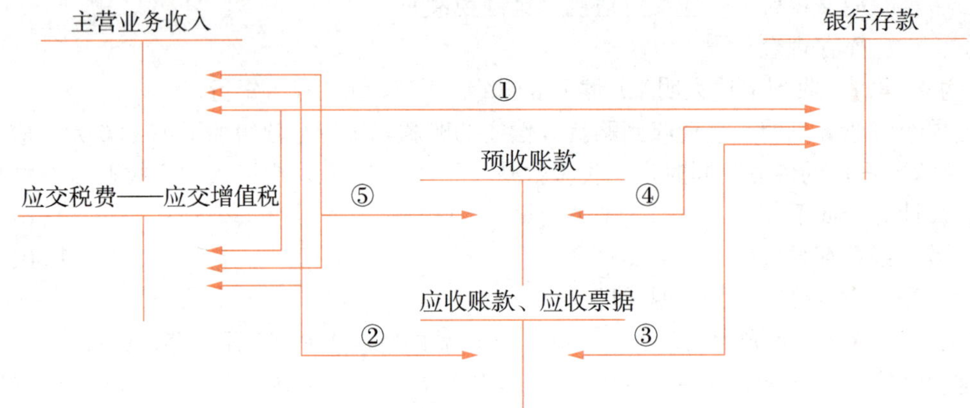

图 4-38　企业主营业务收入账户对应关系

说明：①销售商品的同时收到货款存入银行；②销售商品时货款尚未收到或收到商业汇票；③收回应收账款和应收票据存入银行；④向购货方预收货款存入银行；⑤向预付款的购货方销售商品。

（二）其他业务的核算

【例 4-47】 销售一批乙材料，售价为 10 000 元，增值税额 1 300 元，款项收到存入银行。

这项经济业务表明，企业销售材料货款收到存入银行，银行存款增加了 11 300 元，应记入“银行存款”账户的借方；同时，材料销售属于其他业务，其收入应记入“其他业务收入”账户的贷方；收取的增值税属于增值税销项税额，应记入“应交税费”账户的贷方。会计分录如下：

借：银行存款　　11 300

　贷：其他业务收入　　10 000

　　应交税费——应交增值税（销项税额）　　1 300

【例 4-48】 结转上述已售乙材料的实际成本 9 000 元。

这项经济业务表明，由于上述乙材料销售收入已经确认，因此应该确认其销售成本，即其他业务成本增加了 9 000 元，应记入“其他业务成本”账户的借方；同时企业售出原材料，库存材料减少 9 000 元，应记入“原材料”账户的贷方。会计分录如下：

借：其他业务成本　　9 000
　贷：原材料　　9 000

【例 4-49】 将闲置固定资产出租，本期租金收入 10 000 元，尚未收到。

这项经济业务表明，企业固定资产出租租金收入尚未收到，其他应收款增加了 10 000 元，应记入“其他应收款”账户的借方；同时，闲置固定资产出租属于其他业务，其租金收入应记入“其他业务收入”账户的贷方。会计分录如下：

借：其他应收款　　10 000
　贷：其他业务收入　　10 000

【例 4-50】 出租固定资产计提折旧 4 000 元。

这项经济业务表明，上述固定资产出租业务确认为其他业务收入之后，应该将出租固定资产计提的折旧确认为其他业务成本，即其他业务成本增加，应记入“其他业务成本”账户的借方；同时，累计折旧增加，应记入“累计折旧”账户的贷方。会计分录如下：

借：其他业务成本　　4 000
　贷：累计折旧　　4 000

（三）销售费用的核算

【例 4-51】 以银行存款支付广告费 3 000 元。

这项经济业务表明，企业支付广告费，销售费用增加了 3 000 元，应记入“销售费用”账户的借方；同时，银行存款减少了 3 000 元，应记入“银行存款”账户的贷方。会计分录如下：

借：销售费用　　3 000
　贷：银行存款　　3 000

（四）税金及附加的核算

【例 4-52】 按产品销售收入和 5%的税率计算应缴纳的消费税。

这项经济业务表明，例 4-39、例 4-40、例 4-41、例 4-44 四笔业务共计确认产品销售收入 400 000 元，按 5%的消费税税率计算企业应该缴纳消费税为 20 000 元，应记入“税金及附加”账户的借方；同时，因消费税尚未缴纳，企业的负债增加 20 000 元，应记入“应交税费”账户的贷方。会计分录如下：

借：税金及附加　　20 000
　贷：应交税费——应交消费税　　20 000

⇨ 同步思考

若企业 7 月 1 日将闲置固定资产出租，期限半年，租金总计 120 000 元，于年底收取，应如何进行与租金相关业务的会计处理？

第六节　利润形成及分配业务的核算

一、利润形成及分配的主要内容

（一）利润的构成

利润是指企业在一定会计期间的经营成果。利润包括营业利润、利润总额和净利润三个层次。

1. 营业利润

用公式表示如下：

营业利润＝营业收入－营业成本－税金及附加－销售费用－管理费用－财务费用－资产减值损失＋公允价值变动收益＋投资收益＋资产处置收益＋其他收益

营业收入包括主营业务收入和其他业务收入，营业成本包括主营业务成本和其他业务成本。

资产减值损失是指企业的存货、长期股权投资、债权投资、固定资产、无形资产等资产发生减值所形成的损失。

公允价值变动收益是指企业交易性金融资产、交易性金融负债，以及采用公允价值模式计量的投资性房地产、衍生工具、套期保值业务等公允价值变动形成的应计入当期损益的利得或损失。

投资收益是指企业对外进行长期股权投资发生的损益，持有交易性金融资产、债权投资期间取得的投资收益以及处置交易性金融资产、交易性金融负债、指定为以公允价值计量且其变动计入当期损益的金融资产或金融负债实现的损益。

资产处置收益包括企业出售划分为持有待售的非流动资产（金融工具、长期股权投资和投资性房地产除外）或处置组时确认的处置利得或损失，处置未划分为持有待售的固定资产、在建工程、生产性生物资产及无形资产而产生的处置利得或损失，债务重组中因处置非流动资产产生的利得或损失，以及非货币性资产交换产生的利得或损失。

其他收益包括与企业日常活动相关的政府补助等。

因资产减值损失、公允价值变动收益、投资收益、资产处置收益、其他收益涉及业务比较复杂，本教材不予深入介绍。

2. 利润总额

用公式表示如下：

利润总额＝营业利润＋营业外收入－营业外支出

营业外收入和营业外支出是指企业发生的与其日常经营活动没有直接关系的各项利得和损失。营业外收入包括与企业日常活动无关的政府补助、盘盈利得、捐赠利得等；营业外支出包括公益性捐赠支出、非常损失、盘亏损失、非流动资产毁损报废损失等。

3. 净利润

用公式表达如下：

净利润＝利润总额－所得税费用

所得税费用由当期所得税和递延所得税组成。企业在确定当期所得税时，对于当期发生的交易或事项，会计处理与税收处理是不同的，应在会计利润的基础上，按照税法规定进行调整，计算出当期应纳税所得额，按照应纳税所得额与适用所得税税率计算确定当期应交所得税。本教材假设企业会计处理与税法规定没有差异，不涉及纳税调整问题，应纳税所得额即利润总额，企业所得税税率一般为25%。递延所得税比较复杂，本教材亦不涉及。

（二）利润分配的内容

根据《公司法》的规定，企业实现的净利润应当提取10%的法定公积金，法定公积金累计额达到注册资本50%以上时，可以不再提取；提取法定公积金后，经股东会或者股东大会决议，还可以从税后利润中提取任意公积金；法定公积金和任意公积金可用于弥补亏损、扩大生产经营或者转增资本，但是，法定公积金转为资本时，所留存的该项公积金不得少于转增前公司注册资本的25%；法定公积金不足以弥补以前年度亏损的，在提取法定公积金之前，应当先用当年利润弥补以前年度亏损；企业提取公积金之后才能向投资者分配利润。所以企业利润分配的主要内容是：（1）提取法定公积金和任意公积金；（2）向投资者分配利润。

利润形成及分配业务核算的主要任务是：将影响利润形成的各项目结转损益、按规定进行利润分配等。

二、需要设置的主要账户

为了正确、全面地核算企业利润的形成及分配，企业除应当设置前已述及的“主营业务收入”“主营业务成本”“其他业务收入”“其他业务成本”“税金及附加”“销售费用”“财务费用”“管理费用”等损益类账户外，还需设置“营业外收入”“营业外支出”“所得税费用”等损益类账户和“本年利润”“利润分配”“盈余公积”“应付股利”等相关账户。

（一）“营业外收入”账户

“营业外收入”账户用来核算企业发生的各项营业外收入。该账户属于损益类账户，贷方登记取得的各项营业外收入，借方登记期末转入“本年利润”账户的数额，结转后应无余额。该账户可按营业外收入项目进行明细核算。

“营业外收入”账户的结构见图4-39。

营业外收入

借方	贷方
期末结转至本年利润	取得的各项营业外收入

图4-39 “营业外收入”账户

（二）“营业外支出”账户

“营业外支出”账户用来核算企业发生的各项营业外支出。该账户属于损益类账户，借方登记发生的各项营业外支出，贷方登记期末转入“本年利润”账户的数额，结转后应无余额。该账户可按营业外支出项目进行明细核算。

“营业外支出”账户的结构见图 4-40。

借方 营业外支出	贷方
发生的各项营业外支出	期末结转至本年利润

图 4-40 “营业外支出”账户

（三）“所得税费用”账户

“所得税费用”账户用来核算企业确认的应从当期利润总额中扣除的所得税费用。该账户属于损益类账户，借方登记企业按规定计算出的所得税费用，贷方登记期末转入“本年利润”账户的数额，结转后应无余额。

“所得税费用”账户的结构见图 4-41。

借方 所得税费用	贷方
发生的所得税费用	期末结转至本年利润

图 4-41 “所得税费用”账户

（四）“本年利润”账户

“本年利润”账户用来核算企业在本年度实现的净利润或发生的净亏损。该账户属于所有者权益类账户，期末应将各损益类账户转入本账户，贷方登记从“主营业务收入”“其他业务收入”“营业外收入”等损益类账户借方转入的数额，借方登记从“主营业务成本”“其他业务成本”“税金及附加”“销售费用”“管理费用”“财务费用”“营业外支出”“所得税费用”等损益类账户贷方转入的数额。期末若为贷方余额，表示实现的净利润，若为借方余额，表示发生的净亏损。年度终了，该账户无论是借方余额还是贷方余额，都应当全部转入“利润分配——未分配利润”账户，年终结转后应无余额。也就是说，该账户不跨年，年末要归零。

“本年利润”账户的结构见图 4-42。

借方 本年利润	贷方
期末转入的费用数额 结转全年净利润	期末转入的收入数额 结转全年净亏损

图 4-42 “本年利润”账户

（五）“利润分配”账户

“利润分配”账户用来核算企业利润的分配（或亏损的弥补）和历年分配（或弥补）后的余额。该账户属于所有者权益类账户，借方登记按规定实际分配的利润数额，或年终时从“本年利润”账户转入的全年净亏损，贷方登记弥补以前年度的亏损以及年终时从“本年利润”账户转入的全年净利润，年终如为贷方余额，表示历年积累的未分配利润，如为借方余额，则为历年的未弥补亏损。该账户应当按“提取法定盈余公积”“提取任意盈余公积”“应付现金股利或利润”“盈余公积补亏”“未分配利润”等明细账户进行核算。

“利润分配”账户的结构见图 4-43。

利润分配

借方	贷方
	期初余额：未分配利润
发生额：年终转入的全年净亏损 按规定实际分配的利润	发生额：年终转入的全年净利润
	期末余额：未分配利润

图 4-43 “利润分配”账户

(六)“盈余公积”账户

“盈余公积”账户用来核算企业从净利润中提取的盈余公积。该账户属于所有者权益账户，贷方登记企业提取的法定盈余公积和任意盈余公积数额，借方登记用盈余公积弥补亏损或转增资本的数额，期末余额在贷方，表示企业结余的盈余公积数额。该账户应当分别设置“法定盈余公积”“任意盈余公积”明细账户进行核算。

“盈余公积”账户的结构见图 4-44。

盈余公积

借方	贷方
	期初余额：结余的盈余公积
发生额：用盈余公积弥补亏损 用盈余公积转增资本	发生额：提取的盈余公积
	期末余额：结余的盈余公积

图 4-44 “盈余公积”账户

(七)“应付股利”账户

“应付股利”账户用来核算企业应付给投资者的现金股利或利润。该账户属于负债类账户，贷方登记经审议批准的应支付的现金股利或利润，借方登记实际支付的现金股利或利润，期末余额在贷方，表示应付未付的现金股利或利润。该账户可按投资者进行明细核算。

“应付股利”账户的结构见图 4-45。

应付股利

借方	贷方
	期初余额：应付未付的现金股利或利润
发生额：实际支付的现金股利或利润	发生额：经批准的应付现金股利或利润
	期末余额：应付未付的现金股利或利润

图 4-45 “应付股利”账户

三、核算举例

仍以新华工厂 12 月份发生的经济业务为例。

【例 4-53】 因供货方违反交易合同而获得罚款收入 10 000 元存入银行。

这项经济业务表明，企业因获得罚款收入，银行存款增加了 10 000 元，应记入“银行存款”账户的借方，同时营业外收入增加了 10 000 元，应记入“营业外收入”账户的贷方。会计分录如下：

借：银行存款	10 000	
贷：营业外收入		10 000

【例 4－54】 通过希望工程基金会捐赠 8 000 元，以银行存款支付。

这项经济业务表明，企业发生公益捐赠，营业外支出增加了 8 000 元，应记入“营业外支出”账户的借方，同时银行存款减少了 8 000 元，应记入“银行存款”账户的贷方。会计分录如下：

借：营业外支出　　8 000
　贷：银行存款　　8 000

【例 4－55】 计算本月所得税费用。

前面例 4－39、例 4－40、例 4－41、例 4－44 确认了主营业务收入 400 000 元，例 4－46 确认了主营业务成本 244 000 元，例 4－47、例 4－49 确认了其他业务收入 20 000 元，例 4－48、例 4－50 确认了其他业务成本 13 000 元，例 4－52 确认了税金及附加 20 000 元，例 4－26、例 4－27、例 4－30、例 4－33、例 4－35、例 4－36 确认了管理费用 28 920 元，例 4－31 确认了财务费用 10 000 元，例4-51 确认了销售费用 3 000 元，例4- 53 确认了营业外收入 10 000 元，例 4－54 确认了营业外支出 8 000 元。

利润总额＝400 000＋20 000－244 000－13 000－20 000－3 000－28 920－10 000
　　　　＋10 000－8 000
　　　＝103 080（元）

所得税费用＝103 080×25％＝25 770（元）

以上计算表明，企业本月应缴纳所得税 25 770 元，一方面所得税费用增加 25 770 元，应记入“所得税费用”账户的借方，另一方面应交所得税形成企业的负债，应记入“应交税费”账户的贷方。会计分录如下：

借：所得税费用　　25 770
　贷：应交税费——应交所得税　　25 770

【例 4－56】 将企业本期发生的各损益类账户余额转入“本年利润”账户。

根据以上相关业务，新华工厂各损益类账户期末结转前发生额汇总如下：

主营业务收入	400 000（贷）
主营业务成本	244 000（借）
税金及附加	20 000（借）
其他业务收入	20 000（贷）
其他业务成本	13 000（借）
销售费用	3 000（借）
管理费用	28 920（借）
财务费用	10 000（借）
营业外收入	10 000（贷）
营业外支出	8 000（借）
所得税费用	25 770（借）

以上损益类账户中，“主营业务收入”“其他业务收入”“营业外收入”账户应从其借方转入“本年利润”账户的贷方，“主营业务成本”“税金及附加”“其他业务成本”“销售费用”“管理费用”“财务费用”“营业外支出”“所得税费用”账户应从其贷方转入“本年利润”账户的借方，结转之后各损益类账户的余额为零。会计分录如下：

借：主营业务收入　　400 000

其他业务收入　　20 000
营业外收入　　10 000
贷：本年利润　　430 000
借：本年利润　　352 690
贷：主营业务成本　　244 000
税金及附加　　20 000
其他业务成本　　13 000
销售费用　　3 000
管理费用　　28 920
财务费用　　10 000
营业外支出　　8 000
所得税费用　　25 770

通过以上结转，“本年利润”账户本期贷方发生额为 430 000 元，本期借方发生额为 352 690 元，本期实现净利润 77 310 元。假设“本年利润”账户月初贷方余额为 200 000 元，则该账户年末贷方余额为 277 310 元，即全年实现净利润 277 310 元。

【例 4-57】 按全年净利润的 10%和 20%分别提取法定盈余公积和任意盈余公积。

按照例 4-56 新华工厂全年实现净利润 277 310 元，应提取法定盈余公积 27 731(277 310×10%）元，提取任意盈余公积 55 462(277 310×20%）元。提取盈余公积是对实现利润的分配，应记入“利润分配”账户的借方，同时由于提取盈余公积，盈余公积增加，应记入“盈余公积”账户的贷方。会计分录如下：

借：利润分配——提取法定盈余公积　　27 731
——提取任意盈余公积　　55 462
贷：盈余公积——法定盈余公积　　27 731
——任意盈余公积　　55 462

【例 4-58】 经股东会决议按出资比例向投资者分配现金股利 110 924 元。

这项经济业务表明，企业向投资者分配股利，应记入“利润分配”账户的借方，应付股利尚未支付，形成企业对投资者的负债，应记入“应付股利”账户的贷方。会计分录如下：

借：利润分配——应付现金股利　　110 924
贷：应付股利　　110 924

【例 4-59】 结转全年净利润。

这项经济业务表明，依前述该企业全年实现净利润 277 310 元，年终应从“本年利润”账户借方转入“利润分配——未分配利润”账户的贷方，结转后“本年利润”账户结平。会计分录如下：

借：本年利润　　277 310
贷：利润分配——未分配利润　　277 310

【例 4-60】 结转全年已分配利润。

这项经济业务表明，企业应将例 4-57、例 4-58 全年利润分配的具体数额从“利润分配”所属明细账户“提取法定盈余公积”“提取任意盈余公积”“应付现金股利”转入“未分配利润”明细账户，结转时，应从“利润分配——提取法定盈余公积”“利润分配——提取任意盈余公积”“利润分配——应付现金股利”账户的贷方转出，转入“利润分配——未分配利润”账户的借方，这样才能将已分配利润的相关明细账户结平，并得出年末未分配利润的数额。会计分录如下：

借：利润分配——未分配利润　　194 117
　贷：利润分配——提取法定盈余公积　　27 731
　　　　　　——提取任意盈余公积　　55 462
　　　　　　——应付现金股利　　110 924

“利润分配——未分配利润”账户贷方发生额 277 310 元，借方发生额194 117元，其贷方余额为 83 193 元，即年末未分配利润。

利润形成及分配业务账户对应关系见图 4－46。

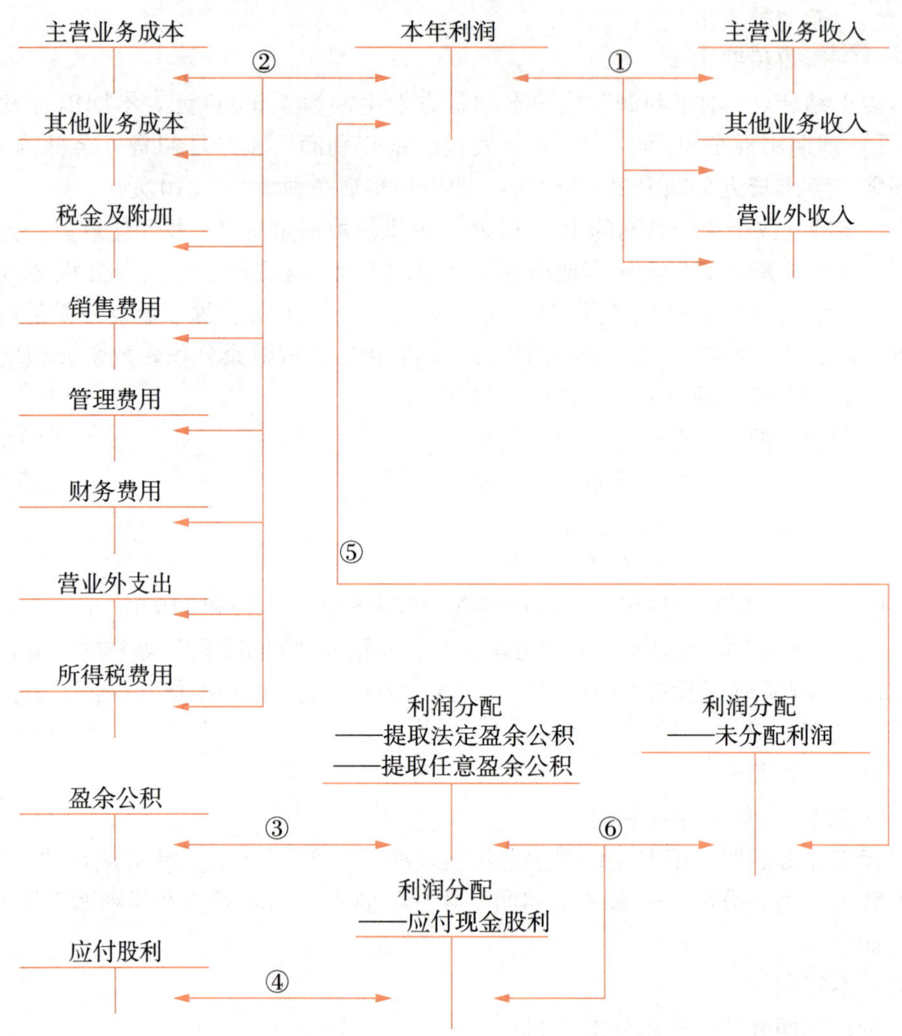

图 4－46　利润形成及分配业务账户对应关系

说明：①期末结转各项收入至“本年利润”账户；②期末结转各项成本费用至“本年利润”账户；③按规定提取法定盈余公积和任意盈余公积；④决定向投资者分配现金股利；⑤年终结转全年净利润至“利润分配——未分配利润”账户；⑥年终结转利润分配各明细账户至“利润分配——未分配利润”账户。

⇨ 同步思考

假设“本年利润”账户 12 月初借方余额为 200 000 元，新华工厂全年是盈还是亏？年终，“本年利润”账户和“利润分配——未分配利润”账户的余额分别是多少？

第七节 登记账户与编制试算平衡表

一、登记账户

新华工厂 20××年 12 月份发生的经济业务见本章第三节至第六节，假设 12 月初各总账账户余额如表 4－8 所示。

表 4－8 各总账账户余额

单位：元

账户名称	借方余额	账户名称	贷方余额
库存现金	1 000	短期借款	200 000
银行存款	2 420 000	应付利息	20 000
应收账款	1 097 000	应付账款	800 000
预付账款	3 000	应交税费	53 000
其他应收款	2 000	长期借款	1 000 000
原材料	400 000	实收资本	6 000 000
库存商品	350 000	本年利润	200 000
固定资产	3 900 000	累计折旧	200 000
无形资产	300 000		
合计	8 473 000	合计	8 473 000

新华工厂 12 月份各总账账户（T 形账户）登记见图 4－47。

库存现金

期初余额	1 000	(21)	1 308
(20)	3 000	(29)	80 000
(28)	80 000	(32)	1 500
(33)	40	(41)	200
本期发生额	83 040	本期发生额	83 008
期末余额	1 032		

应收账款

期初余额	1 097 000	(42)	11 500
(41)	11 500		
本期发生额	11 500	本期发生额	11 500
期末余额	1 097 000		

其他应收款

期初余额	2 000	(33)	1 500
(32)	1 500		
(49)	10 000		
本期发生额	11 500	本期发生额	1 500
期末余额	12 000		

预付账款

期初余额	3 000	(24)	22 600
(23)	10 000	(35)	500
(25)	12 600		
(34)	6 000		
本期发生额	28 600	本期发生额	23 100
期末余额	8 500		

应收票据

(40)	101 700		
本期发生额	101 700	本期发生额	0
期末余额	101 700		

在途物资

(19)	120 000	(22)	121 200
(21)	1 200		
本期发生额	121 200	本期发生额	121 200
期末余额	0		

银行存款

期初余额	2 420 000	(13)	113 000
(39)	113 000	(14)	57 590
(42)	11 500	(16)	104 440
(43)	100 000	(18)	50 000
(45)	126 000	(20)	3 000
(47)	11 300	(23)	10 000
(53)	10 000	(25)	12 600
		(28)	80 000
		(30)	3 600
		(31)	30 000
		(34)	6 000
		(51)	3 000
		(54)	8 000
本期发生额	371 800	本期发生额	481 230
期末余额	2 310 570		

原材料

期初余额	400 000	(26)	123 000
(14)	51 000	(48)	9 000
(15)	30 000		
(17)	102 000		
(22)	121 200		
(24)	20 000		
本期发生额	324 200	本期发生额	132 000
期末余额	592 200		

库存商品

期初余额	350 000	(46)	244 000
(38)	129 488		
本期发生额	129 488	本期发生额	244 000
期末余额	235 488		

固定资产

期初余额	3 900 000		
(13)	100 000		
本期发生额	100 000	本期发生额	0
期末余额	4 000 000		

无形资产

期初余额	300 000		
本期发生额	0	本期发生额	0
期末余额	300 000		

短期借款

		期初余额	200 000
本期发生额	0	本期发生额	0
		期末余额	200 000

应付利息

(31)	20 000	期初余额	20 000
本期发生额	20 000	本期发生额	0
		期末余额	0

应付票据

		(17)	115 260
本期发生额	0	本期发生额	115 260
		期末余额	115 260

应付账款

(16)	104 440	期初余额	800 000
		(15)	33 900
		(19)	135 600
本期发生额	104 440	本期发生额	169 500
		期末余额	865 060

预收账款

(44)	226 000	(43)	100 000
		(45)	126 000
本期发生额	226 000	本期发生额	226 000
		期末余额	0

应付职工薪酬

(29)	80 000	(27)	80 000
本期发生额	80 000	本期发生额	80 000
		期末余额	0

财务费用

(31)	10 000	(56)	10 000
本期发生额	10 000	本期发生额	10 000
期末余额	0		

应付股利

		(58)	110 924
本期发生额	0	本期发生额	110 924
		期末余额	110 924

长期借款

		期初余额	1 000 000
本期发生额	0	本期发生额	0
		期末余额	1 000 000

累计折旧

		期初余额	200 000
		(36)	8 840
		(50)	4 000
本期发生额	0	本期发生额	12 840
		期末余额	212 840

应交税费

(13)	13 000	期初余额	53 000
(14)	6 590	(39)	13 000
(15)	3 900	(40)	11 700
(17)	13 260	(41)	1 300
(18)	50 000	(44)	26 000
(19)	15 600	(47)	1 300
(21)	108	(52)	20 000
(24)	2 600	(55)	25 770
本期发生额	105 058	本期发生额	99 070
		期末余额	47 012

实收资本

		期初余额	6 000 000
本期发生额	0	本期发生额	0
		期末余额	6 000 000

盈余公积

		(57)	83 193
本期发生额	0	本期发生额	83 193
		期末余额	83 193

生产成本

(26)	116 000	(38)	129 488
(27)	50 000		
(37)	22 480		
本期发生额	188 480	本期发生额	129 488
期末余额	58 992		

制造费用

(26)	5 000	(37)	22 480
(27)	8 000		
(30)	1 600		
(35)	200		
(36)	7 680		
本期发生额	22 480	本期发生额	22 480
期末余额	0		

主营业务收入

(56)	400 000	(39)	100 000
		(40)	90 000
		(41)	10 000
		(44)	200 000
本期发生额	400 000	本期发生额	400 000
		期末余额	0

管理费用

(26)	2 000	(56)	28 920
(27)	22 000		
(30)	2 000		
(33)	1 460		
(35)	300		
(36)	1 160		
本期发生额	28 920	本期发生额	28 920
期末余额	0		

主营业务成本

(46)	244 000	(56)	244 000
本期发生额	244 000	本期发生额	244 000
期末余额	0		

销售费用

(51)	3 000	(56)	3 000
本期发生额	3 000	本期发生额	3 000
期末余额	0		

其他业务收入

(56)	20 000	(47)	10 000
		(49)	10 000
本期发生额	20 000	本期发生额	20 000
		期末余额	0

其他业务成本

(48)	9 000	(56)	13 000
(50)	4 000		
本期发生额	13 000	本期发生额	13 000
期末余额	0		

营业外收入

(56)	10 000	(53)	10 000
本期发生额	10 000	本期发生额	10 000
		期末余额	0

营业外支出

(54)	8 000	(56)	8 000
本期发生额	8 000	本期发生额	8 000
期末余额	0		

税金及附加

(52)	20 000	(56)	20 000
本期发生额	20 000	本期发生额	20 000
期末余额	0		

所得税费用

(55)	25 770	(56)	25 770
本期发生额	25 770	本期发生额	25 770
期末余额	0		

本年利润

		期初余额	200 000
(56)	352 690	(56)	430 000
(59)	277 310		
本期发生额	630 000	本期发生额	430 000
		期末余额	0

利润分配

(57)	83 193	(59)	277 310
(58)	110 924		
(60)	194 117	(60)	194 117
本期发生额	388 234	本期发生额	471 427
		期末余额	83 193

图 4-47　新华工厂 12 月份各总账账户（T 形账户）登记

二、编制试算平衡表

根据图 4-47 所示的各总账账户期初余额、本期发生额和期末余额资料，编制新华工厂 12 月份试算平衡表，见表 4-9。

表 4-9　本期发生额及余额试算平衡表

单位：元

会计科目	期初余额		本期发生额		期末余额	
	借方	贷方	借方	贷方	借方	贷方
库存现金	1 000		83 040	83 008	1 032	
银行存款	2 420 000		371 800	481 230	2 310 570	
应收票据			101 700		101 700	
应收账款	1 097 000		11 500	11 500	1 097 000	
预付账款	3 000		28 600	23 100	8 500	

续表

会计科目	期初余额		本期发生额		期末余额	
	借方	贷方	借方	贷方	借方	贷方
其他应收款	2 000		11 500	1 500	12 000	
原材料	400 000		324 200	132 000	592 200	
在途物资			121 200	121 200		
生产成本			188 480	129 488	58 992	
库存商品	350 000		129 488	244 000	235 488	
固定资产	3 900 000		100 000		4 000 000	
无形资产	300 000				300 000	
制造费用			22 480	22 480		
管理费用			28 920	28 920		
财务费用			10 000	10 000		
销售费用			3 000	3 000		
主营业务成本			244 000	244 000		
税金及附加			20 000	20 000		
其他业务成本			13 000	13 000		
营业外支出			8 000	8 000		
所得税费用			25 770	25 770		
短期借款		200 000				200 000
应付票据				115 260		115 260
应付账款		800 000	104 440	169 500		865 060
预收账款			226 000	226 000		
应交税费		53 000	105 058	99 070		47 012
应付职工薪酬			80 000	80 000		
应付利息		20 000	20 000			
应付股利				110 924		110 924
长期借款		1 000 000				1 000 000
实收资本		6 000 000				6 000 000
盈余公积				83 193		83 193
累计折旧		200 000		12 840		212 840
主营业务收入			400 000	400 000		
其他业务收入			20 000	20 000		
营业外收入			10 000	10 000		
本年利润		200 000	630 000	430 000		
利润分配			388 234	471 427		83 193
合计	8 473 000	8 473 000	3 830 410	3 830 410	8 717 482	8 717 482

贴心提示

为什么经常会写错会计分录？怎样才能正确编写会计分录？

按照借贷记账法编写会计分录，常见的错误有会计科目用错、记账符号写反、金额写错等，造成前两种错误的原因主要是初学者对会计科目名称不熟悉、归属于什么会计要素不理解、借贷记账符号的含义不完全清楚，造成金额写错的原因多为不够细心或者一些计算要求没有领会。

“借”和“贷”作为记账符号，表示在账户中的记账方向，实质上是用来反映资金的增减变动的。大家只要记住资产类账户增加记借方，减少记贷方，其他可以借助会计等式举一反三，负债及所有者权益类账户和资产类账户正好相反，增加记贷方，减少记借方。至于收入和费用，可以这样理解：收入的取得意味着所有者权益的增加，费用的发生意味着所有者权益的减少，所以收入与所有者权益方向相同，费用与所有者权益方向相反，那么收入增加记入贷方，减少（结转）记入借方，费用的增加记入借方，减少（结转）记入贷方。

正确编写会计分录应遵循以下步骤：

(1) 要站在特定的会计主体角度分析经济业务。例如，甲公司从乙公司临时借入 20 万元资金，对于甲公司来讲是资产中的货币资金增加了。为什么货币资金增加了呢？是因为从乙公司那里借入的资金形成了对乙公司的债务，那么甲公司的负债就增加了，也就是说，这笔业务对于甲公司来讲资产、负债都增加了。乙公司的货币资金减少了 20 万元，到哪儿去了呢？借给了甲公司，形成了对甲公司的债权，那么这笔业务对于乙公司来讲就是一项资产减少、另一项资产增加。

(2) 选择正确的会计科目，以借、贷为记账符号来反映资金的增减变化。如上分析，甲公司的货币资金增加，一般记录在“银行存款”账户的借方，向其他企业临时借入资金，应该记录在“其他应付款”账户的贷方，金额应该记录 20 万元；而乙公司的货币资金减少，一般记录在“银行存款”账户的贷方，把资金暂时借给其他企业，应该记录在“其他应收款”账户的借方，金额也应该记录 20 万元。

(3) 用约定俗成的书写格式写出会计分录。

自测题

在线自测

一、单项选择题

1. “制造费用”账户属于（　　）账户。

A. 资产类　　B. 负债类　　C. 成本类　　D. 所有者权益类

2. 按照权责发生制，下列各项目属于本年收入的是（　　）。

A. 收到上年销售产品的货款 120 000 元

B. 预收下年度仓库租金 60 000 元

C. 预付下年度财产保险费 78 000 元

D. 本年销售产品价款 320 000 元，约定于下年 3 月份收取

3. 下列账户中，不属于负债类账户的是（ ）。

A. “长期借款” B. “应付利息” C. “预付账款” D. “应付账款”

4. 下列账户中，属于成本类账户的是（ ）。

A. “生产成本” B. “财务费用” C. “管理费用” D. “销售费用”

5. 下列账户中，属于损益类账户的是（ ）。

A. “原材料” B. “制造费用” C. “所得税费用” D. “应交税费”

6. 下列项目中，不属于产品成本项目的有（ ）。

A. 直接材料 B. 制造费用 C. 直接人工 D. 管理费用

7. 下列账户中，不属于所有者权益类的是（ ）。

A. “实收资本” B. “资本公积” C. “利润分配” D. “应付股利”

8. 下列公式中，不正确的是（ ）。

A. 利润总额＝营业利润＋营业外收入－营业外支出

B. 营业利润＝主营业务利润＋其他业务利润

C. 净利润＝利润总额－所得税费用

D. 利润总额＝营业利润＋营业外收支净额

9. 法定盈余公积应按企业净利润的（ ）提取。

A. 5％ B. 10％ C. 15％ D. 20％

10. 年终结账后有余额的账户是（ ）。

A. “本年利润” B. “制造费用” C. “利润分配” D. “税金及附加”

二、多项选择题

1. 下列项目中，属于计算营业利润时需要扣除的是（ ）。

A. 所得税费用 B. 财务费用 C. 销售费用 D. 管理费用

2. 下列账户中，可以设置明细账户的是（ ）。

A. “原材料” B. “盈余公积” C. “生产成本” D. “利润分配”

3. 工业企业下列业务取得的收入属于其他业务收入的是（ ）。

A. 材料销售 B. 产品销售 C. 半成品销售 D. 固定资产出租

4. 下列属于营业外收入的有（ ）。

A. 半成品销售 B. 罚款净收入 C. 接受捐赠 D. 材料销售收入

5. 下列属于营业外支出的有（ ）。

A. 固定资产盘亏 B. 捐赠支出 C. 非常损失 D. 罚款支出

三、判断题

1. 企业接受捐赠不会增加负债。 （ ）

2. 企业购买生产设备支付的增值税不计入固定资产价值。 （ ）

3. 企业销售商品的运费不应当由当期产品成本负担，应当直接计入当期损益。 （ ）

4. 按照权责发生制，企业预付下年度财产保险费，不应计入本年度费用。 （ ）

5. 固定资产折旧，不通过“固定资产”账户核算。 （ ）

6. 某企业上年有未弥补的亏损 25 万元，本年实现净利润 20 万元，按规定该企业本年不得提取法定盈余公积。（　）

7. 工业企业提供运输劳务取得的收入属于其他业务收入。（　）

8. 企业出租包装物的收入属于营业外收入。（　）

9. 企业应交的增值税、消费税、所得税均应通过“税金及附加”账户核算。（　）

10. 企业按规定缴纳所得税，应记入“本年利润”账户的借方。（　）

四、简答题

1. 企业计提折旧为什么要设置“累计折旧”账户进行核算？
2. 利润包括哪几个层次？怎样计算？
3. 材料采购和商品销售环节涉及的增值税分别如何核算？
4. 为什么应按照权责发生制确认收入和费用？

五、综合业务题[①]

习题一

目的：理解权责发生制和收付实现制。

资料：某企业 4 月份发生下列经济业务。

1. 4 月 1 日，出租闲置房屋，租期两年，每月租金 10 000 元，合同约定每季末收取当季租金。
2. 4 月 10 日，销售产品一批，总货款 200 000 元，其中 100 000 元已经收到，余款下月收取。
3. 4 月 12 日，预收货款 30 000 元存入银行，合同约定 5 月 10 日交货。
4. 4 月 15 日，通过银行转账支付上月水电费 3 000 元。
5. 4 月 25 日，收到上月销货款 50 000 元。
6. 4 月 29 日，通过银行转账支付一年财产保险费 12 000 元。
7. 4 月 30 日，收到本月招待费账单共计 2 000 元，尚未支付。
8. 4 月 30 日，用现金支付本月职工工资 60 000 元。

要求：根据资料分别采用权责发生制和收付实现制确认本月收入和费用，填入表 4-10。

表 4-10　本月收入和费用　　单位：元

权责发生制		收付实现制	
收入	费用	收入	费用

① 为方便完成习题七，习题二至六的业务序号顺排。另外，本大题中保险费、招待费、水电费、通信费、检验费、修理费、广告费等的增值税忽略不计。

习题二

目的：练习筹集资金业务的核算。

资料：红星工厂是增值税一般纳税人，12 月份发生筹集资金业务如下。

1.12 月 1 日，收到投资者投入设备一台，评估价为 200 000 元。

2.12 月 2 日，收到投资者投入的货币资金 1 000 000 元，款项已存入银行。

3.12 月 3 日，收到投资者投入的一项专利权，评估价为 50 000 元。

4.12 月 4 日，从银行借款 20 000 元，期限为半年，款项存入银行。

5.12 月 5 日，从银行借款 500 000 元，期限为 3 年，款项存入银行。

要求：根据资料编写会计分录。

习题三

目的：练习材料采购业务的核算。

资料：红星工厂 12 月份发生材料采购业务如下。

6.12 月 6 日，从光阳工厂购进乙材料 30 吨，每吨 2 000 元，计买价 60 000 元，进项税额 7 800 元。材料已验收入库，货款尚未支付。

7.12 月 7 日，从光远工厂购入甲材料 20 吨，每吨 4 000 元，计买价 80 000 元，进项税额 10 400 元，材料已验收入库，开出半年期无息商业承兑汇票一张，票面金额 90 400 元。

8.12 月 8 日，通过银行转账偿还前欠光耀工厂材料款 100 000 元。

9.12 月 9 日，从光明工厂购入甲材料 10 吨，每吨 3 900 元，计买价 39 000 元，进项税额 5 070 元；发生不含税运费 1 000 元，增值税 90 元。款项均已通过银行支付，材料已验收入库。

10.12 月 10 日，通过银行转账偿还前欠光辉工厂票据款 80 000 元。

11.12 月 11 日，开出转账支票一张，金额 100 000 元，预付给大远工厂购买丙材料。

12.12 月 20 日，收到大远工厂发来的丙材料，增值税专用发票上载明价款200 000元，增值税 26 000 元，材料已验收入库。

13.12 月 21 日，开出转账支票一张，金额 126 000 元，补付大远工厂丙材料款。

要求：根据资料编写会计分录。

习题四

目的：练习产品生产业务的核算。

资料：红星工厂 12 月份生产过程发生业务如下。

14.12 月 21 日，领用各种材料情况如下：制造 A 产品领用甲材料 10 吨，制造 B 产品领用甲材料 5 吨，车间一般耗用领用甲材料 3 吨，甲材料每吨 4 000 元；制造 A 产品领用乙材料 5 吨，制造 B 产品领用乙材料 4 吨，企业管理部门耗用领用乙材料 1 吨，乙材料每吨 2 000 元；制造 A 产品领用丙材料 2 吨，丙材料每吨 5 000 元。

15.12 月 22 日，厂部行政管理人员李明出差前预借差旅费 2 800 元，以现金支付。

16.12 月 25 日，结算本月应付职工工资 125 000 元，其中：制造 A 产品的生产工人工资 55 000 元，制造 B 产品的生产工人工资 25 000 元，车间管理人员工资 5 000 元，企业行政管理人员工资 20 000 元，销售人员工资 20 000 元。

17.12 月 26 日，通过银行转账预付下年度财产保险费 4 800 元。

18.12 月 26 日，支付本季度短期借款利息 2 700 元（前两个月已预计应付利息 1 800 元）。

19.12 月 26 日，李明报销差旅费 2 600 元，退回现金 200 元，结清前借款项。

20.12 月 26 日，通过银行转账支付本月水电费 5 000 元，其中：车间水电费 3 000 元，行政管理部门水电费 2 000 元。

21.12 月 30 日，按规定计提本月固定资产折旧 12 000 元，其中：车间用固定资产计提折旧 10 000 元，行政管理部门用固定资产计提折旧 2 000 元。

22.12 月 30 日，按生产工人工资比例分配并结转本月制造费用。

23.12 月 30 日，结转完工产品成本 A 产品 200 000 元、B 产品 150 000 元。

要求：根据资料编写会计分录。

习题五

目的：练习销售业务的核算。

资料：红星工厂 12 月份销售过程发生业务如下。

24.12 月 26 日，预收大光工厂订购 A 产品的货款 100 000 元存入银行。

25.12 月 27 日，销售给大明工厂 A 产品 10 件，每件售价 18 000 元，价款 180 000 元，增值税额 23 400 元，款项收到存入银行。

26.12 月 27 日，收到大宏工厂前欠的货款 200 000 元存入银行。

27.12 月 28 日，销售给大津工厂 B 产品 20 件，每件售价 10 000 元，价款 200 000 元，增值税额 26 000 元，收到一张期限为 3 个月、票面金额为 226 000 元的商业汇票。

28.12 月 30 日，向大光工厂发出其预订的 A 产品 20 件，每件售价 18 000 元，价款 360 000 元，增值税额 46 800 元。

29.12 月 31 日，收到大光工厂补付的货款 306 800 元。

30.12 月 31 日，通过银行转账支付销售产品的不含税运费 2 000 元，增值税税率 9%。

31.12 月 31 日，以现金支付广告费 800 元。

32.12 月 31 日，收到大理工厂票据款 75 000 元存入银行。

33.12 月 31 日，按本月产品销售收入和 10%的税率计算应缴纳的消费税。

34.12 月 31 日，销售一批原材料给长江工厂，售价为 15 000 元，增值税额 1 950 元，货款尚未收到。

35.12 月 31 日，结转本月已售原材料的实际成本 12 000 元。

36.12 月 31 日，结转本月已售 A 产品的销售成本 400 000 元、B 产品的销售成本 100 000元。

要求：根据资料编写会计分录。

习题六

目的：练习利润形成与分配业务的核算。

资料：红星工厂 12 月份发生利润形成与分配相关业务如下。

37.12 月 31 日，取得罚款收入 600 元存入银行。

38.12 月 31 日，以银行存款支付罚款 1 000 元。

39.12 月 31 日，计算本期利润总额，并按 25%的税率计算所得税费用。

40.12 月 31 日，将损益类账户结转至“本年利润”账户。

41.12 月 31 日，按全年净利润的 10%提取法定公积金（确定全年净利润时应参考习题七资料中本年利润的期初金额）。

42.12 月 31 日，按全年净利润的 30%提取任意公积金。

43.12 月 31 日，经股东会决议向投资者分配股利 50 000 元。

44.12 月 31 日，结转全年净利润。

45.12 月 31 日，结转全年已分配利润。

要求：根据资料编写会计分录。

习题七

目的：练习 T 形账户的登记、本期发生额及余额试算平衡表的编制。

资料：红星工厂 12 月初有关总分类账账户余额见表 4－11。

表 4－11　总分类账账户余额

单位：元

账户名称	借方金额	账户名称	贷方金额
库存现金	6 000	短期借款	200 000
银行存款	515 000	应付票据	80 000
应收票据	75 000	应付账款	800 000
应收账款	600 000	应交税费	174 200
预付账款	100 000	应付利息	1 800
其他应收款	5 000	长期借款	1 500 000
原材料	400 000	实收资本	2 500 000
生产成本	330 000	资本公积	351 000
库存商品	300 000	盈余公积	300 000
固定资产	3 509 000	累计折旧	150 000
无形资产	320 000	本年利润	103 000
合计	6 160 000	合计	6 160 000

要求：根据各总分类账账户的期初余额及习题二至习题六的会计分录登记各总分类账账户（T 形账户）并结账，然后编制本期发生额及余额试算平衡表，填入表 4－12。

表 4－12　本期发生额及余额试算平衡表

单位：元

会计科目	期初余额		本期发生额		期末余额	
	借方	贷方	借方	贷方	借方	贷方
库存现金						
银行存款						
应收票据						
应收账款						
预付账款						
其他应收款						
原材料						
生产成本						
库存商品						
固定资产						
无形资产						
制造费用						
管理费用						

续表

会计科目	期初余额		本期发生额		期末余额	
	借方	贷方	借方	贷方	借方	贷方
财务费用						
销售费用						
主营业务成本						
税金及附加						
其他业务成本						
营业外支出						
所得税费用						
短期借款						
应付票据						
应付账款						
预收账款						
应交税费						
应付职工薪酬						
应付股利						
应付利息						
长期借款						
实收资本						
资本公积						
盈余公积						
累计折旧						
主营业务收入						
其他业务收入						
营业外收入						
本年利润						
利润分配						
合计						

习题八

目的：综合练习工业企业主要经济业务的核算。

资料：大华工厂为增值税一般纳税人，本期发生如下经济业务。

1. 收到投资者投资 200 000 元，款项存入银行。

2. 收到投资者投资 500 000 元，其中固定资产 380 000 元，无形资产 120 000 元。

3. 以银行存款归还长期借款 350 000 元。

4. 从银行取得为期三个月的借款 50 000 元，款项存入银行。

5. 购入汽车一辆，以银行存款支付价款 120 000 元。

6. 从前进工厂购进甲材料，价款 25 800 元，进项税额 3 354 元，款项以银行存款支付，材料已验收入库。

7. 从胜利工厂购进乙材料价款 99 000 元，进项税额 12 870 元，款项尚未支付，材料已验收入库。

8. 以银行存款 25 000 元预付光明工厂材料款。

9. 以银行存款缴纳应交增值税 20 000 元。

10. 向光明工厂已预付货款的甲材料到货，价款 21 500 元，进项税额 2 795 元，材料已验收入库。

11. 从光远工厂购进甲材料，价款 43 000 元，进项税额 5 590 元，款项尚未支付，材料已验收入库。

12. 以银行存款 111 870 元偿还前欠胜利工厂货款。

13. 以银行存款 50 000 元偿还光华工厂应付票据款。

14. 预收江山公司货款 80 000 元存入银行。

15. 厂部管理人员李飞预借差旅费 1 600 元，以现金支付。

16. 以银行存款 2 000 元支付通信费。

17. 以银行存款 4 800 元预付下年度财产保险费。

18. 以银行存款 3 000 元购买办公用品，其中基本生产车间领用 1 000 元，企业管理部门领用 2 000 元。

19. 从银行提取现金 28 000 元备发工资。

20. 以现金 28 000 元发放职工工资。

21. 以银行存款 8 000 元支付水电费。

22. 以银行存款 1 000 元支付固定资产日常修理费。

23. 企业财会部门购买凭证账表共计 100 元，以现金支付。

24. 基本生产车间工人李明出差回厂，报销差旅费 1 800 元，以现金支付。

25. 以银行存款 2 000 元支付基本生产车间检验费。

26. 厂部管理人员李飞回厂，报销差旅费 1 500 元，退回现金 100 元，结清前借款项。

27. 制造 A 产品领用甲材料 8 吨，制造 B 产品领用甲材料 5 吨，车间一般耗用领用甲材料 1 吨，甲材料每吨 4 300 元；制造 A 产品领用乙材料 10 吨，制造 B 产品领用乙材料 5 吨，企业管理部门耗用领用乙材料 0.2 吨，乙材料每吨 5 000 元。

28. 结算本月应付职工工资 31 920 元，其中：制造 A 产品的生产工人工资 13 680 元，制造 B 产品的生产工人工资 9 120 元，车间管理人员工资 3 420 元，企业行政管理人员工资 5 700 元。

29. 以银行存款 2 000 元支付招待费。

30. 计提固定资产折旧 9 500 元，其中基本生产车间 6 980 元，企业管理部门2 520元。

31. 确认应由本月份负担的保险费 1 600 元，其中应由基本生产车间负担1 000元，企业管理部门负担 600 元，该保险费已经于以前期间支付。

32. 以生产工人工资为标准分配结转本月制造费用。

33. 根据成本计算资料，本月完工 A 产品已验收入库，实际制造成本为160 000元，予以结转。

34. 收回长江工厂前欠销货款及代垫运杂费 18 000 元，存入银行。

35. 收到长河工厂预付货款 52 200 元，存入银行。

36. 销售 A 产品 5 辆，每辆售价 15 000 元，货款 75 000 元，增值税额 9 750 元，款项收到存入银行。

37. 销售给长青工厂 A 产品 10 辆，每辆售价 15 000 元，货款 150 000 元，增值税额 19 500 元，款项尚未收到。

38. 以银行存款 2 800 元支付广告费。

39. 销售给长河工厂 A 产品 3 辆，每辆售价 15 000 元，货款 45 000 元，增值税额 5 850元，前已收到长河工厂的预付货款。

40. 收到长青工厂所欠 A 产品货款 169 500 元，存入银行。

41. 结转本月已售 A 产品的销售成本，A 产品的单位制造成本为 7 500 元。

42. 计算本月应交的消费税，消费税税率为 10%。

43. 销售一批原材料给长宏工厂，售价为 10 000 元，增值税额 1 300 元，收到期限为三个月的应收票据一张。

44. 结转本月已售原材料的实际成本 9 000 元。

45. 以银行存款支付短期借款利息 3 000 元，其中包括前两个月的应付利息 2 000 元。

46. 接到银行通知收到银行存款利息 500 元。

47. 以银行存款支付违约金 500 元。

48. 收到一笔罚款 800 元存入银行。

49. 计算本期企业的利润总额，并按 25%的税率计算应缴纳的所得税。

50. 将企业本期发生的损益类账户余额转入“本年利润”账户。

51. 分别按本期净利润的 10%和 20%提取法定盈余公积、任意盈余公积。

52. 股东大会决定向投资者分配现金股利 10 000 元。

要求：根据上述资料编写会计分录。

第五章

账户的分类

同步思考
参考答案

学习目标

通过本章的学习，学生应能够说出各主要账户的性质、用途和结构，从而具备正确设置和运用账户的能力。

素养目标

1. 正确运用账户进行会计核算离不开多思多练，要用“工匠精神”去打磨。

2. 理解每个账户都不是孤立的，都有相互联系的对应账户，好比一个乐队，互相协同配合才能产生美妙的旋律。

重点与难点

1. 账户按经济内容分类。

2. 账户按用途和结构分类。

实践活动

孔子曰：“会计当而已矣”。学习了很多账户的用途之后，请你谈谈对这句话的理解。

引例

南光（集团）有限公司 2016 年度财务收支等情况审计结果摘要

根据《中华人民共和国审计法》的规定，2017 年 5 月至 6 月，审计署对南光（集团）有限公司（以下简称“南光集团”）2016 年度财务收支等情况进行了审计，重点审计了南光集团总部及所属南光（上海）投资有限公司等 7 家二级单位，对有关事项进行了延伸和追溯。

南光集团成立于 1985 年，主要从事日用消费品贸易（包括原油和成品油贸易）等。

据其2016年度合并财务报表反映，南光集团2016年底拥有全资和控股子公司100家、参股公司69家；资产总额193.28亿元，负债总额32.04亿元，所有者权益161.24亿元，资产负债率16.58%；当年营业总收入413.28亿元，利润总额10.13亿元，净利润9.08亿元，净资产收益率6.21%；国有资本保值增值率112.1%。

审计发现，南光集团在财务管理和会计核算方面存在的主要问题有：

(1) 至2016年底，南光集团总部未按规定将46.3亿元增资款在实收资本中反映，全额计入了资本公积。

(2) 2016年，南光集团未按规定将实际控制的3家企业纳入合并财务报表范围，涉及资产3 524.6万元。

(3) 至2016年底，南光集团总部为员工购买保险形成的在保险公司公共账户的资金结余375.36万元，未纳入集团账务核算。

资料来源：中华人民共和国审计署网站.

第一节　账户按经济内容分类

账户按其反映的经济内容不同，可以分为资产类、负债类、所有者权益类、成本类和损益类五大类。

一、资产类账户

资产类账户是反映企业各种资产增减变动及余额情况的账户，该类账户的特点是：借方登记增加数，贷方登记减少数，余额一般在借方。

资产分为流动资产和非流动资产，因此资产类账户又可分为流动资产账户和非流动资产账户。反映流动资产的账户有“库存现金”“银行存款”“应收账款”“应收票据”“其他应收款”“预付账款”“原材料”“在途物资”“库存商品”等；反映非流动资产的账户有“固定资产”“累计折旧”“无形资产”等。

二、负债类账户

负债类账户是反映企业各种债务增减变动及余额情况的账户，该类账户的特点是：借方登记减少数，贷方登记增加数，余额一般在贷方。

负债分为流动负债和非流动负债，因此负债类账户又可分为流动负债账户和非流动负债账户。反映流动负债的账户有“短期借款”“应付票据”“应付账款”“预收账款”“应付职工薪酬”“其他应付款”“应交税费”“应付利息”“应付股利”等；反映非流动负债的账户有“长期借款”“长期应付款”“应付债券”等。

三、所有者权益类账户

所有者权益类账户是反映企业投资人对企业净资产享有的权益增减变动及余额情况的账户，该类账户的特点是：借方登记减少数，贷方登记增加数，余额一般在贷方。所有者权益类账户包括“实收资本”“资本公积”“盈余公积”“本年利润”“利润分配”等。

四、成本类账户

成本类账户是反映企业产品生产成本和劳务成本增减变动及余额情况的账户，该类账户的特点是：借方登记增加数，贷方登记减少数，如果有余额，余额一般在借方。成本类账户包括“生产成本”“制造费用”“劳务成本”等。

五、损益类账户

损益类账户是反映企业利润形成情况的账户，其中“主营业务收入”“其他业务收入”“营业外收入”等账户借方登记减少和结转数，贷方登记增加数，期末没有余额；“主营业务成本”“税金及附加”“其他业务成本”“销售费用”“管理费用”“财务费用”“营业外支出”“所得税费用”等账户借方登记增加数，贷方登记减少数和结转数，期末没有余额。

现将账户按经济内容分类归纳，见图5-1。

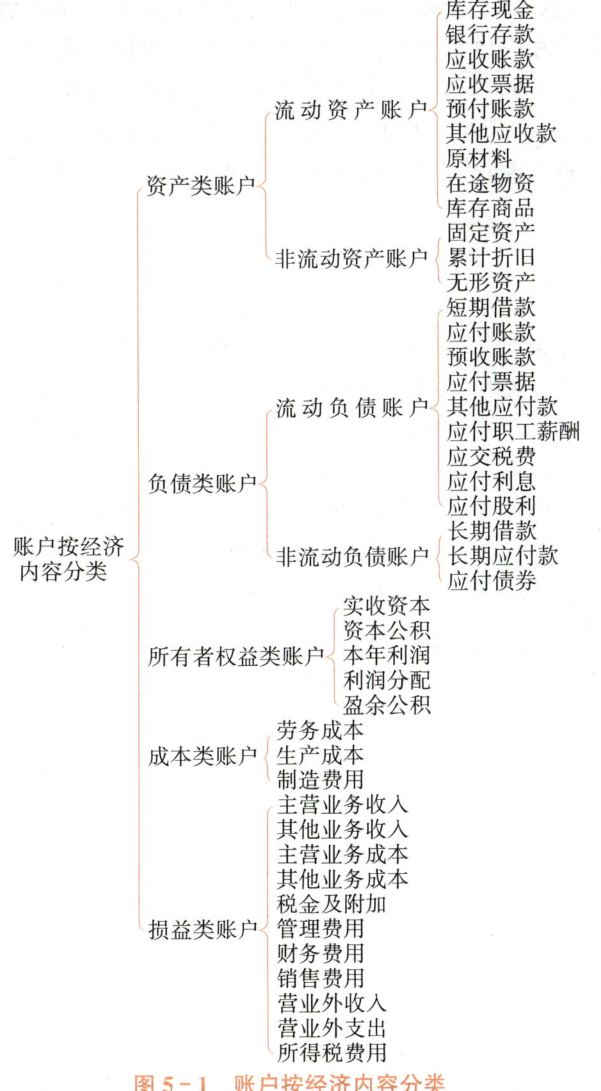

图5-1 账户按经济内容分类

同步思考

1. “预收账款”账户如果期末余额在借方，实质上是资产还是负债？
2. 所有者权益类账户有借方发生额吗？余额可能在借方吗？

第二节　账户按用途和结构分类

账户按经济内容分类，可以了解账户的性质，这种分类是最基本的账户分类方式，但按经济内容分类有时不能揭示账户的具体用途和结构特点。例如用来核算固定资产磨损价值的“累计折旧”账户，按其反映的经济内容应该属于资产类账户，但是它的结构和资产类账户不同，一般资产类账户，增加记借方，减少记贷方，期末余额在借方，而“累计折旧”账户计提折旧时记贷方，已提折旧的减少或注销记借方，期末余额在贷方。所以，为了揭示账户的具体用途和提供核算指标方面的规律性，以便正确地设置和运用账户，有必要在账户按经济内容分类的基础上，进一步将账户按用途和结构分类。

账户按其用途和结构不同，可以分为盘存账户、资本账户、结算账户、集合分配账户、成本计算账户、收入账户、费用账户、财务成果账户、计价对比账户、调整账户、暂记账户十一类。

一、盘存账户

盘存账户用来核算企业各项货币资金和财产物资的增减变动及其结存情况，包括“库存现金”“银行存款”“原材料”“库存商品”“固定资产”等账户。该类账户属于资产类账户，其结构特点是：借方登记各项货币资金和财产物资的增加，贷方登记各项货币资金和财产物资的减少，期末余额总是在借方，表示各项货币资金和财产物资的实存数。

盘存账户反映的各项货币资金和财产物资是企业内部控制的重点，可以通过实地盘点或核对的方法确定其实存数，以检查其账实是否相符。这样一方面可以保证会计记录真实可靠，另一方面可以保证各项货币资金和财产物资的安全完整。除“库存现金”和“银行存款”等货币资金账户外，其他盘存账户如“原材料”“库存商品”“固定资产”等通过明细核算，可以提供实物量和价值量两种指标，有利于加强财产物资管理。

盘存账户的结构见图 5－2。

盘存账户

借方	贷方
期初余额：货币资金、财产物资的期初实存数 发生额：本期货币资金、财产物资的增加	发生额：本期货币资金、财产物资的减少
期末余额：货币资金、财产物资的期末实存数	

图 5－2　盘存账户的结构

二、资本账户

资本账户用来核算企业所有者投入资本和公积金增减变动及其结存情况，包括“实收资本”“资本公积”“盈余公积”等账户。该类账户属于所有者权益类账户，其结构特点是：贷方登记所有者投入资本和公积金的增加，借方登记资本和公积金的减少，期末余额总是在贷方，表示资本和公积金的实有数。

资本账户反映的资本和公积金是企业投资者投入企业的资金与企业的内部积累，是企业生存发展和对外承担责任的经济基础，通过账户记录可以了解企业投资者投入资本的规模、资本保值增值情况等价值量指标。

资本账户的结构如图 5-3 所示。

资本账户

借方	贷方
发生额：本期资本和公积金的减少	期初余额：资本和公积金的期初实有数 发生额：本期资本和公积金的增加
	期末余额：资本和公积金的期末实有数

图 5-3　资本账户的结构

三、结算账户

结算账户用来核算企业与其他单位或个人之间债权债务增减变动及其结存情况。按照结算业务的不同，结算账户又可以分为债权结算账户、债务结算账户和债权债务结算账户三类。

（一）债权结算账户

债权结算账户用来核算企业与其他单位或个人之间的债权结算业务，包括“应收账款”“应收票据”“预付账款”“其他应收款”等账户。该类账户属于资产类账户，其结构特点是：借方登记债权的增加，贷方登记债权的减少，期末余额一般在借方，表示各项债权的实有数。

债权结算账户核算的内容属于企业的流动资产，它们能否及时如数收回对企业资金周转和资产安全有很大影响，因此它们也是企业内部控制的重点。债权结算账户按照债务人进行明细核算，提供价值量指标。企业应及时与债务人对账、结算，以保证会计记录的正确性和资产安全，并为企业加快资金周转和加强账款管理提供完备的信息。

债权结算账户的结构见图 5-4。

债权结算账户

借方	贷方
期初余额：各项债权的期初实有数 发生额：本期各项债权的增加	发生额：本期各项债权的减少
期末余额：各项债权的期末实有数	

图 5-4　债权结算账户的结构

动画微课：应收应付、预收预付如何辨析

（二）债务结算账户

债务结算账户用来核算企业与其他单位或个人之间的债务结算业务，包括“短期借款”“应付账款”“应付票据”“预收账款”“应付职工薪酬”“应付利息”“应交税费”“应付股利”“其他应付款”“长期借款”等账户。该类账户属于负债类账户，其结构特点是：贷方登记债务的增加，借方登记债务的减少，期末余额一般在贷方，表示各项债务的实有数。

债务结算账户核算的内容属于企业的负债，它们能否及时偿还，会影响企业的信誉。该类账户按照债权人进行明细核算，提供价值量指标，为企业负债管理提供详细的信息。

债务结算账户的结构见图5-5。

债务结算账户

借方	贷方
发生额：本期各项债务的减少	期初余额：各项债务的期初实有数 发生额：本期各项债务的增加
	期末余额：各项债务的期末实有数

图5-5　债务结算账户的结构

（三）债权债务结算账户

债权债务结算账户属于双重性质的结算账户，既核算债权结算业务，又核算债务结算业务。该类账户的结构特点是：借方登记债权（应收款项和预付款项）的增加和债务（应付款项和预收款项）的减少，贷方登记债务的增加和债权的减少；期末余额方向不固定，可能在借方，也可能在贷方。如在借方，表示尚未收回的债权净额；如在贷方，表示尚未偿付的债务净额。

如企业向某单位预付一笔货款，可以不设置“预付账款”账户，而是设置“应付账款”账户，预付货款时登记在该账户的借方，收到所购买的货物时将总货款登记在该账户的贷方，若预付货款大于总货款，该账户为借方余额，表示企业的债权，若预付货款小于总货款，该账户为贷方余额，表示企业的债务。这时“应付账款”账户既核算企业的应付账款，也核算企业的预付账款，属于债权债务结算账户。不设置“预收账款”账户的企业，也可以通过“应收账款”账户核算企业预收款项的增减变动及其结余情况。预收货款时登记在该账户的贷方，发出所销售的货物时将总货款登记在该账户的借方，若预收货款大于总货款，该账户为贷方余额，表示企业的债务；若预收货款小于总货款，该账户为借方余额，表示企业的债权。这时“应收账款”账户既核算企业的应收账款，也核算企业的预收账款，属于债权债务结算账户。有些企业还可能设置“其他往来”账户，集中核算企业与同一单位发生债权和债务的往来结算情况，它既核算其他应收款，也核算其他应付款，因此也属于债权债务结算账户。

在实际工作中运用债权债务结算账户，主要是为了简化账户设置和核算手续。按照往来单位设置明细账，提供价值量指标，为管理提供详细的信息，是债权债务结算账户和上述两类结算账户共同的特点。但债权债务结算账户应根据账户的余额方向判断账户的性质，账户的借方余额表示债权，贷方余额表示债务，总账账户的余额等于所属明细账户的借方余额之和与贷方余额之和的差额。

债权债务结算账户的结构见图5-6。

债权债务结算账户

借方	贷方
期初余额：债权的期初实有数 发生额：本期债权的增加、债务的减少	期初余额：债务的期初实有数 发生额：本期债务的增加、债权的减少
期末余额：债权的期末实有数	期末余额：债务的期末实有数

图5-6　债权债务结算账户的结构

四、集合分配账户

集合分配账户用来归集企业生产过程中所发生的需按一定标准分配计入有关成本核算对象的间接费用，也就是“制造费用”账户。该账户的结构特点是：借方登记各种间接费用的发生数，贷方登记间接费用的分配数，期末通常没有余额（季节性生产的企业除外）。

集合分配账户借方归集间接费用，贷方分配费用，具有明显的过渡性质，设置该账户的主要目的是简化成本核算；同时，该账户按不同的生产车间、部门和费用项目进行明细核算，提供价值量指标，有利于成本控制和分析。

集合分配账户的结构见图 5－7。

集合分配账户

借方	贷方
发生额：本期发生的各种间接费用	发生额：本期分配的间接费用

图 5－7　集合分配账户的结构

五、成本计算账户

成本计算账户用来核算企业生产经营过程中应计入成本核算对象的实际成本增减变动及其结余情况，在工业企业中主要指“生产成本”账户。该账户的结构特点是：借方登记应计入成本的全部费用，包括直接费用和按一定标准分配的间接费用，贷方登记完工转出的产品成本，期末余额在借方，表示尚未完工的在产品实际成本。

成本计算账户应当分别按照生产车间和成本核算对象设置明细账或成本计算单，并按照规定的成本项目设置专栏，为成本管理提供价值量、实物量指标。

成本计算账户的结构见图 5－8。

成本计算账户

借方	贷方
期初余额：期初在产品的实际成本 发生额：本期发生的生产成本	发生额：本期完工转出的产品成本
期末余额：期末在产品的实际成本	

图 5－8　成本计算账户的结构

六、收入账户

动画微课：
主营业务收入、
其他业务收入、
营业外收入如何区分

收入账户用来核算企业在一定会计期间内所取得的各种收入，包括“主营业务收入”“其他业务收入”“营业外收入”等账户。该类账户的结构特点是：贷方登记收入的增加，借方登记收入的减少和结转，期末没有余额。

收入账户汇集了企业本期所取得的收入，每个会计期间以零为起点进行核算，期末结转至“本年利润”账户，账户设置的主要目的是核算当期利润，同时该类账户按不同的业务种类和收入项目进行明细核算，提供价值量指标，有利于进行收入分析。

收入账户的结构见图 5-9。

收入账户

借方	贷方
发生额：本期收入的减少和结转	发生额：本期收入的增加

图 5-9　收入账户的结构

七、费用账户

费用账户用来核算企业在一定会计期间内所发生的各种费用，包括“主营业务成本”“其他业务成本”“税金及附加”“销售费用”“管理费用”“财务费用”“营业外支出”“所得税费用”等账户。该类账户的结构特点是：借方登记费用的增加，贷方登记费用的减少和结转，期末没有余额。

费用账户汇集了企业本期所发生的费用，账户设置的主要目的和收入账户一样，也是为了核算当期利润，每个会计期间以零为起点进行核算，期末结转至“本年利润”账户，同时该类账户按不同的业务种类和费用项目进行明细核算，提供价值量指标，有利于进行费用管理。

费用账户的结构见图 5-10。

费用账户

借方	贷方
发生额：本期费用的增加	发生额：本期费用的减少和结转

图 5-10　费用账户的结构

八、财务成果账户

财务成果账户用来核算企业在一定会计期间内全部生产经营活动的最终成果，具体为“本年利润”账户。该账户的结构特点是：贷方登记期末从收入账户转入的本期发生的各项收入，借方登记期末从费用账户转入的本期发生的各项费用，期末如为贷方余额，表示企业实现的净利润，若为借方余额，表示企业发生的净亏损；全年实现的利润或发生的亏损在年末结转至“利润分配”账户，年终结转后该账户没有余额。

财务成果账户集中反映了企业一定会计期间累计实现的利润或发生的亏损，随着年终转账该账户最终归零，下个年度开始该账户又从零开始核算下一年的盈亏。

财务成果账户的结构见图 5-11。

财务成果账户

借方	贷方
发生额：应计入当期利润的各项费用	发生额：应计入当期利润的各项收入
期末余额：截至本期末发生的净亏损 年终结转全年净利润	期末余额：截至本期末实现的净利润 年终结转全年净亏损

图 5-11　财务成果账户的结构

九、计价对比账户

计价对比账户用来核算企业按照两种不同的计价标准计价并进行对比，借以确定其业务成果的经济业务，如按计划成本进行材料日常核算的企业所设置的“材料采购”账户，其结构特点是：借方登记材料的实际采购成本，贷方登记入库材料的计划成本，将借贷两方材料的实际采购成本与计划成本对比，可以确定材料采购成本是超支还是节约，从而评价材料采购业务成果。本教材不涉及计价对比账户。

十、调整账户

调整账户用来调整被调整账户，以确定被调整账户的实际金额。将调整账户与被调整账户有机地联系起来，可以提供管理上所需要的特定指标。调整账户按其调整方式不同，可以分为备抵账户、附加账户和备抵附加账户三类。

（一）备抵账户

备抵账户亦称抵减账户，是用来抵减被调整账户的余额，以求得被调整账户实际余额的账户。备抵账户的余额方向与被调整账户的余额方向必定相反，如果被调整账户的余额在借方（或贷方），则备抵账户的余额一定在贷方（或借方）。

如“累计折旧”账户是“固定资产”账户的备抵账户，“累计折旧”账户专门核算固定资产的磨损价值，期末余额在贷方，而“固定资产”账户专门核算固定资产原价的增减变动，期末余额在借方。“固定资产”账户的借方余额减去“累计折旧”账户的贷方余额表示固定资产净值，反映固定资产的实际折余价值，两个账户结合起来既可以提供固定资产的原始价值，也可以反映固定资产的磨损价值和净值。

再如，“利润分配”账户也可以说是“本年利润”账户的备抵账户，不过因为“本年利润”账户年终须结转到“利润分配”账户，所以它们之间的调整关系仅存在于年度中间。年终结转前“本年利润”账户的期末贷方余额，反映截至期末本年已实现的利润，“利润分配”账户的借方余额，反映截至期末本年已分配的利润，用“本年利润”账户的贷方余额减去“利润分配”账户的借方余额，可以反映期末未分配利润。

备抵账户的调整方式可用下列公式表示：

被调整账户余额－备抵账户余额＝被调整账户的实际余额

（二）附加账户

附加账户是用来增加被调整账户的余额，以求得被调整账户实际余额的账户。附加账户的余额方向与被调整账户的余额方向一定相同，如果被调整账户的余额在借方（或贷方），则附加账户的余额也一定在借方（或贷方）。本教材未涉及具体的附加账户。

附加账户的调整方式可用下列公式表示：

被调整账户余额＋附加账户余额＝被调整账户的实际余额

（三）备抵附加账户

备抵附加账户是既可以用来抵减又可以用来增加被调整账户的余额，以求得被调整账户实际余额的账户。该类账户兼有备抵账户和附加账户两种功能，但不能同时起作用，其账户的余额方向与被调整账户的余额方向相反时，其调整方式与备抵账户相同，起到抵减被调整账户余额的作用；当账户的余额方向与被调整账户的余额方向相同时，其调整方式与附加账户相同，起到增加被调整账户余额的作用。例如采用计划成本进行材料日常核算的企业设置的“材料成本差异”账户，就属于备抵附加账户，用来调整按计划成本核算的“原材料”账户，本教材不做详细介绍。

十一、暂记账户

暂记账户用来核算企业财产清查中发现的盘盈、盘亏或毁损业务，具体是指“待处理财产损溢”账户，在批准处理前根据业务性质暂记在该账户的借方或贷方，批准处理以后将其转销。

以上账户按用途和结构的分类归纳如图 5－12 所示。

- 账户按用途和结构分类
  - 盘存账户
    - 库存现金
    - 银行存款
    - 原材料
    - 库存商品
    - 固定资产
  - 资本账户
    - 实收资本
    - 资本公积
    - 盈余公积
  - 结算账户
    - 债权结算账户
      - 应收账款
      - 应收票据
      - 预付账款
      - 其他应收款
    - 债务结算账户
      - 短期借款
      - 应付账款
      - 应付票据
      - 预收账款
      - 应交税费
      - 应付职工薪酬
      - 长期借款
      - 应付股利
      - 其他应付款
    - 债权债务结算账户
  - 集合分配账户——制造费用
  - 成本计算账户——生产成本
  - 收入账户
    - 主营业务收入
    - 其他业务收入
    - 营业外收入
  - 费用账户
    - 主营业务成本
    - 其他业务成本
    - 税金及附加
    - 管理费用
    - 销售费用
    - 财务费用
    - 营业外支出
    - 所得税费用
  - 财务成果账户——本年利润
  - 计价对比账户——材料采购
  - 调整账户
    - 累计折旧
    - 利润分配
  - 暂记账户——待处理财产损溢

图 5－12　账户按用途和结构分类

同步思考

1. 为什么要设置“利润分配”账户？
2. “预收账款”账户和“预付账款”账户的用途和结构有什么不同？

贴心提示

为什么要学习账户的分类？

在第四章学习了很多账户之后，把它们加以归类是非常必要的，可以帮助大家深入理解账户的用途、结构、特点，进一步提高账户设置和运用的能力。

例如，“应收账款”账户与“应付账款”账户、“预收账款”账户与“预付账款”账户虽然一字之差，但性质截然不同，“应收账款”“预付账款”属于资产类账户，“应付账款”“预收账款”属于负债类账户。不过从另一个角度看，它们又有着共同的特点，它们都是在物流与现金流不一致的情况下使用的，都是用来核算商品购销环节发生的债权债务，所以按照账户用途，我们可以把它们归为一类：结算账户。

就一项购销业务而言，如果货物交付和货款支付不同时进行，货物交付在前、货款支付在后，对于购买方来讲取得货物的同时增加了一笔应付账款负债，而对于销售方来讲销售货物取得收入的同时并没有收到货款，因而增加了一笔应收账款债权；对于购买方来讲支付货款表示偿还应付账款债务，对于销售方来讲收到货款表示收回应收账款债权。若货款支付在前、货物交付在后，对于购买方来讲货款支付时货币资金减少、预付账款债权增加，而对于销售方来讲收到货款，货币资金增加、预收账款债务增加；购买方收到货物时，对于购买方来讲预付账款转化为取得的货物，对于销售方来讲则是预收账款转化为实现的收入。而且购买方的应付账款、预付账款应该对应于销售方的应收账款和预收账款，理解了它们之间的联系，不仅能够使我们对账户的用途认识更加清楚，还可以为单位往来账款的管理提供清晰的分析思路。

自测题

在线自测

一、单项选择题

1. 成本类账户期末如有余额，这个余额属于企业的（　　）。
A. 资产　B. 负债　C. 权益　D. 损益
2. 下列账户按照经济内容分类属于资产类账户的是（　　）。
A. “短期借款”　B. “累计折旧”　C. “生产成本”　D. “营业外收入”
3. 下列账户中，不属于负债类账户的是（　　）。
A. “长期借款”　B. “其他应收款”　C. “应交税费”　D. “应付账款”
4. 下列账户中，属于成本类账户的是（　　）。
A. “无形资产”　B. “财务费用”　C. “管理费用”　D. “制造费用”

5. 下列账户中，属于损益类账户的是（　　）。
A. “生产成本”　　B. “制造费用”　　C. “营业外收入”　　D. “应交税费”
6. 下列账户中，属于备抵账户的是（　　）。
A. “本年利润”　　B. “累计折旧”　　C. “原材料”　　D. “固定资产”
7. 下列账户中，按用途和结构分类属于债务结算账户的是（　　）。
A. “短期借款”　　B. “应收票据”　　C. “应收账款”　　D. “预付账款”
8. 下列账户中，属于集合分配账户的是（　　）。
A. “生产成本”　　B. “制造费用”　　C. “管理费用”　　D. “财务费用”
9. “本年利润”账户按用途和结构分类属于（　　）账户。
A. 调整　　B. 暂记　　C. 收入　　D. 财务成果
10. 下列账户中按经济内容分类不属于资产类账户的有（　　）。
A. “累计折旧”　　B. “预收账款”　　C. “其他应收款”　　D. “库存商品”

二、多项选择题

1. 下列各账户中，按经济内容分类属于资产类账户的有（　　）。
A. “固定资产”　　B. “无形资产”　　C. “累计折旧”　　D. “本年利润”
2. 下列各账户中，按经济内容分类属于负债类账户的有（　　）。
A. “其他应付款”　　B. “长期借款”　　C. “制造费用”　　D. “实收资本”
3. 下列各账户中，按经济内容分类属于所有者权益类账户的有（　　）。
A. “实收资本”　　B. “本年利润”　　C. “预付账款”　　D. “利润分配”
4. 下列各账户中，按经济内容分类属于损益类账户的有（　　）。
A. “主营业务成本”　　B. “生产成本”　　C. “管理费用”　　D. “所得税费用”
5. 下列各账户中，按用途和结构分类属于盘存账户的有（　　）。
A. “库存现金”　　B. “原材料”　　C. “固定资产”　　D. “库存商品”
6. 下列各账户中，按用途和结构分类属于结算账户的有（　　）。
A. “应收账款”　　B. “预付账款”　　C. “利润分配”　　D. “其他应收款”
7. 下列各账户中，按用途和结构分类不属于成本计算账户的有（　　）。
A. “生产成本”　　B. “主营业务成本”
C. “其他业务成本”　　D. “制造费用”
8. 下列各账户中，按用途和结构分类属于备抵账户的有（　　）。
A. “固定资产”　　B. “累计折旧”
C. “待处理财产损溢”　　D. “利润分配”

三、判断题

1. “累计折旧”账户按经济内容分类属于资产类账户。（　　）
2. 调整账户的余额一定和被调整账户的余额方向相反。（　　）
3. 反映相同经济内容的账户可能具有不同的用途和结构。（　　）
4. 债权债务结算账户的余额一定在借方。（　　）
5. 备抵附加账户究竟属于备抵性质还是附加性质，取决于其余额的方向是否与被调整账户余额的方向一致，如果一致，为附加账户，反之为备抵账户。（　　）

6. 每个明细分类账户余额的方向总是同其所隶属的总分类账户余额的方向相同。（　　）

四、简答题

1. 简述盘存账户的用途和结构。
2. 简述财务成果账户的结构特点。
3. 为什么要设置备抵账户？
4. 为什么要设置集合分配账户？

五、综合业务题

目的：练习账户的设置和分类。

资料：某企业12月初有关总分类账户余额见表5－1。

表5－1　总分类账户余额　　单位：元

账户	借方余额	账户	贷方余额
库存现金	1 600	累计折旧	500 000
银行存款	200 000	应付账款	170 000
应收账款	150 000	实收资本	1 700 000
原材料	98 400	本年利润	200 000
生产成本	520 000		
固定资产	1 600 000		
合计	2 570 000	合计	2 570 000

12月份发生如下经济业务：

1. 取得银行短期借款600 000元。

2. 购进材料700 000元，增值税税率为13%，取得增值税专用发票。材料已验收入库，开出银行承兑汇票一张支付货款及税金。

3. 偿还前欠某单位货款100 000元，已从银行转账。

4. 厂部采购员张某出差前预借差旅费1 000元，以现金支付。

5. 销售一批产品，总售价600 000元，增值税税率为13%，款项已收存银行。

6. 计算本月职工工资，其中生产工人工资70 000元，车间管理人员工资19 000元，厂部管理人员工资11 000元。

7. 接受投资300 000元，其中货币资金120 000元已收存银行，收到一台机器作价180 000元。

8. 销售产品一批，售价800 000元，增值税税率为13%，款项尚未收到。

9. 用现金支付广告费用1 000元（假设忽略增值税）。

10. 以银行存款支付厂部办公用品费用2 000元（假设忽略增值税）。

11. 仓库报来发料汇总表，其中生产产品领用520 000元，车间维修领用50 000元，厂部领用30 000元，共计600 000元。

12. 采购员张某出差回来，报销差旅费800元，余款交回财务科。

13. 支付本月借款利息6 000元。

14. 以银行存款支付前欠货款40 000元。

15. 根据期初固定资产账面余额计提折旧，年折旧率为5%，其中生产部门占80%，厂部占20%。

16. 结转本月制造费用（假设本企业只生产一种产品）。

17. 结转本月完工产品成本1 160 000元。

18. 结转本月主营业务成本1 050 000元。

19. 按主营业务收入的5%计算本月应交消费税。

20. 按本月利润总额的25%计算本月应交所得税。

21. 结转本月损益。

22. 结转全年净利润，并按全年净利润的10%提取法定盈余公积金。

要求：1. 根据资料编制会计分录，登记“生产成本”账户（T形账户）。

2. 将所运用到的账户按经济内容进行归类。

第六章

会计凭证

学习目标

通过本章的学习，学生应能够认识会计凭证的作用及种类，能够辨别各种常用的原始凭证，并学会填制原始凭证和记账凭证。

素养目标

1. 以“求真务实”的态度掌握会计凭证的内容和填制要求。

2. 理解会计凭证在整个会计工作中的重要性，进一步领会会计信息质量可靠性要求。

重点与难点

1. 原始凭证和记账凭证的填制要求和审核要求。

2. 原始凭证和记账凭证的填制方法。

实践活动

1. 创设一个线上线下相结合的原始凭证分享场景，把日常生活中接触到的或者网上搜索到的票据（如缴费收据、购物凭证、转账记录等）带到本章内容学习中来，体会“纸上得来终觉浅，绝知此事要躬行”的意蕴。

2. 模拟一项具体的经济业务，如出差报销业务，通过出差人、出纳、审核、记账等角色扮演的形式，真正掌握原始凭证填制、传递、审核流程以及记账凭证填制要领，感受“耳闻之不如目见之，目见之不如足践之，足践之不如手辨之”的道理。

引例

捉“贼”记

项目主审小张和几位同事对一执法部门进行审计，审计过程中发现有几笔支出报销金额较大，且都是由司机李某经手。该单位现金管理相当严格，报销都由单位领导签字同意，一般过千的现金支出都很少。相关凭证已经不知道看了几遍，突然一个细节引起了小张的注意。

这张报销单封面总金额是 30 100 元，报销内容有两项，分两行填列，第一行是石油，金额 100 元，第二行是宣传费用，金额 30 000 元，后附原始凭证 4 张，依次为一张中石化加油发票，金额 100 元；一张税务局代开宣传费用的发票，金额 29 800 元；两张 100 元的定额手撕发票。通过仔细观察，小张觉得这张单据经过了人为的改造。

首先看附件数的书写状态好像有改动的痕迹，由“1”改成了“4”；再看报销单封面的金额，小写部分“30 100”前面的“30”好像是后来加上去的，大写部分的改动痕迹更明显；另外报销内容的填列也不符合常理，一般习惯是先写金额较大的事项，尤其是相差如此悬殊的情况下，极少有人会把 100 元的加油费写在 30 000 元的宣传费用之上。

小张脑子里冒出一个大胆的假设，如果这些真的是人为的改动，那么也就是说领导签字同意的报销金额实际是 100 元的加油费用，其他 30 000 元是后来加上去的。小张又把其他几笔账逐笔核对，每一笔都是类似的情况。接下来的两天里，小张和该单位领导取得联系，印证了自己的判断，原来，李某先找领导签批小额费用，再通过改造变成大额费用，而财务人员见有领导签字，前后单据金额又相符，发票也都是真发票，便将款项兑付。

审计组研究决定，将审计线索移送当地公安部门进行处理。由于案情明确、证据确凿，李某面对的必将是法律的严惩。

资料来源：中华人民共和国审计署网站.

第一节　会计凭证概述

一、会计凭证的含义

在实际工作中，会计记账必须以合法的凭证为依据。会计凭证是记录经济业务发生或完成情况、明确经济责任的书面证明，它是登记账簿的依据。

填制、取得会计凭证是会计工作的起点和基础。任何单位发生的每一项经济业务，都要由执行和完成该项经济业务的有关人员填制或取得会计凭证，办理凭证手续，记录经济业务的有关内容，并且相关人员要在凭证上签名或盖章，以对凭证的真实性、合法性、正确性负责。会计凭证还必须经过会计人员和有关主管人员严格审核，只有审核无误的会计凭证才能作为登记账簿的依据。

二、会计凭证的作用

填制和审核会计凭证是如实反映和有效监督经济活动的一种专门的会计核算方法，它对于充分发挥会计职能、保证会计信息质量具有重要意义，它的作用具体表现在以下几方面。

（一）可以如实记录经济业务的实际完成情况

对单位发生的一切经济业务，如资金的取得和运用、生产费用的发生和产品成本的形成、销售收入的取得和利润的形成与分配等，通过填制会计凭证，可以对经济业务进行全面记录，如实反映经济业务的实际完成情况，为会计分析和会计检查提供必要的基础资料。

（二）可以监督各项经济业务的合法性，充分发挥会计监督的作用

通过会计凭证的填制和审核，可以检查企业的现金收付、财产收发、商品购销、债权

债务结算及费用发生等一切经济业务是否符合国家的政策、法规和制度的规定，可以及时发现经济管理上存在的问题和管理制度上可能存在的漏洞，从而防止铺张浪费、贪污、盗窃等行为及违法乱纪的现象，发挥会计监督的作用，保护财产的安全完整。

（三）记账的基本要求

要保证会计核算资料的真实性、客观性和合法性，不仅要在经济业务发生时及时取得和填制各种会计凭证，并且要认真地审核，才能作为登记账簿的基本依据。没有办理凭证手续，任何一项经济业务都不能登记到账簿中去，同时也不允许先记账再补办凭证手续。

（四）可以加强经济管理责任制

由于每一项经济业务都要由经办业务的部门和有关人员办理凭证手续，并由有关人员签名或盖章，对经济业务的真实性和合法性负责，从而加强了他们的责任感，一方面有利于单位领导对有关人员进行考查，另一方面一旦发生了问题，可以借助会计凭证追查责任。

三、会计凭证的种类

会计凭证是多种多样的，按其填制程序和用途的不同，可以分为原始凭证和记账凭证。

⇨ 同步思考

企业办理经济业务为什么要填制凭证？

第二节 原始凭证

一、原始凭证的种类

原始凭证是在经济业务发生时取得或填制的，用来记录和证明经济业务的发生或完成情况的具有法律效力的原始证据。它是进行会计核算的原始资料和依据。任何单位发生每一项经济业务时，都必须取得或填制原始凭证。

原始凭证按其取得来源的不同，可分为自制原始凭证和外来原始凭证两种。

（一）自制原始凭证

自制原始凭证是指由本单位内部经办业务的部门或个人在执行和完成某项经济业务时填制的原始凭证。

自制原始凭证按其填制手续不同，可分为一次凭证、累计凭证和汇总凭证。

1. 一次凭证

一次凭证是指填制手续一次完成，只反映一项经济业务或同时反映若干项同类经济业务的发生或完成情况的原始凭证。绝大多数自制原始凭证都是一次凭证。例如，企业购进材料验收入库时由仓库保管人员填制的收料单、车间或班组从仓库领用材料时填制的领料单等都是一次凭证。

【例 6-1】 20××年 3 月 23 日，新华工厂一车间生产 A 产品领用甲材料1 000千克，甲材料每千克 50 元。由一号仓库保管员张琳填制的领料单如表 6-1 所示。

表 6-1　领料单

领料部门：一车间　　　　　　　　　　　　　　　　　　　　　　　编号：A201
用　　途：A 产品　　　　　　　　20××年 3 月 23 日　　　　　　　仓库：一号仓库

材料编号	名称及规格	计量单位	数量		单价（元）	金额
			请领	实发		
	甲材料	千克	1 000	1 000	50	50 000.00
备注					合计	50 000.00

记账：王梅　　　　　　发料：张琳　　　　　　审批：居路　　　　　　领料：陈飞

2. 累计凭证

累计凭证是指在一定时期内连续记载同类重复发生的经济业务的原始凭证。这种凭证的填制手续不是一次完成的，而是把发生的同类经济业务连续登记在一张凭证上，可随时计算出累计发生数，直到期末计算总数后，凭证填制手续才算完成。对经常发生的同类经济业务填制累计凭证，一方面可以减少原始凭证的数量，简化会计核算工作；另一方面可以随时将某项业务的实际数与定额或预算进行对比，有利于事前控制。例如工业企业使用的“限额领料单”就是累计凭证。

【例 6-2】 新华工厂二车间 20××年 4 月份生产 B 产品所用甲材料消耗定额为8 000千克，甲材料每千克 50 元。二车间 4 月份领用甲材料共 7 800 千克，其填制的限额领料单如表 6-2 所示。

表 6-2　限额领料单

领料部门：二车间　　　　　　　　　　　　　　　　　　　　　　　编号：B201
用　　途：B 产品　　　　　　　　20××年 4 月　　　　　　　　　仓库：一号仓库

材料编号	名称及规格	计量单位	计划单价	领用限额	全月实领															
					数量	单价							金额							
						万	千	百	十	元	角	分	十	万	千	百	十	元	角	分
	甲材料	千克	50	8 000	7 800				5	0	0	0	3	9	0	0	0	0	0	0

日期	领用		实发			退料			限额结余数量
	数量	领料人	数量	领料人	发料人	数量	领料人	发料人	
3	2 000	陈飞	2 000	陈飞	张琳				6 000
12	3 500	陈飞	3 500	陈飞	张琳				2 500
23	1 000	陈飞	1 000	陈飞	张琳				1 500
28	1 300	陈飞	1 300	陈飞	张琳				200
合计	7 800		7 800						200

供应部门：张向阳　　　　　　　　生产计划部门：胡泉　　　　　　　　仓库：张琳

3. 汇总凭证

汇总凭证又称原始凭证汇总表，是指将一定时期内若干同类性质的经济业务的多张原始凭证加以汇总而编制的凭证。它可以集中反映某类经济业务，提供经营管理所需的总量指标，并简化记账凭证的填制工作，例如发料汇总表就属于汇总原始凭证。

【例6-3】 20××年5月1日至10日，新华工厂一、二车间生产领用甲材料共填制30份领料单，据其填制的发料汇总表如表6-3所示。

表6-3 发料汇总表

20××年5月1日—10日 （附件30张）

材料类别：甲材料 单位：元

用途	领料部门	第一仓库	第二仓库	总计
生产耗用	一车间	2 000.00	1 000.00	3 000.00
	二车间	4 000.00		4 000.00
一般耗用	一车间	300.00		300.00
	二车间	500.00	350.00	850.00
总计		6 800.00	1 350.00	8 150.00

会计主管：金明 记账：王梅 复核：赵阳 制表：朱军

（二）外来原始凭证

外来原始凭证是指在同外单位或个人发生经济往来时，从企业外部取得的原始凭证。外来原始凭证一般都是一次凭证。例如，以货币资金对外投资取得被投资单位的收款收据，采购材料从外单位取得的增值税专用发票，支付运输部门运费取得的发票，从银行付款的电汇凭证，银行的收款或支款通知，从银行借款的借款借据，以及火车、轮船、飞机等交通工具的票据等，都是外来原始凭证。

【例6-4】 20××年3月5日，新华工厂对万达公司以货币资金投资，金额1 800 000元。新华工厂收到万达公司开具的收款收据如表6-4所示。

表6-4 收款收据

收 据

20××年3月5日 №：015985

交款单位名称（或姓名）	新华工厂
摘 要	投资款
人 民 币	（大写）壹佰捌拾万元整 ￥1 800 000.00
备 注	

单位盖章： 出纳：张萍 经手人：李涛

【例6-5】 20××年3月15日，新华工厂从宏顺工厂购入甲材料，以现金1 635元支付材料运费。新华工厂收到运输单位开具的运费发票如表6-5所示。

【例6-6】 20××年3月22日，新华工厂从宏达工厂购入甲材料15吨，单价2 000元，计买价30 000元，进项税额3 900元，增值税专用发票已取得，材料已验收入库，款项已通过银行电汇。新华工厂收到宏达工厂开具的增值税专用发票（发票联）及从银行取得的电汇凭证分别如表6-6、表6-7所示。

表 6-5　运费发票

货物运输业增值税专用发票　　　　№：02133805

222000410175
02133805

此联不作报销扣税凭证使用　　　　开票日期：20××年3月15日

承运人及 纳税人识别号	连云港万通运输公司 320705589061043	密码区	-780/94+8+*2>73*7/346<91<851+6914 -4-/2+10828/>6663 -/2+44-00946<*214-5 852*0/2/1905<10*49<23* -/8*-83271 44+5//>755>8*07>9>>+*
实际受票方及 纳税人识别号	新华工厂 320705222065238		
收货人及 纳税人识别号	新华工厂 320705222065238	发货人及 纳税人识别号	宏顺工厂 320705111075239
起运地、经由、到达地	东海到新浦		
费用项目及金额	费用项目：甲材料运费　金额：1 500.00 费用项目　金额	运输货物信息	
合计金额	¥1 500.00　税率 9%　税额 ¥135.00	机器编号	000000000207015
价税合计（大写）	⊗壹仟陆佰叁拾伍元整	（小写）	¥1 635.00
车种车号	车船吨位	备注	
主管税务机关及代码	连云港地方税务局 320705		

收款人：张飞　　复核人：王标　　开票人：张思宝　　承运人：（章）

第一联　发票联　付款方报销凭证

表 6-6　专用发票

江苏省增值税专用发票

发　票　联　　　　№：003691166

开票日期：20××年3 月 22 日

购货方	名　　称：新华工厂 纳税人识别号：320705222065238 地 址、电 话：江苏省南通市江海路169号 83558268 开户行及账号：中国工商银行江苏省分行江海支行 3206021135984216655233	密码区	382 * 5 − 28265 > +56 > 428+ * * 6>5 − 95 < − − 8267 ／8 * 92 ／363+ − 39 ／2 − ／89+6389663 < 7 * 56 > 2 > 3 * 63908 ／94 > >06	加密版本：01 3200152280 003691166

货物或应税劳务、服务名称	规格型号	单位	数量	单价	金额	税率	税额
甲材料		吨	15	2 000	30 000	13%	3 900
合　计					¥30 000	13%	¥3 900
价税合计（大写）	⊗ 叁万叁仟玖佰元整						（小写）¥33 900.00

销售方	名　　称：宏达工厂 纳税人识别号：430205324306889 地 址、电 话：江苏省如皋市城山路65号 83576905 开户行及账号：中国工商银行江苏省分行城山支行 32001648663256118264	备注	

收款人：李平　　复核：张阳　　开票人：丁玲　　销售方：（章）

第二联　发票联　购货方记账凭证

表 6-7 电汇凭证

中国工商银行 电汇凭证（回 单） 1

委托日期20××年3月22日

<table>
<tr><td rowspan="3">汇款人</td><td>全 称</td><td colspan="3">新华工厂</td><td rowspan="3">收款人</td><td>全 称</td><td colspan="3">宏达工厂</td></tr>
<tr><td>账号或地址</td><td colspan="3">江苏省南通市江海路169号</td><td>账号或地址</td><td colspan="3">江苏省如皋市城山路65号</td></tr>
<tr><td>汇出地点</td><td>江苏省南通市</td><td>汇出行名称</td><td>中国工商银行江苏省分行江海支行</td><td>汇入地点</td><td>江苏省如皋市</td><td>汇入行名称</td><td>中国工商银行江苏省分行城山支行</td></tr>
<tr><td>金额</td><td>人民币（大写）</td><td colspan="4">叁万叁仟玖佰元整</td><td colspan="4">千 百 十 万 千 百 十 元 角 分
¥ 3 3 9 0 0 0 0</td></tr>
<tr><td colspan="5">汇款用途：付材料款
上列款项已根据委托办理，如需查询，请持此回单来行面洽。
单位主管 会计 复核 记账</td><td colspan="5">汇出行盖章
年 月 日</td></tr>
</table>

此联为汇出行给汇款人的回单

【例 6-7】 20××年 3 月 26 日，新华工厂收到光大工厂预订 100 件 B 产品的货款 100 000 元存入银行。新华工厂收到的银行进账单如表 6-8 所示。

表 6-8 银行进账单

中国工商银行 进账单（收账通知） 3

20××年3月26日

<table>
<tr><td rowspan="3">收款人</td><td>全 称</td><td colspan="3">新华工厂</td><td rowspan="3">付款人</td><td>全 称</td><td>光大工厂</td></tr>
<tr><td>账 号</td><td colspan="3">3206021135984216655233</td><td>账 号</td><td>28075316875284328995</td></tr>
<tr><td>开户银行</td><td colspan="3">中国工商银行江苏省分行江海支行</td><td>开户银行</td><td>中国工商银行江苏省分行西桥支行</td></tr>
<tr><td>金额</td><td>人民币（大写）</td><td colspan="3">壹拾万元整</td><td colspan="3">亿 千 百 十 万 千 百 十 元 角 分
¥ 1 0 0 0 0 0 0 0</td></tr>
<tr><td>票据种类</td><td>转账</td><td>票据张数</td><td>1</td><td colspan="4" rowspan="3">收款人开户银行签章</td></tr>
<tr><td>票据号码</td><td colspan="3"></td></tr>
<tr><td colspan="4">复核 记账</td></tr>
</table>

此联是收款人开户银行交给收款人的收账通知

【例 6-8】 20××年 4 月 1 日，新华工厂从银行借款 300 000 元存入其开户银行账户，期限为半年，年利率 8%，利息按季支付。新华工厂收到的银行借款借据如表 6-9 所示。

无论是自制原始凭证还是外来原始凭证，都是用来证明经济业务已经发生或完成的凭证，凡是不能证明经济业务已经发生或完成的文件，如材料请购单、经济合同、派工单等都不能作为原始凭证，也就不能作为记账的依据。

表 6-9　银行借款借据

中国工商银行　　借款借据（回单）

20××年 4 月 1 日

银行编号：　　　　　　　　　　　　　　　　№：0002288

<table>
<tr><td rowspan="2">借款单位名称</td><td rowspan="2" colspan="2">新华工厂</td><td>放款账号</td><td colspan="5"></td><td colspan="2" rowspan="2">利率</td><td colspan="3" rowspan="2">8%</td></tr>
<tr><td>存款账号</td><td colspan="5">32060211359842166 55233</td></tr>
<tr><td rowspan="2">借款金额(大写)</td><td rowspan="2" colspan="3">叁拾万元整</td><td>千</td><td>百</td><td>十</td><td>万</td><td>千</td><td>百</td><td>十</td><td>元</td><td>角</td><td>分</td></tr>
<tr><td></td><td>¥</td><td>3</td><td>0</td><td>0</td><td>0</td><td>0</td><td>0</td><td>0</td><td>0</td></tr>
<tr><td>约定还款日期</td><td colspan="2">本年度10月1日</td><td rowspan="2">借款种类</td><td rowspan="2">短期借款</td><td rowspan="2" colspan="2">借款合同号码</td><td rowspan="2" colspan="7">20××-4-112</td></tr>
<tr><td>展期到期日期</td><td colspan="2">年　月　日</td></tr>
<tr><td rowspan="4">借款直接用途</td><td>1. 购入原材料</td><td colspan="2">4.</td><td rowspan="4">还款记录</td><td>年</td><td>月</td><td>日</td><td colspan="3">还款金额</td><td colspan="3">余额</td></tr>
<tr><td>2.</td><td colspan="2">5.</td><td></td><td></td><td></td><td colspan="3"></td><td colspan="3"></td></tr>
<tr><td>3.</td><td colspan="2">6.</td><td></td><td></td><td></td><td colspan="3"></td><td colspan="3"></td></tr>
<tr><td></td><td colspan="2"></td><td></td><td></td><td></td><td colspan="3"></td><td colspan="3"></td></tr>
<tr><td colspan="8">根据签订的借款合同和你单位申请借款用途，经审查同意发放上列金额贷款
中国工商银行　　　　批准人</td><td colspan="6">20××年 4 月 1 日</td></tr>
</table>

此联退交借款单位

二、原始凭证的基本内容

由于经济业务是多种多样的，因此用来记录经济业务的原始凭证也是多种多样的。例如，收料单记录原材料的收入，而领料单记录原材料的发出，两者的具体内容显然不同。虽然原始凭证的名称、格式和反映的具体内容不同，但是无论哪一种原始凭证，都应该说明经济业务的执行和完成情况，明确经办业务部门和人员以及有关单位的经济责任。因此，各种原始凭证又都具有共同的基本内容。原始凭证所包括的基本内容通常称为凭证要素，具体包括：

（1）原始凭证的名称。

（2）填制凭证的日期。

（3）填制和接受原始凭证单位的名称。

（4）经济业务的内容。

（5）经济业务的数量、单价和金额。

（6）填制单位和有关人员的签名盖章。

三、原始凭证的填制

自制原始凭证是由本单位根据经济业务的执行和完成情况直接填制的。例如，领料单根据实际领用材料的名称和数量等填列。还有一部分自制原始凭证是根据账簿资料把某类经济业务加以分析、整理后编制而成的。例如，月末为了计算产品成本，必须根据“制造费用”账户本月借方发生额，编制制造费用分配表，将本月发生的全部制造费用按一定的分配标准分配到各种产品成本中去。

【例 6-9】 新华工厂 20××年 5 月份发生制造费用 7 040 元，以生产 A、B 产品的工时为标准分配制造费用，其编制的制造费用分配表如表 6-10 所示。

表 6-10 制造费用分配表

20××年 5 月 31 日 单位：元

产品名称	分配标准（工时）	分配率	分配金额
A 产品	4 800		3 840
B 产品	4 000		3 200
合计	8 800	0.80	7 040

审核：赵阳 制表：江军

外来原始凭证是由外单位或个人填制的，和自制原始凭证一样，必须具备证明经济业务的实际完成情况和明确经济责任的一切内容。

为了保证原始凭证能够正确、及时、完整、清晰地反映经济业务的实际情况，原始凭证的填制必须符合下列基本要求。

（一）记录真实

填制在凭证上的内容和数字，必须真实可靠，与有关经济业务完全吻合，不允许任何歪曲或弄虚作假。例如，材料入库时必须验收数量、检查质量，然后按照实际入库材料的数量和质量填制收料单。

（二）内容完整

原始凭证的全部内容均须逐项填写齐全，不可遗漏。项目填写不全的原始凭证，既不能作为经济业务的合法证明，也不能作为有效的会计凭证。购买实物的原始凭证，必须有验收证明；支付款项的原始凭证，必须有收款单位和收款人的收款证明；经上级有关部门批准的经济业务，应当将批准文件作为原始凭证附件，如果批准文件需要单独归档，应当在凭证上注明批准机关名称、日期和文件字号；发生销货退回的，除填制退货发票外，还必须有退货验收证明；退款时，必须取得对方的收款收据或者汇款银行的凭证。

（三）填制及时

经济业务执行和完成后必须及时填制、取得原始凭证，并及时送交会计机构。

（四）手续完备

原始凭证的填制必须手续完备。从外单位取得的原始凭证，必须盖有填制单位的公章；从个人取得的原始凭证，必须有填制人员的签名或者盖章；自制原始凭证必须有经办单位领导或者其指定的人员签名或者盖章；对外开出的原始凭证，必须加盖本单位公章。

从外单位取得的原始凭证如有遗失，应当取得原开出单位盖有公章的证明，并注明原来凭证的号码、金额和内容等，由经办单位会计机构负责人、会计主管人员和单位领导批准后，才能代作原始凭证。如果确实无法取得证明，如火车票、轮船票、飞机票等凭证，由当事人写明详细情况，由经办单位会计机构负责人、会计主管人员和单位领导批准后，代作原始凭证。

（五）书写清楚规范

原始凭证上的数字和文字必须填写清楚，易于辨认；填有大写和小写金额的原始凭证，大写和小写金额必须相符，并且要遵循下列要求：

（1）阿拉伯数字应当一个一个地写，不得连笔写。阿拉伯金额数字前面应当书写货币币种符号或者货币名称简写和币种符号，如人民币符号“¥”。币种符号与阿拉伯数字之间不得留有空白。凡阿拉伯数字前面有币种符号的，数字后面不再写货币单位。

（2）所有以“元”为单位的阿拉伯数字，除表示单价等情况外，一律填写到角分；无角分的，角位和分位可写“00”，或者符号“—”；有角无分的，分位应当写“0”，不得用符号“—”代替。

（3）汉字大写数字金额如零、壹、贰、叁、肆、伍、陆、柒、捌、玖、拾、佰、仟、万、亿等，一律用正楷或行书体书写，不得用〇、一、二、三、四、五、六、七、八、九、十等简化字代替，不得任意自造简化字。大写金额数字到元或者角为止的，在“元”或者“角”字之后应当写“整”字或者“正”字；大写金额数字有分的，分字后面不写“整”字或者“正”字。

（4）大写金额数字前未印有货币名称的，应当加填货币名称，货币名称与数字之间不得留有空白。

（5）阿拉伯金额数字中间有“0”时，汉字大写金额要写“零”字；阿拉伯数字金额中间连续有几个“0”时，汉字大写金额可以只写一个“零”字；阿拉伯数字金额元位是“0”，或者数字中间连续有几个“0”、元位也是“0”但角位不是“0”时，汉字大写金额可以只写一个“零”字，也可以不写“零”字。如将¥600 095.00写成汉字大写金额应为：人民币陆拾万零玖拾伍元整；将¥2 008.20写成汉字大写金额应为：人民币贰仟零捌元贰角整；将¥800 660.15写成汉字大写金额应为：人民币捌拾万零陆佰陆拾元壹角伍分，或者人民币捌拾万陆佰陆拾元壹角伍分。

四、原始凭证的审核

为了保证原始凭证的合法性和真实性，会计人员必须对原始凭证进行严格的审查和核对。审核原始凭证不仅是正确组织会计核算和进行会计检查的重要方面，也是实行会计监督的重要手段。可以说，原始凭证的审核是实行会计监督的第一道关口，只有经过审核合格的原始凭证，才能作为编制记账凭证和登记账簿的依据。

审核原始凭证，主要从以下四个方面入手。

（一）真实性审核

审核原始凭证本身是否真实以及原始凭证反映的经济业务内容是否真实，即确定原始凭证是否虚假，是否存在伪造或涂改等情况；核实原始凭证是否真实地反映了经济业务的发生或完成情况，是否存在巧立名目、虚报冒领等情况。

（二）合法性审核

根据国家有关政策、法规和制度，审核经济业务内容是否合理、合法，是否符合有关规定，有没有违反财经纪律等违法乱纪的行为；审核经济业务的内容是否符合有关的审批权限和手续，是否符合规定的开支标准，是否擅自扩大开支范围，有无滥发钱物等情况。

（三）完整性审核

根据原始凭证的基本内容要求，审核原始凭证的各项目是否填写齐全，是否经过主管人员审批同意，手续是否完备，文字是否清楚，有关经办人员是否都已签名或盖章等。

（四）正确性审核

审核原始凭证的摘要和数字及其他项目是否正确，数量、单价、金额、合计数的计算有无差错，大写与小写金额是否相符等。

会计人员在原始凭证的审核过程中，必须坚持原则，履行职责。《会计法》明确规定：会计机构、会计人员必须按照国家统一的会计制度的规定对原始凭证进行审核，对不真实、不合法的原始凭证有权不予接受，并向单位负责人报告；对记载不准确、不完整的原始凭证予以退回，并要求按照国家统一的会计制度的规定更正、补充；原始凭证记载的各项内容均不得涂改；原始凭证有错误的，应当由出具单位重开或更正，更正处应加盖出具单位印章；原始凭证金额有错误的，应当由出具单位重开，不得在原始凭证上更正。

⇨ 同步思考

1. 企业组织员工旅游，支付给旅行社 50 000 元，原始凭证是什么？
2. 企业购买原材料，有哪些具体的原始凭证？

第三节　记账凭证

由于原始凭证不能清楚地表明应记入账户的名称和方向，为了便于记账，就有必要将原始凭证所反映的经济业务加以归纳和整理，编制记账凭证。

记账凭证是会计人员根据审核后的原始凭证，将经济业务内容加以归类，并据以确定会计分录而编制的凭证，它是登记账簿的依据。前已述及，一切经济业务发生后，都需要编制会计分录，然后据以登记有关账簿。实际工作中，会计分录就是通过编制记账凭证来完成的。

一、记账凭证的种类

（一）按记录的经济内容是否与货币资金有关分类

记账凭证按记录的经济内容是否与货币资金有关，分为收款凭证、付款凭证和转账凭证。

收款凭证、付款凭证是用来记录现金和银行存款收付业务的记账凭证，它们根据有关现金和银行存款收付业务的原始凭证编制。

对于现金及银行存款之间的收付业务，如从银行提取现金或将现金存入银行，为避免重复记账，一般只编制付款凭证，不编制收款凭证，即将现金存入银行时编制现金付款凭证，从银行提取现金时编制银行存款付款凭证。

【例 6-10】 南方公司 20××年 3 月 18 日销售甲产品 6 000 千克，每千克 50 元，价款 300 000 元，增值税 39 000 元，会计部门收到转账支票一张存入银行，金额 339 000 元。南方公司编制的银行存款收款凭证如表 6-11 所示。

表 6-11　收款凭证

借方科目：银行存款　　　　20××年 3 月 18 日　　　　银收字第 1 号

摘要	贷方总账科目	明细科目	登账记号	金额									
				千	百	十	万	千	百	十	元	角	分
销售甲产品	主营业务收入	甲产品				3	0	0	0	0	0	0	0
	应交税费	应交增值税					3	9	0	0	0	0	0
合计					¥	3	3	9	0	0	0	0	0

附件　张

会计主管：　　记账：　　出纳：　　审核：　　制单：

【例 6-11】 承例 6-6，新华工厂编制的银行存款付款凭证如表 6-12 所示。

表 6-12　付款凭证

贷方科目：银行存款　　　　20××年 3 月 22 日　　　　银付字第 8 号

摘要	借方总账科目	明细科目	登账记号	金额									
				千	百	十	万	千	百	十	元	角	分
购入甲材料	原材料	甲材料					3	0	0	0	0	0	0
	应交税费	应交增值税						3	9	0	0	0	0
合计						¥	3	3	9	0	0	0	0

附件　张

会计主管：　　记账：　　出纳：　　审核：　　制单：

转账凭证是用来记录不涉及现金和银行存款的转账业务的凭证，它根据有关转账业务的原始凭证编制。

【例 6-12】 承例 6-1，新华工厂根据领料单编制的转账凭证如表 6-13 所示。

表 6-13 转账凭证

20××年 3 月 23 日　　　　转字第 28 号

摘要	总账科目	明细科目	登账记号	借方金额									登账记号	贷方金额								
				百	十	万	千	百	十	元	角	分		百	十	万	千	百	十	元	角	分
生产领用材料	生产成本	A 产品				5	0	0	0	0	0	0										
	原材料	甲材料														5	0	0	0	0	0	0
合计					¥	5	0	0	0	0	0	0			¥	5	0	0	0	0	0	0

附件 张

会计主管：　　记账：　　审核：　　制单：

收款凭证、付款凭证和转账凭证的划分，有利于对不同经济业务进行分类管理，有利于经济业务的检查，但工作量较大，适用于规模较大、经济业务量较多的单位。对于经济业务量较少、规模较小、收付款业务不多的单位，还可以采用通用记账凭证来记录所有经济业务。这时，经济业务不再区分为收款、付款和转账业务，所有记账凭证统一编号，在同一格式而不是专用格式中进行记录。通用记账凭证的格式与转账凭证的格式基本相同。

【例 6-13】 20××年 4 月 22 日，厂部行政管理人员李明出差回来，报销差旅费 2 800 元，交回现金 200 元，结清前借款项 3 000 元。编制的通用记账凭证如表 6-14 所示。

表 6-14 记账凭证

20××年 4 月 22 日　　　　记字第 23 号

摘要	总账科目	明细科目	登账记号	借方金额									登账记号	贷方金额								
				百	十	万	千	百	十	元	角	分		百	十	万	千	百	十	元	角	分
李明报销差旅费	管理费用	差旅费					2	8	0	0	0	0										
	库存现金							2	0	0	0	0										
	其他应收款	李明															3	0	0	0	0	0
合计						¥	3	0	0	0	0	0				¥	3	0	0	0	0	0

附件 张

会计主管：　　记账：　　出纳：　　审核：　　制单：

（二）按编制方式的不同分类

记账凭证按编制方式的不同分为复式记账凭证和单式记账凭证。

复式记账凭证就是把一项经济业务完整地填列在一张记账凭证上，即该业务涉及的会计科目集中反映在一张记账凭证上。复式记账凭证可以完整地反映账户的对应关系和经济业务的全貌，并且能减少凭证数量，但不便于汇总计算每一会计科目的发生额，也不利于会计人员分工记账。上述收款凭证、付款凭证和转账凭证，都是复式记账凭证。

单式记账凭证是按一项经济业务所涉及的每个会计科目，分别编制记账凭证，一项经济业务涉及几个会计科目就编制几张记账凭证，每张记账凭证只填列一个会计科目。显然，单式记账凭证便于汇总计算每一会计科目的发生额，也便于会计人员分工记账，但它不能完整地反映账户的对应关系和经济业务的全貌。这种记账凭证通常适用于业务较多、会计部门内部分工较细的单位。

根据例 6－13 编制的单式记账凭证如表 6－15 至表 6－17 所示。

表 6－15　借项记账凭证

20××年 4 月 22 日　　　　凭证编号 23 $\frac{1}{3}$ 号

摘要	总账科目	明细科目	账页	金额
李明报销差旅费	管理费用	差旅费		2 800
对应总账科目：其他应收款				

附件　张

会计主管：　　记账：　　出纳：　　审核：　　制单：

表 6－16　借项记账凭证

20××年 4 月 22 日　　　　凭证编号 23 $\frac{2}{3}$ 号

摘要	总账科目	明细科目	账页	金额
李明报销差旅费	库存现金			200
对应总账科目：其他应收款				

附件　张

会计主管：　　记账：　　出纳：　　审核：　　制单：

表 6－17　贷项记账凭证

20××年 4 月 22 日　　　　凭证编号 23 $\frac{3}{3}$ 号

摘要	总账科目	明细科目	账页	金额
李明报销差旅费	其他应收款	李明		3 000
对应总账科目：管理费用				

附件　张

会计主管：　　记账：　　出纳：　　审核：　　制单：

二、记账凭证的基本内容

记账凭证是登记账簿的依据，它必须对原始凭证加以归类整理，确定会计科目及方向，编制出会计分录。无论哪一种格式的记账凭证，都具备一些共同的内容。一般来说，记账凭证必须具备以下基本内容：

（1）记账凭证的名称。

（2）填制凭证的日期和编号。

（3）经济业务内容摘要。

（4）会计科目（包括一级科目、二级科目和明细科目）的名称、记账方向和金额。

(5) 所附原始凭证的张数和其他有关资料。

(6) 制单、记账、出纳、审核、会计主管等有关人员的签名、盖章。

三、记账凭证的编制

收款凭证和付款凭证根据有关现金和银行存款收付业务的原始凭证编制。编制收款凭证时，在收款凭证的左上角借方科目处，应填列“库存现金”科目或“银行存款”科目；在“ 年 月 日”处填写制证的日期；在凭证右上角的“字第 号”处填写“银收”或“现收”字和该凭证的顺序号；摘要栏填写经济业务内容的简要说明；“贷方总账科目”和“明细科目”栏填写与银行存款或库存现金相对应的科目；“金额”栏填写经济业务的发生额；“合计”栏填写发生额的合计数；凭证右边“附件 张”处填写所附原始凭证的张数；“登账记号”栏应在登记账簿后画“√”符号，表示已经入账，以免发生漏记或重记错误；最后，有关人员需在凭证的下方签名或盖章。

付款凭证的编制方法和收款凭证基本相同，只是借方科目和贷方科目的位置不同，在左上角的贷方科目处，填列“库存现金”或“银行存款”科目；在“借方总账科目”和“明细科目”栏，则应填列与库存现金或银行存款相对应的会计科目。

转账凭证根据有关转账业务的原始凭证编制。转账凭证的编制方法与收款凭证和付款凭证不同，具体在于：凭证左上角不设“借方科目”或“贷方科目”，将反映经济业务内容的会计科目都在“总账科目”和“明细科目”栏填列，金额栏也相应分为“借方金额”和“贷方金额”。其他栏目的填写方法与收、付款凭证相同。

记账凭证是进行会计处理的直接依据，因此其编制也必须符合记录真实、内容完整、填制及时、手续完备、书写清楚规范等要求。但由于记账凭证的内容区别于原始凭证，它必须确定会计分录等栏目，所以记账凭证的编制还必须符合下列要求：

(1) 简要准确地填写“摘要”栏。记账凭证“摘要”栏的填写，不仅有利于从记账凭证上了解经济业务的内容，还便于根据“摘要”栏登记明细分类账，因此不能漏填。“摘要”栏的填写，既要做到简要，用简短的文字高度概括经济业务的内容，让人一目了然，又要做到准确，恰如其分地反映经济业务的内容。

(2) 正确运用会计科目。会计科目的运用要遵循统一规定，不得任意变更会计科目的名称和它的核算内容，同时要依据经济内容的性质，正确使用会计科目，并保持正确的对应关系。

(3) 必须连续编号。采用通用记账凭证的，应按经济业务发生的先后顺序编号，每月从第 1 号编起。采用多种格式的记账凭证的，应分类编字号，例如收字第 1 号、付字第 1 号、转字第 1 号等。如果一笔经济业务需要编制多张记账凭证，可采用“分数编号法”，例如一笔经济业务需填制三张转账凭证，凭证的序号为 13 时，则可编制转字第 $13\frac{1}{3}$ 号、第 $13\frac{2}{3}$ 号、第 $13\frac{3}{3}$ 号。每月末最后一张记账凭证的编号旁边要加注“全”字，以免记账凭证失散。

(4) 正确计算金额。借贷方金额必须相等，一级科目金额与所属明细科目金额必须相等。

（5）附件张数完整。注明原始凭证张数，一方面便于复核“摘要”栏所说明的经济业务内容和所确定的会计分录是否正确，另一方面也有利于日后查阅原始凭证。职工因公出差借款凭据，必须附在记账凭证之后，收回借款时，应当另开收据或退还借据副本。

四、记账凭证的审核

为了保证账簿记录正确，首先必须保证记账凭证正确。记账凭证应根据审核无误的原始凭证编制，因此记账凭证的编制人员应认真审核原始凭证并按规定编制记账凭证，另外财会部门还必须配备专人负责审核记账凭证。记账凭证审核的主要内容是：

（1）内容是否真实。

（2）会计分录是否正确。

（3）摘要是否简要准确。

（4）项目是否齐全。

在审核中如果发现记账凭证记载的内容与所附的原始凭证不符，会计科目、记账方向和金额以及其他项目有错误，应及时查明原因并按规定的方法和要求重新编制或办理更正手续。只有经过审核无误后的记账凭证，才能作为记账的依据。

实行会计电算化的单位，对于机制记账凭证，要认真审核，做到会计科目使用正确，数字准确无误。打印出的机制记账凭证要加盖制单人员、审核人员、记账人员及会计机构负责人、会计主管人员印章或者签字。

⇨ 同步思考

20×3 年，江苏省宜兴市审计局在对某局局长任期经济责任审计过程中，揪出了一只藏在记账凭证背后的“黑手”。审计人员在审计过程中高度关注大额现金支出的真实性和规范性，审核票据时发现一份记账凭证列支金额比所附原始票据金额多 4 500 元，以此为线索，对该局 20×2 年以来所有支出票据进行详细核查，并且结合现金突击盘点等方法，最终发现该局出纳利用财务审核“盲区”，采取记账凭证列支金额大于所附原始票据金额报销的手段，仅一年时间，就分十四次套取现金 75 800 元并据为己有。

你认为记账凭证与所附原始凭证之间是什么关系？如何防范上述凭证后面的“黑手”？

资料来源：江苏省审计厅网.

第四节　会计凭证的传递和保管

一、会计凭证的传递

会计凭证的传递是指会计凭证从填制或取得起到归档保管为止，在本单位内部各有关部门和有关人员之间的传递程序和传递时间。单位的各种经济业务性质不同，经办各项业务的部门和人员以及办理凭证手续所需要的时间也不一样，因此，各种经济业务的凭证的传递程序和传递时间也不尽相同。经常发生的、需要由有关部门共同办理的主要经济业务，单位应规定凭证的传递程序和传递时间。

明确规定凭证的传递程序和传递时间，不仅可以及时地反映和监督经济业务的完成情况，有利于会计检查工作的开展，而且可以促使经办业务的部门和人员及时地、正确地完成经济业务和办理凭证手续，从而可以加强有关部门经济管理上的责任制。例如，对于材料收入业务的凭证传递，应该明确规定：材料运到企业后需要多少时间验收入库，由谁负责填制收料单，在何时将收料单送到会计部门及其他有关部门，会计部门收到的收料单应由谁进行审核，由谁在何时编制记账凭证和登记账簿，由谁负责整理和保管凭证，等等。这样，就可以把材料收入业务从验收入库时起到登记入账时止的全部工作，在本单位内部进行分工，同时可以考核经办业务的有关部门和人员是否按照规定的会计手续办事。

正确的凭证传递程序，应该使会计凭证沿着最合理、最迅速的路线传递。为此，在制定凭证传递程序时，要根据各单位经济业务的特点，结合机构组织和人员分工情况，从满足经营管理和会计核算需要出发，恰当规定会计凭证流经的必要环节，既要保证会计凭证经过必要的环节进行处理和审核，又要避免会计凭证经过不必要的环节。同时，要根据各个环节办理经济业务所需要的时间，规定凭证在各个环节停留的最长时间，以保证会计凭证及时传递。只有这样，才能保证传递工作有规律地进行，提高工作效率。

二、会计凭证的保管

会计凭证是记录一个单位经济业务的重要会计档案，会计部门应定期进行整理、归类、装订并妥善保管，严格按照《会计档案管理办法》进行管理。单位的各种会计凭证在办理好各项业务手续并据以登记账簿后，应按以下要求进行整理、归类并保管：

（1）每月记账完毕后，会计人员应将本月各种记账凭证加以整理，检查有无缺号，附件是否齐全。各种记账凭证应当连同所附的原始凭证或原始凭证汇总表，按照编号顺序，折叠整齐，按期装订成册，并加具封面、封底，注明单位名称、年度和起讫日期、凭证种类、起讫号码、凭证张数、当月凭证总册数、本册是第几册等，并由装订人在装订线封签处签名或盖章。

（2）对于数量过多的原始凭证，可以单独装订保管，在封面上注明记账凭证的日期、编号、种类，同时在记账凭证上注明“附件另订”字样和原始凭证的名称及编号；各种经济合同和涉外文件等重要资料，应当另编目录，单独登记保管，并在有关记账凭证和原始凭证上相互注明日期和编号。

（3）原始凭证不得外借，其他单位如因特殊原因需要使用原始凭证时，经本单位会计机构负责人、会计主管人员批准，可以复制并应当在专设的登记簿上登记，由提供人员和收取人员共同签名或盖章。

（4）会计凭证应由专人负责集中保管，年终登记归档，并按年和月的顺序排列，以便查阅。查阅时应按规定办理有关手续。各种会计凭证应按规定的保管期限 30 年进行管理。当年的会计凭证，在会计年度终了后，可暂由本单位会计部门保管 1 年，之后必须移交单位档案管理部门保管。期满后需要销毁的凭证必须按规定办理销毁手续，经批准后才能销毁。但保管期满仍未结清的债权债务原始凭证和涉及其他未了事项的原始凭证不得销毁，应当单独抽出立卷，保管到未了事项完结时为止。

⇨ 同步思考

1. 每个单位会计凭证的传递程序都应该相同，对吗？
2. 会计凭证为什么要由专人负责保管？

贴心提示

怎样才能掌握会计凭证的具体内容和填制要求？

会计凭证种类非常多，尤其是原始凭证，不同的业务涉及不同的原始凭证，不同的原始凭证填写要求也各不一样，例如企业填写支票时出票日期一定要大写，而其他原始凭证不需要这样。所以学习时应通过实际操作，掌握各式各样会计凭证的填制方法和要求，本教材配套实训中有很多真实的凭证供大家练习。另外，如果有观摩实际单位财会部门工作现场的机会，一定不要错过，可能的话多向财会人员请教会计凭证的具体作用、传递保管要求等，真正掌握会计凭证的相关知识。

在线自测

自测题

一、单项选择题

1. 用以记录经济业务的发生和完成情况，明确经济责任的会计凭证是（　　）。
A. 原始凭证　　B. 转账凭证　　C. 收款凭证　　D. 付款凭证
2. 将原始凭证分为自制原始凭证和外来原始凭证的依据是（　　）。
A. 凭证的编制方法　　B. 凭证的取得来源
C. 凭证的用途　　D. 凭证的格式
3. 下列单据中，属于自制原始凭证的是（　　）。
A. 工资计算单　　B. 购买材料所取得的发票
C. 银行转来的收账通知　　D. 承运部门开出的运费发票
4. 下列单据中，属于外来原始凭证的是（　　）。
A. 收料单　　B. 领料单　　C. 购货发票　　D. 内部借款单
5. “材料耗用汇总表”属于（　　）。
A. 一次凭证　　B. 累计凭证　　C. 汇总凭证　　D. 转账凭证
6. “限额领料单”属于（　　）。
A. 一次凭证　　B. 转账凭证　　C. 汇总凭证　　D. 累计凭证
7. 下列不属于原始凭证的是（　　）。
A. 收料单　　B. 银行结算凭证
C. 经济合同　　D. 飞机票
8. “发料汇总表”属于（　　）。
A. 汇总原始凭证　　B. 汇总记账凭证

C. 外来原始凭证　　D. 自制原始凭证

9. 现金与银行存款之间的收付业务，如将现金存入银行，为避免重复记账，应编制（　　）。

A. 现金收款凭证　　B. 银行存款收款凭证
C. 银行存款付款凭证　　D. 现金付款凭证

10. 单位购买材料一批，以银行存款支付一部分货款，其余货款暂欠，计划下一年度偿还，应编制的记账凭证是（　　）。

A. 付款凭证和收款凭证　　B. 转账凭证和付款凭证
C. 两张转账凭证　　D. 两张付款凭证

11. 以一种格式记录全部类型经济业务的记账凭证是（　　）。

A. 专用记账凭证　　B. 通用记账凭证
C. 收款凭证　　D. 付款凭证

12. 一般来说，可以作为登记总账的直接依据的是（　　）。

A. 汇总原始凭证　　B. 累计原始凭证
C. 外来原始凭证　　D. 记账凭证

二、多项选择题

1. 下列各种单据中，属于原始凭证的是（　　）。

A. 工资汇总计算单　　B. 材料请购单
C. 发票　　D. 领料单
E. 银行对账单

2. 原始凭证必须具备的基本内容包括（　　）。

A. 原始凭证的名称　　B. 填制凭证的日期
C. 经济业务的内容　　D. 填制和接受原始凭证单位的名称
E. 会计科目的名称和记账方向

3. 下列单据中，属于外来原始凭证的是（　　）。

A. 限额领料单　　B. 银行存款利息通知单
C. 运费发票　　D. 水电费托收凭证
E. 工资汇总计算单

4. 原始凭证的填制要求是（　　）。

A. 记录真实　　B. 填制及时　　C. 内容完整　　D. 分录正确
E. 书写清楚规范

5. 原始凭证的审核内容包括（　　）。

A. 真实性审核　　B. 合法性审核
C. 完整性审核　　D. 正确性审核
E. 复核性审核

6. 记账凭证按其所记录经济业务的内容是否与现金和银行存款的收付有联系，可以分为（　　）。

A. 转账凭证　　B. 汇总凭证　　C. 付款凭证　　D. 收款凭证

E. 专用凭证

7. 记账凭证的基本内容包括（　　）。

A. 记账凭证的名称　　B. 经济业务内容摘要

C. 会计科目名称、记账方向和金额　　D. 所附原始凭证的张数

E. 记账凭证的编号

8. 记账凭证编制的要求是（　　）。

A. 简要准确地填写“摘要”栏　　B. 正确运用会计科目

C. 记账凭证必须连续编号　　D. 正确计算金额

E. 注明所附原始凭证张数

9. 记账凭证的审核内容包括（　　）。

A. 记账凭证是否附上全部经过审核了的原始凭证

B. 会计分录的编制是否符合要求　　C. “摘要”栏是否简要准确

D. 项目是否齐全　　E. 书写是否清楚

10. 原始凭证不得外借，其他单位因特殊原因需使用原始凭证时，应办理的手续有（　　）。

A. 会计机构负责人批准　　B. 在专设的登记簿上登记

C. 会计主管人员批准　　D. 有关人员签名或盖章

E. 上级主管部门批准

三、判断题

1. 企业从其他单位取得的各种单据，均是外来原始凭证。（　　）

2. 在一定时期内连续记载同类重复发生经济业务的原始凭证，是汇总原始凭证。（　　）

3. 原始凭证和记账凭证同属于会计凭证，它们都是由会计人员根据经济业务的发生或完成情况编制的。（　　）

4. 会计人员必须对原始凭证进行审核，原始凭证金额有错误的，应当由出具单位更正，并在更正处加盖出具单位印章。（　　）

5. 记账凭证是由会计部门编制的，因而是自制原始凭证。（　　）

6. 记账凭证可以根据每一原始凭证单独编制，也可以汇总编制。（　　）

7. 编制记账凭证的依据，必须是记录真实并经过审核符合手续的原始凭证。（　　）

8. 对于现金和银行存款之间发生的收支业务，如从银行提取现金业务，既可以编制付款凭证，也可以编制收款凭证。（　　）

9. 转账凭证是以一种格式记录反映单位各种经济业务内容的凭证。（　　）

10. 原始凭证记载的是经济业务发生和完成情况的经济信息，记账凭证是根据原始凭证进行归类、整理，并确定会计分录而编制的凭证，记载的是会计信息。（　　）

11. 记账凭证的审核，主要是对记账凭证中的会计科目和借贷方向进行审核，无须对所附的原始凭证进行审核。（　　）

12. 会计凭证是记录单位经济业务的重要会计档案，必须按照《会计档案管理办法》进行管理。（　　）

四、简答题

1. 填制和审核会计凭证有什么作用?
2. 原始凭证有哪些种类?
3. 原始凭证应具备哪些基本内容?填制原始凭证的基本要求有哪些?
4. 为什么要审核原始凭证?怎样审核?
5. 记账凭证应具备哪些基本内容?编制记账凭证的基本要求有哪些?
6. 为什么要审核记账凭证?怎样审核?

五、综合业务题

习题一

目的:掌握通用记账凭证的填制方法。

资料:信华工厂为增值税一般纳税人,5 月份发生下列经济业务。

1. 3 日,收到国家 2 000 000 元的货币资金投资,款项已存入银行。

2. 8 日,从银行借款 500 000 元,期限为 3 年,款项存入银行。

3. 8 日,从光远工厂购入甲材料 20 吨,每吨 4 000 元,计买价 80 000 元,进项税额 10 400 元,材料尚在运输途中,开出半年期无息商业承兑汇票一张,票面金额 90 400 元。

4. 8 日,上述材料运到并验收入库。

5. 12 日,以转账支票 9 000 元支付广告费(假设忽略增值税)。

6. 15 日,A 产品入库 100 件,每件制造成本 10 000 元,结转完工产品制造成本。

7. 16 日,收到罚款 8 000 元存入银行。

8. 18 日,销售 A 产品 80 件,每件售价 15 000 元,增值税税率为 13%,货款尚未收到。

9. 18 日,计算销售 A 产品应纳的消费税,税率为 10%。

10. 22 日,销售原材料一批,收到 11 300 元(含税价格)存入银行。

11. 22 日,结转已售原材料的成本 8 000 元。

12. 28 日,接到银行通知,收到存款利息收入 7 000 元。

13. 31 日,企业管理部门分摊以前支付但应由本月负担的财产保险费 15 000 元。

14. 31 日,计算本月应负担的银行短期借款利息 5 000 元。

15. 31 日,通过红十字会向地震灾区捐款 18 000 元。

16. 31 日,结转本月已售 A 产品的制造成本(期初无存货)。

17. 31 日,按 25%的税率计算应纳的所得税。

18. 31 日,将收入类账户结转至“本年利润”账户。

19. 31 日,将费用类账户结转至“本年利润”账户。

20. 31 日,按税后利润的 10%和 20%分别计提法定盈余公积和任意盈余公积。

要求:根据以上经济业务编制通用格式的记账凭证。

习题二

目的:掌握专用记账凭证的填制方法。

资料:信华工厂 3 月 1 日库存现金的余额为 2 800 元,银行存款的余额为 580 000 元,3 月份发生下列货币资金收付业务。

1.1 日，职工陈涛预借差旅费 1 000 元，经审核以现金付讫。

2.2 日，签发现金支票 5 000 元，从银行提取现金，以备日常开支需要。

3.4 日，以银行存款 60 000 元缴纳税金。

4.5 日，从银行取得短期借款 80 000 元，存入开户行。

5.6 日，签发现金支票 75 000 元，从银行提取现金，以备发放工资。

6.7 日，以现金 75 000 元发放职工工资。

7.10 日，收到银行通知，购货单位偿还上月所欠货款 95 000 元，已收妥入账。

8.12 日，企业行政管理部门报销购买零星办公用品费 300 元，经审核以现金付讫。

9.12 日，采购员李阳回厂报销差旅费 850 元，原借 1 200 元，余款以现金退回。

10.14 日，仓库保管员交来现金 150 元，偿还上月欠交赔款。

11.15 日，签发转账支票 30 000 元，支付所欠供应单位货款。

12.16 日，销售产品一批，货款 50 000 元，增值税 6 500 元，款项收到存入银行。

13.17 日，以现金 800 元支付罚款。

14.21 日，以银行存款 3 600 元支付第一季度借款利息，其中应由本月负担的利息 1 200 元。

15.25 日，签发转账支票 43 000 元，预付供应单位购料款。

16.27 日，收到购货单位交来的暂借包装物押金，现金支票 600 元已存入银行。

17.28 日，将库存现金 3 800 元送交银行。

18.30 日，以银行存款 90 000 元支付下季度租入固定资产租金。

19.31 日，收到购货单位预付的货款 48 500 元，存入银行。

20.31 日，以现金支付广告费用 800 元。

要求：根据上述经济业务，编制收款凭证、付款凭证和转账凭证。

第七章

会 计 账 簿

同步思考
参考答案

学习目标

通过本章的学习，学生应能够认识各种账簿的用途、内容和格式，学会日记账的登记方法、总账和明细账的平行登记方法以及更正错账的方法。

素养目标

培养“诚信为本、操守为重、坚持准则、不做假账”的严谨作风。

重点与难点

1. 库存现金日记账和银行存款日记账的登记方法。
2. 总账和明细账的平行登记方法。
3. 更正错账的方法。

实践活动

1. 张先生投入一笔资金开了家蛋糕店，租房、装修、招聘员工、进货、制作、广告等花费不少，请你分析这家蛋糕店需要设置哪些账簿。

2.《会计法》第三条要求“各单位必须依法设置会计账簿，并保证其真实、完整”。请你谈谈对这句话的理解。

引例

会计挪用数百万元公款的背后

2019 年 1 月 11 日，浙江省东阳市佐村镇中心卫生院原院长杜某、出纳金某涉嫌国有事业单位人员失职案件在东阳市人民法院开庭。

“卫生院会计挪用公款造成巨额经济损失，我负有不可推卸的责任，对财务管理不重视，监督不到位，给国家造成了重大损失……”杜某在庭审现场几度哽咽，掩面痛哭。

这是一起东阳市纪委监委加大问责力度，实行“一案双查”的典型案例，在当地引起了很大震动。事情缘于一名乡镇卫生院会计贪污挪用公款案。2007 年 10 月，出生于 1990 年的张某到佐村镇中心卫生院担任会计。她平时热衷于购物，但每月的工资难以满足其日常消费，于是从 2007 年 12 月至 2016 年 6 月期间，张某利用职务之便，贪污人民币 5 万余元，挪用公款人民币 400 余万元，至今尚有 260 余万元公款未归还。2017 年 8 月，张某被判处有期徒刑 8 年 3 个月，并处罚金 10 万元。

“张某贪污挪用公款除她自己被判刑外，其他无一人被追责。时任佐村镇中心卫生院院长杜某、现任院长马某、出纳金某是否应该承担巨额公款损失的责任?”2018 年 7 月，东阳市委第四巡察组在对市卫计局进行巡察时，第一时间将该问题线索移交至东阳市纪委监委处理。

“张某重大贪污挪用案件的背后，是制度的疏漏，监管的缺失，更是法纪意识的淡漠。深究其原因，佐村镇中心卫生院原院长杜某、现任院长马某以及卫生院出纳金某都负有不可推卸的责任。”东阳市纪委监委案件主办负责人表示，杜某在担任佐村镇中心卫生院院长期间，对单位财务疏于管理，未形成完善的财务管理内控制度，造成出纳、会计并未相互牵制。本该由会计、出纳分开保管的银行印鉴、转账支票却由张某一人保管，甚至在医药公司数次向其催要药款时仍未采取有效措施追查原因，应负主要领导责任。金某未全面履行出纳职责，将本该由自己保管的 U 盾交给张某保管，并且对银行存款日记账未做全面登记，也不拿会计账和银行对账单进行核对，甚至在发现卫生院资金可能出现问题后，也未及时向院领导反映，应负直接责任。马某虽然案发时仅仅就任佐村镇中心卫生院院长 3 个月，但对单位财务监管不力，未能及时发现财务管理漏洞，导致张某继续作案，也应担负一定领导责任。

根据相关问题线索和前期初核情况，东阳市纪委监委于 2018 年 10 月 19 日对杜某、马某、金某涉嫌严重违纪违法问题予以立案审查调查。2018 年 10 月 30 日，杜某、金某受到开除党籍和开除公职处分，其涉嫌犯罪问题移送检察机关依法审查提起公诉。2018 年 12 月 14 日，马某受到党内严重警告处分和政务记过处分。

资料来源：新浪网.

第一节　会计账簿的作用和分类

一、设置会计账簿的作用

会计账簿是指具有专门格式、由相互联系的账页组成的，分类地、序时地记录经济业务的簿籍。各单位经济业务的发生，首先是以会计凭证的形式反映的。由于每一张会计凭证只能就个别经济业务的内容加以记录和反映，会计凭证数量很多，又很分散，不能够全面、连续、系统、综合地反映一个单位同类或全部经济业务的完成情况，因此，就有必要运用登记账簿这个专门方法，把会计凭证提供的大量而分散的资料加以归类整理，登记到各类会计账簿中去，从而为经济管理提供系统的核算资料。

(一) 会计账簿可以连续、全面、系统、综合地反映单位的经济活动

通过设置和登记账簿，把会计凭证反映的经济业务按经济性质进行归类汇总，把分散的核算资料系统化、综合化，全面地反映资产、负债、所有者权益的增减变化，监督资金的合理使用和单位财产物资的安全、完整。

(二) 会计账簿是进行会计分析和会计检查的主要依据

会计账簿的记录提供资金、成本和利润等各项指标，利用这些资料进行会计分析，可以评价企业经营成果的好坏，进而发现生产经营中存在的问题，分析原因，促进企业改善经营管理；同时，利用会计账簿记录也可以进行会计检查，实施会计监督。

(三) 会计账簿是编制财务报表的主要依据

财务报表指标是否真实，编报是否及时，都与会计账簿的设置和登记有着密切的关系。

总之，会计账簿作为记载经济业务的载体，可以全面、连续、系统和综合地反映经济活动，为加强会计分析和会计检查及编制财务报表提供资料。设置和登记会计账簿，是会计核算工作中十分重要的一环，在整个会计方法体系中处于十分重要的地位。

二、会计账簿的种类

为了满足经济管理的需要，各单位应该设置一套账簿体系来记录全部经济业务，不同账簿的用途及格式各不相同。

(一) 按用途分类

会计账簿按用途不同，可分为序时账簿、分类账簿和备查账簿。

1. 序时账簿

序时账簿又称日记账，是按照经济业务发生时间的先后顺序，逐日逐笔连续地登记经济业务的账簿。序时账簿按其记录内容的不同，又分为普通日记账和特种日记账。

普通日记账是用来登记全部经济业务发生情况的日记账。普通日记账把每天发生的经济业务，按照业务发生时间的先后顺序登记在账簿中，以此作为连续登记分类账的依据，所以又称为通用日记账。

特种日记账是用来记录某一类经济业务发生情况的日记账。特种日记账把某一类比较重要的经济业务，按照经济业务发生时间的先后顺序记入账簿中。如库存现金日记账、银行存款日记账和材料采购日记账等。

在实际工作中，很少利用一本序时账簿来记录单位的全部经济业务。通常只设反映货币资金业务的库存现金日记账和银行存款日记账，以便加强对货币资金的管理。

2. 分类账簿

分类账簿，是对经济业务进行分类登记的账簿。按账簿反映会计核算资料详细程度的不同，可分为总分类账簿（也称总分类账，简称总账）和明细分类账簿（也称明细分类账，简称明细账）。

总分类账是根据一级会计科目设置的，用来分类登记全部经济业务，提供各种总括核算资料的分类账簿。总分类账是整个单位账簿体系的核心。

明细分类账是根据二级或明细科目设置的，用来分类登记某一类经济业务，提供明细核算资料的分类账簿。明细分类账是对总分类账的补充和具体化，并受总分类账的控制和统驭。

3. 备查账簿

备查账簿，是对某些在日记账和分类账等主要账簿中未能记载的事项或记载不全的经济业务进行补充登记的账簿，也称为辅助账簿。它可以为某些经济业务的内容提供必要的参考资料。例如，租入固定资产登记簿、委托加工材料登记簿等都是备查账簿。并非每一个单位都设置备查账簿，单位应根据实际需要确定需不需要设置、设置哪些备查账簿。

（二）按外表形式分类

会计账簿按其外表形式的不同，又可分为订本式账簿、活页式账簿和卡片式账簿。

1. 订本式账簿

订本式账簿是在未启用前就把一定数量的具有专门格式的账页装订在一起的账簿，每张账页上预先编好顺序号数。订本式账簿的优点是能够避免账页散失和防止抽换账页；缺点是账页固定后不能增减，必须为每一账户预留空白账页，如果账页有多余，就会造成浪费，如果账页不够，又会影响账簿记录的连续登记，而且在同一时间内只能由一人登记，不便于记账人员的分工等。一般说来，具有统驭性的和重要的账簿，如总分类账、库存现金日记账和银行存款日记账等，都必须采用订本式账簿。

2. 活页式账簿

活页式账簿是指在启用前不固定地装订在一起，由一定数量零散的具有专门格式的账页组成的账簿。活页式账簿的优点是：在记账时，可以根据实际需要随时将空白账页加入账簿中，便于序时和分类地连续登记，有利于记账人员分工和提高工作效率。缺点是：容易造成账页的散失或抽换。为了尽量避免这一缺点，空白账页在使用时必须编号并装置在账夹内，由有关人员签名盖章。活页式账簿使用完毕或更换新账时，应装订成册妥善保管。这种账簿主要用于明细分类账，如原材料、库存商品等明细账。

3. 卡片式账簿

卡片式账簿则是由一定数量零散的具有专门格式的硬纸卡片组成的账簿。这种账簿一般用卡片箱装置，可以随取随放，它实际上也是一种活页账，除具有一般活页账的优点点外，还可以跨年度使用，不需要每年更换。固定资产明细账等一般采用这种形式。

⇨ 同步思考

你认为每个单位都必须设置序时账簿、分类账簿和备查账簿吗？

第二节　会计账簿的设置和登记

一、设置会计账簿的原则

设置会计账簿，包括确定会计账簿的种类、内容及登记方法。账簿的设置必须做到组织严密、层次分明、账簿之间的内在联系和钩稽关系紧密，起到相互制约和控制作用。账簿设置应遵循下列原则。

（一）满足管理需要

会计账簿的设置要能全面、系统地反映和监督经济活动和财务收支情况，对于经营管理中需要考核的指标，如产量、质量、品种、资金、成本、利润等，都应在会计账簿上得到反映。会计账簿必须能够控制财产物资的增减变动，满足财产管理的需要，做到有物有账、以账管物。会计账簿的设置，要保证为经济管理提供详尽的信息。

（二）结合实际情况

设置会计账簿要根据各单位的规模和业务特点，从实际出发，便于会计工作分工和加强岗位责任制。在满足管理需要的前提下，考虑人力和物力的节约，避免重复设账。

（三）利于报表编制

设置会计账簿应有利于提供财务报表所需的数据资料，各种财务报表都应有相应的会计账簿与之相联系，并能从会计账簿中取得所需数据，尽量减少在编制财务报表时根据会计账簿资料进行的计算。

（四）简便、灵活、实用

会计账簿设置要考虑到便于会计人员操作，账页的格式应当简单明了，账本册数不宜过多，账页尺寸不宜过大，栏次不宜过多，避免臃肿烦琐，做到简便灵活；会计账簿的形式应便于翻阅和保管，利于实际工作中使用。

二、会计账簿的基本要素

虽然会计账簿的格式各不相同，但各种账簿都具备一些基本的要素，即封面、扉页、账页。

（一）封面

写明单位名称和会计账簿名称。

（二）扉页

填列会计账簿启用的日期和截止日期、页数、册次、经管账簿人员一览表和签章、会计主管人员签章、账户目录等。

（三）账页

账页因反映经济业务内容的不同而具有多种格式，但基本内容应包括：

（1）账户名称（一级科目、二级或明细科目）；

（2）日期栏；

（3）凭证种类和号数栏；

（4）摘要栏（对经济业务作简要说明）；

（5）金额栏（记录经济业务的增减变动及现状）；

（6）总页次和分户页次等。

三、会计账簿的格式和登记方法

（一）日记账的格式和登记

1. 库存现金日记账

库存现金日记账是专门记录库存现金收支情况的特种日记账，其账本形式必须采用订本式，账页金额栏一般采用三栏式，也可采用多栏式等其他格式。

（1）三栏式库存现金日记账。三栏式库存现金日记账是指在一张账页上，金额栏分设“收入”“支出”“结余”三栏。为了清晰地反映库存现金收支业务的具体内容，在“摘要”栏后，还专设“对方科目”栏，登记对方科目名称。其格式见表7－1。

表7－1　库存现金日记账（三栏式）

第　　页

20××年		凭证		摘要	对方科目	收入	支出	结余
月	日	种类	号数					
1	1			上年结转				500
1	3	银付	1	签发支票提取现金备用	银行存款	800		1 300
	3	现付	1	业务员李明预借差旅费	其他应收款		600	700
	3	现付	2	厂长办公室报销费用	管理费用		300	400
	3	现收	1	出售废旧材料收入现金	其他业务收入	120		520
				本日合计		920	900	520
	31			本日合计		850	780	800
	31			本月合计		38 000	37 700	800

库存现金日记账通常由出纳人员根据审核后的现金收款凭证、现金付款凭证、银行存款付款凭证（提取现金业务）逐日逐笔按顺序登记。在登记库存现金日记账时，应按账页所设栏目逐项记入。库存现金日记账上设置的“凭证”栏，应记录每笔业务所依据的收款凭证或付款凭证的种类和号数；“摘要”栏一般根据记账凭证的“摘要”填写；“对方科目”栏也应根据记账凭证所列的对方科目登记以观察每笔款项收入的来源、支出的去向和用途；“收入”栏根据现金收款凭证和银行存款付款凭证（提取现金业务）上的金额登记；“支出”栏根据付款凭证上的金额登记。每日收付款项逐笔登记完毕后，应分别计算现金收入和支出的合计数及账面的结余额，并将库存现金日记账的账面余额与实存现金金额相核对，借以检查每日现金收支和结存情况。

（2）多栏式库存现金日记账。在会计实务中，为了在日记账中反映现金的收入来源和支出用途，可以采用多栏式的库存现金日记账格式，即收入栏（借方栏）下按与库存现金相对应的贷方科目设置专栏，支出栏（贷方栏）下按与库存现金相对应的借方科目设置专栏。登记多栏式库存现金日记账时，按收入、支出的对应科目分栏登记。采用这种格式，账户的对应关系及现金的来源去向一目了然。其格式见表7－2。

表 7-2 库存现金日记账（多栏式）

第 页

年		凭证		摘要	收入		支出		结余
月	日	种类	号数		应贷科目	合计	应借科目	合计	

2. 银行存款日记账

银行存款日记账是用来登记企业银行存款的收入、支出和结存情况的特种日记账。其账本形式必须采用订本式，账页格式一般采用三栏式，也可采用多栏式等其他格式。银行存款日记账通常也是由出纳人员根据审核后的银行存款收款凭证、银行存款付款凭证、现金付款凭证（存入现金业务）逐日逐笔按顺序登记。若一个企业开设有若干银行存款账号，应分别按银行账号设置银行存款日记账登记，这样便于与银行核对，也有利于银行存款的管理。

（1）三栏式银行存款日记账。三栏式银行存款日记账的格式与三栏式库存现金日记账相类似，但增设了“结算凭证”栏以反映结算凭证的种类及号数，目的是便于和银行对账，也便于反映银行存款收支所采用的结算方式，并突出企业支票的管理。其格式见表 7-3。

表 7-3 银行存款日记账（三栏式）

第 页

20××年		凭证		摘要	结算凭证		对方科目	收入	支出	借或贷	结余
月	日	种类	号数		种类	号数					
1	1			上年结转						借	8 600
1	3	银付	1	签发支票提取现金	现支	35	库存现金		800	借	7 800
	3	银收	1	销售收入存入银行			主营业务收入	3 000		借	10 800
	3	银付	2	支付运费	转支	16	销售费用		1 200	借	9 600
	3	银收	2	收到罚款			营业外收入	2 000		借	11 600
				本日合计				5 000	2 000		11 600
	31			本日合计				6 800	9 800		38 600
	31			本月合计				750 000	720 000		38 600

（2）多栏式银行存款日记账。多栏式银行存款日记账与多栏式库存现金日记账类似，只需在账页中增设“结算凭证”栏以反映结算凭证的种类及号数即可。其格式见表 7-4。

表 7-4　银行存款日记账（多栏式）

第　　页

年		凭证		摘要	结算凭证		收入		支出		结余
月	日	种类	号数		种类	号数	应贷科目	合计	应借科目	合计	

多栏式库存现金日记账和多栏式银行存款日记账由于按收入、支出的对应科目分设专栏，当使用会计科目较多时，账页必然很大，登记不便，并容易发生串行、错栏的错误。为了避免多栏式日记账篇幅过大，可以分别按照收款业务和付款业务，设置库存现金收入日记账、库存现金支出日记账、银行存款收入日记账、银行存款支出日记账。其格式见表 7-5 至表 7-8。

表 7-5　库存现金收入日记账（多栏式）

第　　页

年		凭证		摘要	贷方科目						支出合计	结余
月	日	种类	号数							收入合计		

表 7-6　库存现金支出日记账（多栏式）

第　　页

年		凭证		摘要	借方科目					
月	日	种类	号数							支出合计

表 7-7 银行存款收入日记账（多栏式）

第 页

年		凭证		摘要	结算凭证		贷方科目						支出合计	结余
月	日	种类	号数		种类	号数						收入合计		

表 7-8 银行存款支出日记账（多栏式）

第 页

年		凭证		摘要	结算凭证		借方科目					
月	日	种类	号数		种类	号数						支出合计

在分设收入日记账和支出日记账的情况下，出纳人员每日应将支出日记账中当日支出合计数，转记入收入日记账当日支出合计栏内，以计算当日账面结余额。

需要强调的是，在实际工作中，为了坚持内部牵制原则，实行钱、账分管，出纳人员不得负责登记库存现金日记账和银行存款日记账以外的任何账簿。出纳人员登记库存现金日记账和银行存款日记账后，应将各种收付款凭证交由会计人员据以登记总分类账及有关的明细分类账。通过总账与日记账的定期和不定期核对，达到控制库存现金日记账和银行存款日记账的目的。

（二）分类账的格式和登记

1. 总分类账的格式和登记

总分类账是按照总分类账户分类登记全部经济业务的账簿。在总分类账中，应按照会计科目的编码顺序分设账户，并为每个账户预留若干账页。由于总分类账能够全面、总括地反映经济活动情况，并为编制财务报表提供资料，因而任何企业都要设置总分类账。为了保证账簿资料的安全、完整，其账本形式必须采用订本式，账页格式一般采用三栏式，其金额栏分为借方、贷方、余额三栏，具体格式见表 7-9。

表 7-9　总分类账（三栏式）

会计科目：原材料　　　　　　　　　　　　　　　　　　　　　　　　　　第　　页

20××年		凭证		摘要	借方	贷方	借或贷	余额
月	日	种类	号数					
4	1			月初余额			借	60 000
	10	转	6	原材料验收入库	30 000		借	90 000
	20	转	13	领用原材料生产 A 产品		40 000	借	50 000
	30			本月合计	30 000	40 000	借	50 000

上述三栏式总分类账不能反映账户的对应关系，为此也可以分别在借、贷两栏内设置“对方科目”栏，这种三栏式总账的格式见表 7-10。

表 7-10　总分类账（三栏式）

会计科目：原材料　　　　　　　　　　　　　　　　　　　　　　　　　　第　　页

20××年		凭证		摘要	借方		贷方		借或贷	余额
月	日	种类	号数		金额	对方科目	金额	对方科目		
4	1			月初余额					借	60 000
	10	转	6	原材料验收入库	30 000	在途物资			借	90 000
	20	转	13	领用原材料生产产品			40 000	生产成本	借	50 000
	30			本月合计	30 000		40 000		借	50 000

总分类账可以直接根据各种记账凭证逐笔进行登记，也可以将各种记账凭证先汇总编制成科目汇总表或汇总记账凭证，然后再据以登记。具体登记方法取决于企业采用的账务处理程序。

2. 明细分类账的格式和登记

明细分类账是按照明细分类账户详细记录某一类经济业务的账簿。明细分类账是总分类账的明细记录，更具体地说明经济业务，它不仅能提供金额指标，还能提供数量、单价等详细信息，可以为编制财务报表提供必需的资料。企业在设置总分类账的基础上，应根据管理的需要设置若干必要的明细分类账，作为总分类账的补充，各种明细分类账分别按照二级科目或明细科目开设账户，并为每一个账户预留若干账页，用来分类、连续地记录有关资产、负债、所有者权益、收入、费用、利润等详细资料。

明细分类账的账本形式一般采用活页式账簿，常用的账页格式有三栏式、数量金额式、多栏式等。

（1）三栏式明细分类账。三栏式明细分类账的格式和三栏式总分类账的格式基本相同，账页上设有借方、贷方和余额三个金额栏。它主要适用于只要求反映金额而不需要反映数量的经济业务，如应收账款、应付账款等债权债务结算业务的核算。三栏式应收账款明细分类账的格式见表 7-11。

表 7-11 应收账款明细分类账（三栏式）

二级或明细科目：　　　　　　　　　　　　　　第　　页

年		凭证		摘要	借方	贷方	借或贷	余额
月	日	种类	号数					
				本月合计				

（2）数量金额式明细分类账。数量金额式明细分类账的账页上不仅设有金额栏，同时还设置了“数量”栏，并按“收入”“发出”“结余”分别设置。这种格式的明细账适用于既需要反映金额又需要反映数量的经济业务，如原材料、库存商品等账户的明细分类核算，具体格式见表 7-12。

表 7-12 原材料明细分类账（数量金额式）

类别：　　　　　　　　品名和规格：　　　　　　　　编号：
计量单位：　　　　　　储备定额：　　　　　　　　　第　　页
计划单价：　　　　　　最高储备量：
存放地点：　　　　　　最低储备量：

年		凭证		摘要	收入			发出			结余		
月	日	种类	号数		数量	单价	金额	数量	单价	金额	数量	单价	金额
				本月合计									

（3）多栏式明细分类账。多栏式明细分类账是根据经济业务的特点和经济管理的需要，在一张账页内记录某一科目及其所属的各明细科目的内容，按该总账科目的明细项目设专栏记录。这种账页格式适用于只记金额，不记数量，而且在管理上需要了解其构成内容的收入、费用、利润等明细分类核算。

费用明细账一般按借方设多栏，若需冲减有关费用，可以在明细账中以红字在借方登记，会计期末将借方净发生额从贷方结转到“本年利润”账户。多栏式费用明细账的一般格式见表 7-13。

表 7-13　管理费用明细分类账（多栏式）

第　页

年		凭证		摘要	借方（明细项目）						贷方	余额
月	日	种类	号数							合计		

收入明细账一般按贷方设多栏，若需冲减有关收入，可以在明细账中以红字在贷方登记，会计期末将贷方净发生额从借方结转到“本年利润”账户。多栏式收入明细账的一般格式见表 7-14。

表 7-14　主营业务收入明细分类账（多栏式）

第　页

年		凭证		摘要	借方	贷方（明细项目）						余额
月	日	种类	号数								合计	

各种明细账的登记方法，应根据单位经济业务的繁简和经济管理的需要而定。明细分类账通常根据原始凭证或标有明细科目及金额的记账凭证进行登记，可以逐笔登记，也可以定期汇总登记。

同步思考

你认为出纳可以既登记日记账又登记总账吗？

第三节　会计账簿的规则

记账是会计核算的一个重要环节，是一项重要的基础工作。记账工作完成得好坏，直接关系着能否为编制财务报表提供正确可靠的数据资料。因此，必须切实做到登账及时、内容完整、数字真实、摘要清楚，要便于查阅，不能漏记账、记重账、记错账。

一、启用账簿的规则

为了保证会计账簿记录的合法性和完整性，保证会计核算的质量，明确记账责任，启用会计账簿时应注意以下几点：

（1）在账簿封面上应当写明单位名称和账簿名称。

（2）在账簿扉页上应当填写账簿启用表，内容包括：启用日期，账簿页数，会计部门负责人、会计主管人员、审核人员、记账人员姓名，并加盖名章和单位公章。记账人员或者会计部门负责人、会计主管人员变动时，应当注明移交日期、移交人员、接管日期、接管人员，并由交接双方和监交人签名盖章。“账簿启用及交接表”的一般格式见表 7－15。

表 7－15 账簿启用及交接表

<table>
<tr><td colspan="2">单位名称</td><td colspan="4"></td><td colspan="4">印　鉴</td></tr>
<tr><td colspan="2">账簿名称</td><td colspan="4"></td><td colspan="4" rowspan="4"></td></tr>
<tr><td colspan="2">账簿编号</td><td colspan="4"></td></tr>
<tr><td colspan="2">账簿页数</td><td colspan="4">本账簿共计　　页</td></tr>
<tr><td colspan="2">启用日期</td><td colspan="4">年　月　日</td></tr>
<tr><td rowspan="3">经管人员</td><td colspan="2">部门负责人</td><td colspan="2">会计主管</td><td colspan="2">审核</td><td colspan="2">记账</td></tr>
<tr><td>姓名</td><td>盖章</td><td>姓名</td><td>盖章</td><td>姓名</td><td>盖章</td><td>姓名</td><td>盖章</td></tr>
<tr><td></td><td></td><td></td><td></td><td></td><td></td><td></td><td></td></tr>
<tr><td rowspan="8">交接记录</td><td colspan="2">移交日期</td><td colspan="2">移交人姓名及签章</td><td colspan="2">接管日期</td><td>接管人姓名及签章</td><td>会计主管姓名及签章</td></tr>
<tr><td colspan="2"></td><td colspan="2"></td><td colspan="2"></td><td></td><td></td></tr>
<tr><td colspan="2"></td><td colspan="2"></td><td colspan="2"></td><td></td><td></td></tr>
<tr><td colspan="2"></td><td colspan="2"></td><td colspan="2"></td><td></td><td></td></tr>
<tr><td colspan="2"></td><td colspan="2"></td><td colspan="2"></td><td></td><td></td></tr>
<tr><td colspan="2"></td><td colspan="2"></td><td colspan="2"></td><td></td><td></td></tr>
<tr><td colspan="2"></td><td colspan="2"></td><td colspan="2"></td><td></td><td></td></tr>
<tr><td colspan="2"></td><td colspan="2"></td><td colspan="2"></td><td></td><td></td></tr>
<tr><td>备注</td><td colspan="2"></td><td colspan="2"></td><td colspan="2"></td><td></td><td></td></tr>
</table>

（3）启用订本式账簿，应当按第一页到最后一页的顺序编定页数，不得跳页、缺号。

（4）使用活页式账簿，应当按账户顺序编号，并须定期装订成册。装订后再按实际使用的账页顺序编写页码，另加目录，记明每个账户的名称和页次。

二、登记账簿的规则

会计人员应当根据审核无误的记账凭证登记会计账簿。账簿登记一般应遵循下列规则：

（1）登记账簿时，应当将会计凭证日期、编号、摘要、金额和其他有关资料逐项记入账页内，做到数字准确、摘要清楚、登记及时、字迹工整。

（2）登记完毕后，要在会计凭证上签名或盖章，并注明已经登账的符号（如“√”），表示已经记账。

（3）账簿中书写的文字和数字上面要留适当空距，不要写满格，一般应占格高的 1/2。

（4）登记账簿要用蓝黑或黑色墨水书写，不得使用圆珠笔（银行的复写账簿除外）或铅笔书写。但下列情况可以用红色墨水记账：

1）按照红字冲账的记账凭证，冲销错误记录。

2）在不设借贷栏的多栏式账页中，登记减少数。

3）在三栏式账户的余额栏前，如未印明余额的方向，在余额栏内登记负数余额。

4）根据规定可以用红字登记的其他会计记录。

（5）各种账簿按页次顺序连续登记，不得跳行、隔页。如果发生跳行、隔页，应将空行、空页划线注销，或注明“此行空白”或“此页空白”字样，并由记账人员签名或盖章。

（6）凡需要结出余额的账户，结出余额后，应在“借或贷”栏内写明“借”或“贷”字样；没有余额的账户，应在“借或贷”栏内写“平”字，并在“余额”栏内用“0”表示。库存现金日记账和银行存款日记账必须逐日结出余额。

（7）每一账页登记完毕结转下页时，应结出本页合计数及余额，写在本页最后一行和下页第一行有关栏内，并在本页的摘要栏内注明“转后页”字样，在次页的摘要栏内注明“承前页”字样。

（8）账簿记录发生错误，不准涂改、挖补、刮擦或者用药水消除字迹，不准重新抄写，必须按规定的方法进行更正。

实行会计电算化的企业，总账和明细账应当定期打印。发生收款和付款业务的，在输入收款凭证和付款凭证的当天必须打印出库存现金日记账和银行存款日记账，并与库存现金核对无误。

三、总分类账和明细分类账平行登记的规则

（一）总分类账和明细分类账的关系

总分类账是根据总分类科目开设，用以提供总括指标的账簿；明细分类账是根据明细分类科目开设，用以提供明细指标的账簿。在总分类账中进行的核算，称为总分类核算；在明细分类账中进行的核算，称为明细分类核算。

总分类账提供总括指标，明细分类账提供详细、具体的指标，总分类账对其所属的明细分类账起统驭和控制的作用，明细分类账对其总分类账起补充和说明的作用，因此，总分类账又称为统驭账户，明细分类账则称为从属账户。会计实务中，并不是所有总分类账户都要分设明细分类账户，各企业在进行总分类核算的同时，应根据管理的需要，进行必要的明细分类核算。

总分类账与其所属的明细分类账所反映的经济业务是相同的，登账时所依据的原始依据也相同。总分类账提供总括的金额指标，明细分类账除提供金额指标外，还能提供具体的数量指标，它们既总括又详细地说明同一事项。为了使总分类账与其所属的明细分类账之间能起到统驭与补充的作用，便于账户核对，并确保核算资料的正确、完整，必须采用平行登记的方法，在总分类账及其所属的明细分类账中进行记录。

（二）总分类账和明细分类账平行登记的方法

平行登记是指经济业务发生后，根据会计凭证，一方面要登记有关的总分类账户，另一方面要登记所属的各有关明细分类账户。平行登记的规则，包括以下几个要点：

（1）依据相同。登记总分类账户与其所属的明细分类账户的原始依据必须一致，平行登记的各账簿所记录的经济业务内容、性质及发生的期间必须一致。

（2）方向一致。根据会计凭证记入有关总分类账户与其所属的明细分类账户的记账方

向必须一致。在总分类账中登记借方，在其所属明细分类账中登记的方向也在借方；在总分类账中登记贷方，在其所属明细分类账中登记的方向也在贷方。

（3）金额相等。在总分类账中登记的金额与其所属的明细分类账中登记的金额必须相等。如登记总分类账户时涉及几个明细分类账户，则在总分类账中登记的金额与其所属的明细分类账中登记的金额之和相等。

（三）总分类账和明细分类账的核对

根据平行登记规则记账后，总分类账与其所属的明细账之间形成了下列数量关系：

总分类账有关账户余额与其所属的各个明细账户余额之和必然相等。以公式表示为：

总分类账期初余额＝所属明细账期初余额合计
总分类账期末余额＝所属明细账期末余额合计

总分类账有关账户本期发生额与其所属的各个明细账户本期发生额的合计数之和必然相等。以公式表示为：

总分类账本期借方发生额＝所属明细账本期借方发生额合计
总分类账本期贷方发生额＝所属明细账本期贷方发生额合计

下面以原材料的核算为例，说明总分类账与明细分类账的平行登记方法及相互关系。

【例7-1】 某企业20××年5月初“原材料”账户借方余额为16 000元，其有关明细账的借方余额见表7-16。

表7-16 原材料明细账借方余额

材料名称	计量单位	数量	单价（元）	金额（元）
甲材料	吨	50	200	10 000
乙材料	吨	60	100	6 000
合计				16 000

该企业20××年5月份发生以下经济业务：

（1）5月5日从阳光公司购入原材料，货款7 000元，增值税910元。其中甲材料30吨，每吨200元，计6 000元；乙材料10吨，每吨100元，计1 000元。材料已验收入库，款项尚未支付。会计分录为：

借：原材料——甲材料　6 000
　　　　——乙材料　1 000
　　应交税费——应交增值税（进项税额）　910
　贷：应付账款　7 910

（2）5月15日生产产品领用原材料11 000元。其中甲材料40吨，每吨200元，计8 000元；乙材料30吨，每吨100元，计3 000元。会计分录为：

借：生产成本　11 000
　贷：原材料——甲材料　8 000
　　　　　——乙材料　3 000

（3）5月22日从金华公司购入原材料，货款8 000元，增值税1 040元。其中甲材料20吨，每吨200元，计4 000元；乙材料40吨，每吨100元，计4 000元。材料已验收入库，货款及增值税以银行存款支付。会计分录为：

借：原材料——甲材料　4 000

　　　　　——乙材料　4 000

　　应交税费——应交增值税（进项税额）　1 040

　贷：银行存款　9 040

将上述原材料期初余额及本月发生额记入有关总分类账户与明细分类账户，见表7－17至表7－19。

表7－17　总分类账

会计科目：原材料　　单位：元

20××年		凭证		摘要	借方	贷方	借或贷	余额
月	日	种类	号数					
5	1			月初余额			借	16 000
	5	略	1	购入材料	7 000		借	23 000
	15		2	生产领用		11 000	借	12 000
	22		3	购入材料	8 000		借	20 000
5	31			本月合计	15 000	11 000	借	20 000

表7－18　原材料明细分类账

账户名称：甲材料　　计量单位：吨　金额单位：元

20××年		凭证		摘要	收入			发出			结存		
月	日	种类	号数		数量	单价	金额	数量	单价	金额	数量	单价	金额
5	1			月初余额							50	200	10 000
	5	略	1	购入材料	30	200	6 000				80	200	16 000
	15		2	生产领用				40	200	8 000	40	200	8 000
	22		3	购入材料	20	200	4 000				60	200	12 000
5	31			本月合计	50	200	10 000	40	200	8 000	60	200	12 000

表7－19　原材料明细分类账

账户名称：乙材料　　计量单位：吨　金额单位：元

20××年		凭证		摘要	收入			发出			结存		
月	日	种类	号数		数量	单价	金额	数量	单价	金额	数量	单价	金额
5	1			月初余额							60	100	6 000
	5	略	1	购入材料	10	100	1 000				70	100	7 000
	15		2	生产领用				30	100	3 000	40	100	4 000
	22		3	购入材料	40	100	4 000				80	100	8 000
5	31			本月合计	50	100	5 000	30	100	3 000	80	100	8 000

从上面三张账表中可以看出，“原材料”总分类账户与其明细分类账户按照“依据相同、方向一致、金额相等”的平行登记要求登记以后，它们之间的数量关系如表 7-20 所示。

表 7-20 原材料总分类账户与明细分类账户发生额及余额对照表

20××年 5 月 单位：元

账户名称	月初余额		本期发生额		月末余额	
	借方	贷方	借方	贷方	借方	贷方
甲材料	10 000		10 000	8 000	12 000	
乙材料	6 000		5 000	3 000	8 000	
原材料	16 000		15 000	11 000	20 000	

四、更正错账的规则

（一）错账查找的方法

记账以后，一旦发现账簿记录出现错误就应立即查找，错账金额的查找方法通常有差额核对法、差额二除法、差额九除法等。

1. 差额核对法

在记账工作中，有时会发生漏记现象，如某项经济业务只登记了一个账户，而另一个账户被遗漏未登记，在计算账户余额时，有时也会遗漏一笔金额。发生漏登漏计，所有账户借方金额的合计与贷方金额的合计就不能试算平衡。差额核对法是根据错账的差额去查找错误。例如，借方合计数超过贷方合计数 8 000 元，就应检查是否有一笔 8 000 元的贷方记录漏记了或数字漏加了。可见，这种方法适用于查找漏记账和漏加数字而产生的错误。

2. 差额二除法

在登记账簿时，有时会发生记错方向的错误，即把应记入借方的金额误记入贷方，或是把应记入贷方的金额误记入借方。这种情况下，出现的差额将是错误金额的 2 倍。当发生差错采用差额核对法无效后，可将差额除以 2，如能除尽，错账就有可能是记账方向错误而引起的，差额除以 2 得到的商可能就是错误金额。例如，借方合计数超过贷方合计数 8 000 元，通过差额核对法未发现漏记账和漏加数字的情况，可将差额 8 000 元除以 2 得 4 000 元，然后再检查是否有一笔 4 000 元的贷方记录被当作了借方记录，而使借方合计数超过贷方合计数 8 000 元。显然，差额二除法适用于查找记错方向而引起的错账。

3. 差额九除法

在登记账簿时，有时会把相邻的两个数字记颠倒了，引起相邻数字倒置。例如，62 记成 26，826 记成 286；或者记错了数字的位置，引起数字移位，如 50 误记为 500。这样的错误引起的差额往往易于辨认，因为它们总可以被 9 除尽（62－26＝36，36÷9＝4；826－286＝540，540÷9＝60；500－50＝450，450÷9＝50）。因此，如果错账差额能被 9 除尽，可检查是否有相邻数倒置或数字移位的情况。因此，差额九除法适用于查找相邻数字倒置和数字移位而引起的错误。

如果错账是由几种错误同时引起的，综合错误引起的差额就没有规律了，而且当出现了重记或遗漏了一项会计分录或会计分录中错用了会计科目而引起的账簿记录错误，其合计数平衡，显然不可能用上述方法来确定错账的错误所在，甚至有时出现了错账也不知道，这就需要采用全面检查的方法，将全部账簿记录重新检查一遍，工作量很大。因此，在记账过程中，必须认真负责、细致小心，并加强复核，尽量避免错账的发生。万一发生错账，应按照规定的方法更正。

（二）更正错账的方法

更正错账的方法一般有划线更正法、红字更正法和补充登记法三种。

1. 划线更正法

在结账以前，如果发现账簿上所记文字或数字有笔误或有计算上的错误，而记账凭证并没有错，应采用划线更正法进行更正。更正时，应先将错误的文字或数字划一条红线予以注销，但必须使原有字迹仍可辨认，以备查考，然后在红线的上面，用蓝字写上正确的文字或数字，并由更正人员在更正处签名盖章，以明确责任。必须注意的是，对于错误数字必须全部划销，不得只划线更正其中的个别数字。举例说明如下。

【例 7-2】 某企业开出转账支票一张，缴纳所得税 7 560 元，会计分录正确，“应交税费”账户记录的金额为 7 650 元。

在“应交税费”账页上采用划线更正法，应将错误数字 7 650 划上一条红线，然后用蓝字在红线的上面写上正确数字 7 560，并由更正人员在旁边盖章。更正后为：

7 560
~~7 650~~ [李敏]

2. 红字更正法

（1）记账以后，如果发现记账凭证中的应借应贷会计科目或记账方向有错误从而导致账簿错误，应用红字更正法进行更正。红字在记账中表示减少，它起着冲销的作用。更正时，先用红字填写一张与原错误记账凭证内容完全相同的记账凭证，在“摘要”栏中注明冲销错账以及错误凭证的号数与日期，并据以用红字登记入账，冲销原有的错误记录；然后，再用蓝字填制一张正确的记账凭证，在“摘要”栏中注明更正错账以及冲账凭证的号数与日期，并据以用蓝字登记入账。举例说明如下。

【例 7-3】 某企业用银行存款支付投资者红利 5 000 元。编制记账凭证时，误作下列会计分录，并已登记入账：

1）借：应付账款　　5 000
　　贷：银行存款　　5 000

当发现这一错误时，先用红字填制一张与原错误凭证内容完全相同的记账凭证：

2）借：应付账款　　[5 000]
　　贷：银行存款　　[5 000]

（注：“□”表示红字，下同。）

然后，再用蓝字填写一张正确的记账凭证：

3）借：应付股利　　5 000
　　贷：银行存款　　5 000

根据以上记账凭证登记账簿以后，有关账户记录情况见图7-1。

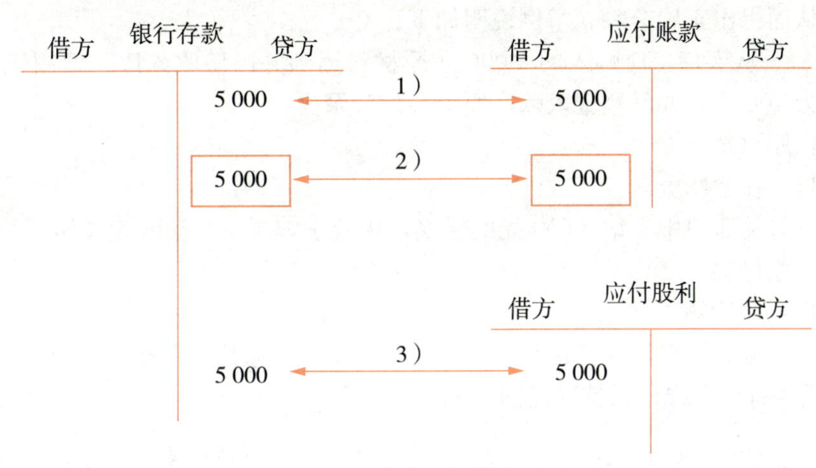

图7-1　账户记录情况（1）

（2）记账以后，如果发现原记账凭证中会计科目和借贷方向并无错误，只是所记金额大于应记金额而导致账簿错误，也应采用红字更正法更正。更正时，将多记的金额用红字填制一张与原错误记账凭证所记载的借贷方向、应借应贷会计科目相同的记账凭证，在“摘要”栏中注明冲销错账以及原错误凭证的号数与日期，并据以用红字登记入账，以冲销多记金额，从而得出正确金额。举例说明如下。

【例7-4】 企业生产A产品领用原材料一批共计3 500元，填制记账凭证时，将金额误填为5 300元，并已登记入账。原编会计分录为：

1）借：生产成本　　5 300
　　贷：原材料　　5 300

为了更正有关账户中多记1 800元的错误，用红字编制一张记账凭证如下：

2）借：生产成本　　[1 800]
　　贷：原材料　　[1 800]

根据以上记账凭证登记账簿以后，“生产成本”和“原材料”账户均反映了正确的发生额3 500元。有关账户记录情况见图7-2。

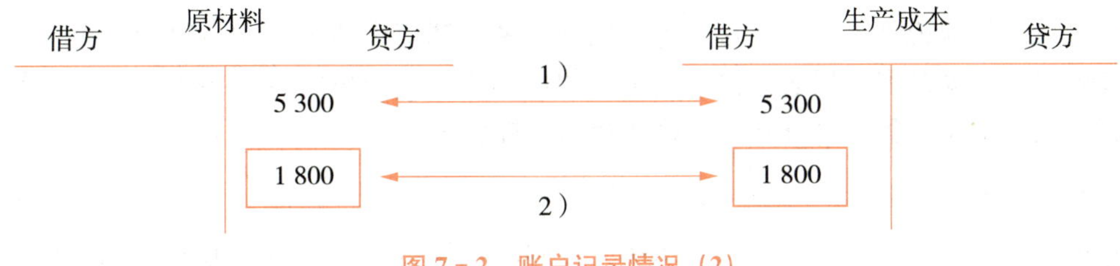

图7-2　账户记录情况（2）

3. 补充登记法

记账以后，如果发现原记账凭证中应借应贷会计科目并无错误，只是凭证所记金额小于应记金额而导致账簿错误，应该采用补充登记法更正。更正时，将少记的金额用蓝字填制一张与原错误记账凭证所记载的借贷方向、应借应贷会计科目相同的记账凭证，在“摘要”栏中注明补记少记金额以及原错误凭证的号数与日期，并据以用蓝字登记入账，补记少记金额，从而得出正确金额。举例说明如下。

【例 7-5】 从宏信工厂购入的 4 000 元原材料运到并已验收入库。填制记账凭证时，将金额误填为 400 元，并已登记入账。原编会计分录为：

（1）借：原材料　　400

　　贷：在途物资　　400

为了更正有关账户中少记 3 600 元的错误，用蓝字编制一张记账凭证如下：

（2）借：原材料　　3 600

　　贷：在途物资　　3 600

根据以上记账凭证登记账簿以后，“原材料”和“在途物资”账户均反映了正确的发生额 4 000 元。有关账户记录情况见图 7-3。

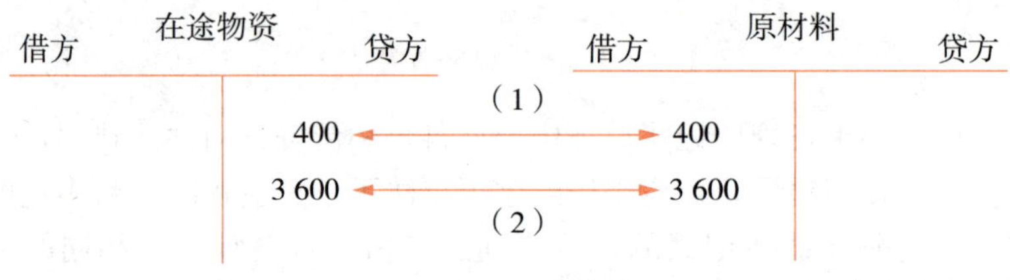

图 7-3　账户记录情况（3）

同步思考

1. 总分类账和明细分类账平行登记的要求之一是它们要同时登记，你认为对吗？

2. 例 7-4 中，如果更正时借记“原材料”账户，贷记“生产成本”账户，从而对多记的金额 1 800 元进行冲减，你认为这样进行更正是否正确？为什么？

第四节　对账和结账

一、对账

对账，简单地说就是核对账目。为了保证各种账簿记录的正确性，如实反映和监督经济活动情况，为编制财务报表提供真实可靠的数据资料，记账以后还必须对账，将各种账簿的记录核对清楚，做到账证相符、账账相符、账实相符。

（一）账证核对

账证核对是指总分类账、明细分类账以及现金和银行存款日记账等各种账簿的记录与记账凭证及其所附的原始凭证核对，保证账证相符。

（二）账账核对

账账核对是指账簿之间的有关记录要相互核对，具体包括各总分类账户借方期末余额合计与贷方期末余额合计相核对；明细分类账各账户期末余额合计与有关总分类账户期末余额相核对；日记账期末余额和有关总分类账期末余额相核对；会计部门各种财产物资明细分类账期末余额与财产物资保管和使用部门的有关财产物资明细分类账期末余额相核对，保证账账相符。

（三）账实核对

账实核对是指各种财产物资的账面余额与实存数额相核对，具体包括库存现金日记账账面余额每天与库存现金实有数相核对；银行存款账面余额定期与开户银行账目相核对；财产物资明细分类账账面余额数与库存实物相核对；各种应收、应付款明细分类账账面余额与有关债务、债权单位的账目相核对，保证账实相符。账实核对一般通过财产清查进行。

二、结账

结账，简单地说就是结出每个账户的本期发生额和期末余额，从而结束本期账簿记录。各单位必须定期进行结账。

（一）结账前的准备工作

结账前必须将本期内所发生的各项经济业务全部登记入账。要检查有无重复、遗漏和记错的业务；不得将尚未发生的经济业务提前入账，也不得将已经在本期发生的业务延至下期入账；根据权责发生制，必须确认的本期应计收入和应计费用要进行期末账项调整，编制有关调整分录并据以入账；期末需要结转的业务均应编制有关结转分录并据以入账，如“制造费用”账户本期发生额应按一定的标准分配结转记入“生产成本”账户，完工产品的实际生产成本应由“生产成本”账户结转记入“库存商品”账户，本期销售产品的实际生产成本应由“库存商品”账户结转记入“主营业务成本”账户，各损益类账户应结转至“本年利润”账户，年度终了“本年利润”账户应结转至“利润分配”账户；通过财产清查发现的财产物资的盘盈、盘亏应按照规定登记入账等。

在完成以上工作后，才能按规定在账簿上进行结账。按结账期间的不同，结账分为月结、季结、年结等。

（二）结账方法

企业月末进行结账工作时，应在账户本月份最后一笔记录下面一行进行月结，在“摘要”栏注明“本月合计”字样，结出本月发生额和月末余额，如无余额，在“余额”栏内写上0，然后在下面通栏划单红线。本月份未发生金额变化的账户，一般不需要进行月结。对不需按月结计本期发生额的账户，每次记账以后，都要随时结出余额，每月最后一笔余额即月末余额，不需再结计一次余额，月末结账时只需要在最后一笔经济业务记录下面通栏划单红线。

企业季末进行结账工作时，在季末月的月结行下面一行进行季结，在“摘要”栏内注明“本季合计”字样，结出本季发生额，季末月的月末余额即季终余额，再在下面划一通栏单红线。需要结出本年累计发生额的某些明细账户，应当在本月月结或本季季结行下面一行进行，在“摘要”栏内注明“本年累计”字样，结出自年初起至本期止的累计发生额，并在下面通栏划单红线。12 月末的“本年累计”就是全年累计发生额，全年累计发生额下面应当通栏划双红线。

年度终了，所有总账账户都应当结出全年发生额和年末余额。企业年末结账应在 12 月份月结或在第四季度的季结下面一行进行，在“摘要”栏内注明“本年合计”字样，计算填列全年 12 个月月结的发生额合计数或四个季度的发生额合计数，12 月末的余额即年末余额，并在下面通栏划双红线。各账户的年末余额应结转到下一会计年度，在下一会计年度新建有关会计账簿的第一行“余额”栏内填写上年结转的余额，并在摘要栏注明“上年结转”字样。结账的格式及方法见表 7 - 21。

表 7 - 21　总分类账

会计科目：原材料

20××年		凭证		摘要	借方	贷方	借或贷	余额
月	日	种类	号数					
1	1			上年结转 ……	 ……	 ……	借	16 000
	31			本月合计	10 000	9 000	借	17 000
2				……	……	……		……
	28			本月合计	11 000	9 000	借	19 000
12				……	……	……		……
	31			本月合计	9 000	7 000	借	26 000
	31			本年合计	120 000	110 000	借	26 000

在新会计年度开始时单位通常启用新账，总分类账、日记账和绝大部分明细分类账应每年更换一次，只有平时记录较少的一小部分明细分类账如固定资产明细账可以连续使用，不必每年更换新账。

同步思考

为什么要对账？如果“原材料”总账账户与其所属的明细账户核对有出入，你认为可能是什么原因造成的？

贴心提示

账簿知识的学习方法建议

账簿知识的学习和会计凭证的学习一样，要通过实际操作，才能真正掌握各种账簿的登记方法和要求。本教材配套实训中有很多账页供大家练习，有条件的可以到单位财会部门观摩，增加对账簿的感性认识，向财会人员请教各种账簿的用途，真正掌握账簿的相关知识。我们也可以将账簿知识运用于日常生活中，例如可以把自己一个阶段的收支，通过日记账的形式连续、完整地记录下来，对于日记账的作用自然而然就体会到了。

自测题

在线自测

一、单项选择题

1. 日记账按用途分类属于（　　）。

A. 备查账簿　　B. 序时账簿
C. 总分类账簿　　D. 明细分类账簿

2. 库存现金日记账应采用的形式是（　　）。

A. 订本式账簿　　B. 活页式账簿
C. 卡片式账簿　　D. 数量金额式账簿

3. 总分类账大多采用（　　）。

A. 多栏式账簿　　B. 三栏式账簿
C. 单栏式账簿　　D. 数量金额式账簿

4. 制造费用明细账一般采用（　　）。

A. 双栏式账簿　　B. 三栏式账簿
C. 多栏式账簿　　D. 数量金额式账簿

5. “委托加工材料登记簿”按用途分类属于（　　）。

A. 总分类账簿　　B. 备查账簿
C. 明细分类账簿　　D. 日记账簿

6. 从银行提取现金时，登记库存现金日记账的依据是（　　）。

A. 银行存款收款凭证　　B. 现金付款凭证
C. 现金收款凭证　　D. 银行存款付款凭证

7. 活页式账簿和卡片式账簿主要适用于（　　）。

A. 特种日记账　　B. 普通日记账
C. 总分类账簿　　D. 明细分类账簿

8. 固定资产明细账的格式一般采用（　　）。

A. 订本式　　B. 卡片式　　C. 活页式　　D. 多栏式

9. 某会计人员根据记账凭证登记入账时，误将 800 元记作 8 000 元，而记账凭证无误，应用（　　）予以更正。

A. 红字更正法　　B. 补充登记法　　C. 划线更正法　　D. 蓝字更正法

10. 若记账凭证上的会计科目和应借应贷方向未错，但所记金额大于应记金额，并据以登记入账，对此应采用（　　）予以更正。

A. 划线更正法　　B. 红字更正法
C. 补充登记法　　D. 编制相反分录冲减

11. 账证核对是将各种账簿记录与有关（　　）相核对。
A. 记账凭证　　B. 会计凭证　　C. 原始凭证　　D. 会计分录

12. 登记日记账的方式是按照经济业务发生的时间先后顺序进行（　　）。
A. 逐日逐笔登记　　B. 逐日汇总登记
C. 逐笔定期登记　　D. 定期汇总登记

13. 序时账簿按其登记内容的不同分为（　　）。
A. 普通日记账和特种日记账　　B. 银行存款日记账和库存现金日记账
C. 普通日记账和日记总账　　D. 三栏式日记账和多栏式日记账

14. 账簿在启用时，账簿名称应填在账簿的（　　）上。
A. 扉页　　B. 封面　　C. 账页　　D. 封底

15. 新的会计年度开始，启用新账时，（　　）可以继续使用，不必更换新账。
A. 日记账　　B. 总分类账
C. 明细分类账　　D. 固定资产卡片账

二、多项选择题

1. 账簿按其用途分类，可以分为（　　）。
A. 序时账簿　　B. 订本式账簿　　C. 分类账簿　　D. 活页式账簿
E. 备查账簿

2. 账簿按其外表形式分类，可以分为（　　）。
A. 订本式账簿　　B. 三栏式账簿　　C. 卡片式账簿　　D. 活页式账簿
E. 多栏式账簿

3. 下列账簿中，采用订本式的有（　　）。
A. 库存现金日记账　　B. 银行存款日记账
C. 备查账　　D. 总分类账
E. 明细分类账

4. 任何会计主体都必须设置的账簿有（　　）。
A. 库存现金日记账　　B. 银行存款日记账
C. 总分类账　　D. 备查账
E. 明细分类账

5. 库存现金、银行存款日记账的账页格式主要有（　　）。
A. 三栏式　　B. 卡片式　　C. 多栏式　　D. 数量金额式
E. 活页式

6. 数量金额式明细分类账的账页格式适用于（　　）。
A. 库存商品明细账　　B. 制造费用明细账
C. 应付账款明细账　　D. 应收账款明细账
E. 原材料明细账

7. 三栏式明细分类账的账页格式适用于（　　）。

A. 管理费用明细账　　B. 库存商品明细账
C. 应收账款明细账　　D. 制造费用明细账
E. 应付账款明细账

8. 红色墨水登记账簿，适用的情况有（　　）。
A. 按照红字冲账的记账凭证，冲销错误记录
B. 在不设借贷栏的多栏式账页中，登记减少数
C. 在期末结账时，用红色墨水划通栏红线
D. 在三栏式账户的余额栏前，如未印明余额的方向，在余额栏内登记负数余额
E. 根据规定可以用红字登记的其他会计记录

9. 账实核对主要包括（　　）。
A. 库存现金日记账与现金实存数的核对
B. 银行存款日记账与银行对账单的核对
C. 材料明细账与材料实存数的核对
D. 总账借贷方期末余额合计数的核对
E. 应收账款明细账与债务单位对账单的核对

10. 账账核对包括（　　）。
A. 总分类账户借方期末余额合计数与贷方期末余额合计数相核对
B. 明细分类账各账户期末余额合计数与有关总分类账户期末余额数相核对
C. 银行存款日记账与银行对账单的核对
D. 会计部门各种财产物资明细分类账与财产物资保管部门的明细分类账相核对
E. 日记账期末余额和有关总分类账期末余额相核对

11. 结账分为（　　）。
A. 日结　　B. 月结　　C. 旬结　　D. 季结
E. 年结

12. 应采用红字更正法进行更正的账簿错误有（　　）。
A. 记账以后，发现记账凭证所列会计科目有错误
B. 记账以后，发现记账凭证所列金额大于正确金额
C. 记账以后，发现记账凭证所列金额小于正确金额
D. 结账之前，发现账簿上所记文字或数字有错误，而记账凭证正确
E. 记账以后，发现记账凭证借贷方向发生错误

13. 错账更正的方法有（　　）。
A. 划线更正法　　B. 补充登记法　　C. 差额除二法　　D. 红字更正法
E. 差额除九法

14. 对账包括的主要内容有（　　）。
A. 账证核对　　B. 账目核对　　C. 账账核对　　D. 账表核对
E. 账实核对

三、判断题

1. 库存现金日记账和银行存款日记账，必须采用订本式账簿。（　　）

2. 库存现金和银行存款日记账属于普通日记账。（ ）

3. 三栏式明细账适用于那些只需要进行金额核算而不需要进行数量核算的明细分类账户。（ ）

4. 备查账簿是对某些在日记账和分类账中未能记录或记录不全的经济业务进行补充登记的账簿，因此各单位都必须设置。（ ）

5. 为了满足内部牵制原则，实行钱、账分管，通常由出纳人员根据收、付款凭证进行现金收支，然后将收付款后的现金收款凭证和付款凭证交给会计人员，由会计人员登记三栏式库存现金日记账。（ ）

6. 总分类账一般采用订本式账簿。（ ）

7. 多栏式明细账，一般适用于债权、债务结算的经济业务。（ ）

8. 各种明细账的登记依据，既可以是原始凭证，也可以是记账凭证。（ ）

9. 各种明细账的登记，可以逐日逐笔登记，也可以汇总登记。（ ）

10. 登记账簿必须用蓝、黑墨水书写，不得使用圆珠笔、铅笔书写，更不得用红色墨水书写。（ ）

11. 某会计人员在填制记账凭证时，误将5 800元记作8 500元，并已登记入账。月终结账前发现错误，更正时应采用划线更正法。（ ）

12. 设有明细分类账户的总分类账户，又称统驭账户。（ ）

13. 总分类账户和明细分类账户必须在同一会计期间内登记。（ ）

14. 新的会计年度开始时，企业必须更换全部账簿。（ ）

15. 结账是在各个会计期末进行的。（ ）

16. 季结时应划通栏双红线。（ ）

17. 划线更正法适用于记账凭证错误引起的账簿记录错误。（ ）

18. 将企业的银行存款日记账与银行对账单定期核对属于账账核对。（ ）

四、简答题

1. 为什么要设置和登记会计账簿？

2. 会计账簿按用途分为哪几种？会计账簿的外表形式有哪几种？这些形式各有哪些优缺点？会计账簿的设置原则有哪些？

3. 库存现金日记账和银行存款日记账通常有哪些格式？如何登记？

4. 总分类账通常采用什么样的格式？如何登记？

5. 明细分类账有哪几种格式？简述各自的适用范围。

6. 更正错账有哪几种方法？简述各自的适用范围。

7. 什么是对账？怎样对账？

8. 查找错账的方法有哪几种？它们各适用于什么样的错账？

9. 什么是结账？年终结账应注意什么？

五、综合业务题

习题一

目的：掌握库存现金日记账和银行存款日记账的登记方法。

资料：第六章自测题综合业务题习题二的业务。

要求：根据已编制的收款凭证和付款凭证，登记库存现金日记账和银行存款日记账，填入表7-22、表7-23，并结出本月发生额合计及期末余额。

表7-22 库存现金日记账

单位：元

年		凭证		摘要	对方科目	收入	支出	结余
月	日	字	号					

表7-23 银行存款日记账

单位：元

年		凭证		摘要	结算凭证		对方科目	收入	支出	结余
月	日	字	号		种类	号数				

习题二

目的：掌握总分类账和明细分类账平行登记的方法。

资料：信华公司5月初“原材料”总账账户借方余额为18 000元，其有关明细账资料见表7－24。

表7－24 原材料明细账借方余额

材料名称	计量单位	数量	单价（元）	金额（元）
甲材料	吨	50	300	15 000
乙材料	吨	30	100	3 000
合计				18 000

该公司5月份发生以下经济业务：

1.5月2日从宏达公司购入原材料，货款9 000元，增值税1 170元。其中：甲材料20吨，每吨300元，计6 000元；乙材料30吨，每吨100元，计3 000元。材料已验收入库，款项尚未支付。

2.5月16日生产产品领用原材料14 000元。其中：甲材料40吨，每吨300元，计12 000元；乙材料20吨，每吨100元，计2 000元。

3.5月28日从东丽公司购入原材料，货款10 000元，增值税1 300元。其中：甲材料30吨，每吨300元，计9 000元；乙材料10吨，每吨100元，计1 000元。材料已验收入库，货款及增值税以银行存款支付。

要求：1. 根据上述经济业务编制会计分录。

2. 根据期初资料和上述会计分录登记“原材料”总分类账和所属明细分类账，并结出本期发生额合计和期末余额，分别填入表7－25至表7－27。

3. 编制原材料总分类账与明细分类账发生额及余额对照表，填入表7－28。

表7－25 总分类账

会计科目： 单位：元

年		凭证		摘要	借方	贷方	借或贷	余额
月	日	种类	号数					

表7－26 原材料明细分类账

账户名称： 计量单位：吨

年		凭证		摘要	收入			发出			结存		
月	日	种类	号数		数量	单价	金额	数量	单价	金额	数量	单价	金额

表 7－27　原材料明细分类账

账户名称：　　　　　　　　　　　　　　　　　　　　计量单位：吨　金额单位：元

年		凭证		摘要	收入			发出			结存		
月	日	种类	号数		数量	单价	金额	数量	单价	金额	数量	单价	金额

表 7－28　原材料总分类账与明细分类账发生额及余额对照表

年　月　　　　　　　　　　　　　　单位：元

账户名称	月初余额		本期发生额		月末余额	
	借方	贷方	借方	贷方	借方	贷方
甲材料						
乙材料						
原材料						

习题三

目的：掌握错账的更正方法。

资料：信华公司在核对账簿记录时，发现下列经济业务的凭证或账簿记录发生错误。

1.5 月 3 日，开出转账支票一张，支付前欠货款 13 000 元，所编记账凭证为：

借：应付账款　　13 000

　贷：银行存款　　13 000

在登记“应付账款”总分类账户时，所记金额为 31 000 元。

2.5 月 8 日，开出现金支票一张，预付货款 4 800 元。所编记账凭证为：

借：预付账款　　4 800

　贷：库存现金　　4 800

3.5 月 12 日，收到前进工厂偿付前欠货款 29 500 元，存入银行。所编记账凭证为：

借：银行存款　　25 900

　贷：应收账款　　25 900

4.5 月 20 日，生产 A 产品领用材料 47 500 元，所编记账凭证为：

借：生产成本　　74 500

　贷：原材料　　74 500

5.5 月 31 日，计算本月的应付工资 7 700 元，其中生产工人工资 6 100 元，车间管理人员工资 1 600 元。所编记账凭证为：

借：生产成本　　6 100

　　管理费用　　1 600

　贷：应付职工薪酬　　7 700

要求：根据资料指出上述经济业务的处理错误、应该采用的更正方法，并进行更正，同时用 T 形账户列出各账户的更正情况。

第八章

财产清查

同步思考
参考答案

学习目标

通过本章的学习，学生应能够描述财产清查的概念和作用，认识财产清查的种类和财产物资的盘存制度，学会货币资金、实物资产和往来款项的清查方法，熟悉财产清查结果的账务处理。

素养目标

1. 投身实践真正学会各种财产清查的方法，培养认真细致的工作态度。

2. 真正理解财产清查对于保证会计信息真实可靠、保护财产物资安全完整、维护财经纪律、完善经营管理的重要性。

重点与难点

1. 财产物资的盘存制度。
2. 财产清查的方法。
3. 财产清查结果的账务处理。

实践活动

1. 小雪月初进入一家超市打工，月末协助店长进行全面盘点，在盘点后将记录的实际货品数量与电脑库存记录进行核对时，发现有些货物盘盈，她认为盘盈不用处理，如果盘亏就麻烦了。请你分析一下超市盘点为何会发生盘盈盘亏，小雪的观点对吗？

2. 阿雅 10 月 1 日开始在一家服装店上班，10 月 15 日服装店盘点，盘出少了一件价值 680 元的货物，经过店长核查，发现前一天有一张金额为 680 元的销售单未录入电脑，录入电脑后的结果是无盘亏。店长对阿雅说："你要细心做事，如果真丢了货物的话，需要按价赔偿。"请你谈谈现实中发生盘盈盘亏应该如何处理。

引例

失而复得的股票

2014 年 12 月，扬州市江都区审计局对某工业园区管委会进行审计，审计人员在核实资产时，发现该单位购买的淮江路股票 56.23 万元，财务账面收益为零，有关人员也不能提供所有的股票实物。后经追查了解，因为该单位从 2001 年至 2013 年末前后多次更换会计，均未办理交接手续，上述股票在前任会计接手时就未清点核对，以至于近 30 万元股票实物下落不明、投资收益长期未结算。审计人员要求被审计单位立即整改并追查核实该资产。针对审计发现的问题和建议，该单位立即督促相关人员进行了交接，并积极与发行机构联系，对遗失的股票办理挂失手续后重新领取了股票，并结回累计分红 113.58 万元。

资料来源：江苏省审计厅网.

第一节　财产清查概述

一、财产清查的概念

财产清查是指通过对库存现金、实物资产的实地盘点以及对银行存款、往来款项和其他财产的核对，确定其实有数，查明账实是否相符，并查清账实不符原因的一种专门方法。

账簿记录是否正确，直接影响会计信息的真实性。加强对会计凭证的日常审核，进行账证核对和账账核对，只能保证过账不出差错，并不一定能保证账簿记录与客观实际相符。一些主观和客观的原因，会使账簿记录的结存数与各项财产的实存数不一致，即账实不符。造成账实不符的原因主要有以下几个方面：

（1）在财产物资收发时，由于计量、计算和检验不准确而造成品种、规格、数量、质量上的差错。

（2）收发财产物资过程中，发生错收、错付或在凭证、账簿中出现漏记、重记或错记。

（3）财产物资在保管过程中发生的自然损溢或自然灾害造成的财产物资损失。

（4）因管理不善或工作失职造成财产物资损坏、变质或短缺以及货币资金和往来款项的差错。

（5）由于不法分子贪污盗窃、营私舞弊等造成财产物资损失。

（6）在结算过程中，由于未达账项等原因而造成的账实不符。

因此，为了掌握财产物资的真实情况，保证会计资料的正确与真实，做到账实相符，就必须进行财产清查。

二、财产清查的作用

（一）保证会计资料真实可靠

通过财产清查，可以确定各项财产的实存数，并与账存数进行核对，以查明账实是否相符，以及发生盘盈、盘亏的原因和责任，及时调整账面记录，做到账实相符，保证会计资料真实正确。

（二）促进企业改善经营管理

通过财产清查，应查明财产物资有无积压、呆滞，以便采取积极措施予以处理，充分挖掘物资的利用潜力，加速资金周转，改善企业的经营管理。

（三）保护财产物资安全完整

通过财产清查，查明财产账存数与实存数是否相符，检查各项财产有无毁损、变质，有无被贪污、盗窃，检查各种财产物资的保管是否安全，从而及时发现问题，以便采取措施，切实保护企业财产物资的安全与完整。

（四）维护财经纪律，遵守结算制度

通过财产清查，可以查明企业是否切实遵守财经纪律和结算制度，对各种往来款项有无逾期拖欠情况，从而促使企业严格地遵守各项财经制度和纪律，按照财务制度和财经纪律进行正常的经济活动。

三、财产物资的盘存制度

财产物资的盘存制度有永续盘存制和实地盘存制两种。在不同的盘存制度下，各项财产物资在账簿中的登记方法和盘点目的是不同的。

（一）永续盘存制

永续盘存制是指对各项财产物资的增加或减少，都必须根据会计凭证连续地记入有关账簿，并随时在账面上结出其结存数额的一种制度。这种利用账面记录来了解各项财产物资结存数额的制度，亦称账面盘存制。

采用永续盘存制度的优点是会计核算手续较为严密，能够及时反映财产物资的增、减、结存情况，有利于加强财产物资的管理和保护财产物资的安全完整；缺点是日常核算工作量比较大。一般情况下，各单位都应采用永续盘存制。

必须指出，在永续盘存制下，对财产物资仍要定期或不定期地进行实地盘点，以便查明财产物资的账存数与实存数是否一致，如有出入，要查明账实不符的原因。

（二）实地盘存制

实地盘存制是指平时在账簿中只登记财产物资的增加数，不登记减少数，每到期末或结账时，根据实地盘点确定财产物资的实存数，倒挤推算出本期财产物资的减少数，并据以登记入账的一种制度。本期减少数的计算公式为：

本期减少数额＝期初结存数额＋本期增加数额－期末实存数额

可见，在这种方法下，定期实地盘点的数额是计算财产物资减少数额并据以记入有关账簿的依据，因此这种方法又称定期盘存制。

采用实地盘存制的优点是核算工作简单，缺点是核算手续不严密，平时在账面上不能及时反映各项财产物资的减少数额和结存数额，差错、毁损、丢失、盗窃等情况造成的短少均计入本期发出数额，不利于财产物资的管理及财产物资的安全。因此，一般情况下不

采用这种制度。

【例8-1】 某超市2月份A商品进销情况见表8-1，2月末超市实地盘点，A商品实际结存数量198千克。

表8-1 A商品进销情况

日期	摘要	数量（千克）	单价（元）
2.1	期初结存	200	10
2.4	购进	500	10
2.10	销售	600	15
2.20	购进	900	10
2.26	销售	800	16

根据上述资料，分别按照永续盘存制和实地盘存制计算的销售收入、销售成本、销售毛利、期末结存成本见表8-2。

表8-2 相关收入、成本计算表

单位：元

	永续盘存制	实地盘存制
销售收入	600×15+800×16=21 800	600×15+800×16=21 800
销售成本	(600+800)×10=14 000	(200+500+900−198)×10=14 020
销售毛利	7 800	7 780
期末结存成本	200×10=2 000	198×10=1 980

采用永续盘存制，按照账面记录可以随时计算出销售成本和结存成本，对于期末发生的盘盈盘亏需要查明原因，根据情况单独进行会计处理，详见本章第三节。采用实地盘存制，需到期末根据实地盘存结果计算出期末结存成本，然后才能计算出本期销售成本。

四、财产清查的种类

（一）按清查范围分类

财产清查按清查的范围，可分为全面清查和局部清查。

1. 全面清查

全面清查就是对所有的财产物资进行全面清查、盘点和核对。其清查对象一般包括：

（1）货币资金，包括库存现金、银行存款等。

（2）财产物资，包括在本单位的所有固定资产、库存商品、材料物资；属于本单位但在途中的各种在途物资；存放在本单位的代销商品、材料物资等；委托加工或保管的商品材料等。

（3）债权债务，包括各项应收款项、应付款项以及银行借款等。

由于全面清查的内容多、范围广、工作量大，一般在下列情况下才进行：年终决算前；开展清产核资时；单位撤销、合并、改组或改变隶属关系时；中外合资、国内联营时。

2. 局部清查

局部清查是根据需要对一部分财产物资所进行的盘点与核对。一般情况下，对于库存现金，出纳人员应每日清点，单位还要不定期组织人员对出纳经管的现金进行盘点；对于银行存款，每月至少要同银行核对一次；对于流动性较大的材料物资，除年度清查外，年内还要轮流盘点或重点抽查；对于各种贵重物资，每月都应清查盘点一次；对于各种债权债务，最好每隔三个月核对一次。

（二）按清查时间分类

财产清查按清查的时间，可分为定期清查和不定期清查。

1. 定期清查

定期清查是按规定时间对资产所进行的清查，一般是在年度、半年度、季度或月度结账时进行。这种清查可以是全面清查，也可以是局部清查。

2. 不定期清查

不定期清查是指根据实际情况的需要而临时进行的财产清查，这种清查通常在下列情况下进行：

（1）更换财产、物资和现金经管人员时；

（2）财产物资发生非常灾害或意外损失时；

（3）财政、审计、银行等部门对企业进行会计检查时；

（4）进行临时性清产核资时和管理上需要清查时；

（5）单位撤销、合并、改组、改变隶属关系时。

根据情况需要，不定期清查可以是全面清查，也可以是局部清查。

动画微课：糖罐里还有多少糖

同步思考

小明有个漂亮的糖罐，里面有 10 粒糖，他去买了 100 粒糖放进了糖罐。一段时间后小明想知道糖罐里还有多少粒糖，就把糖倒出来数了数，还有 30 粒，于是他知道自己吃掉了 80 粒糖。

小军也有个漂亮的糖罐，里面也有 10 粒糖，他也买了 100 粒糖放进了糖罐。和小明不同的是，小军每次吃糖时都用笔记录吃了几粒糖，所以他只要看一下记录就知道已经吃了多少粒糖、还剩多少粒糖。

请你思考一下小明和小军分别采用的是何种盘存制度。

第二节　财产清查的实施

一、财产清查前的准备工作

财产清查是加强会计核算和改善经营管理的重要手段，是一项涉及面广、工作量大、非常复杂细致的工作。它不仅涉及有关物资保管部门，而且涉及各生产车间和各个职能部门乃至个人。为了做好的财产清查工作，在进行清查前，必须充分做好准备工作。财产清查前的准备工作，包括组织准备和业务准备。

（一）组织准备

财产清查应专门成立清查组织，具体可以是在有关主管厂长和总会计师的领导下，成立由财会部门牵头，生产、技术、设备、行政及各有关部门参加的财产清查领导小组。其主要任务有：在财产清查前，制订清查计划，确定清查的对象和范围，安排清查工作的进度，配备清查人员，确定清查方法；在清查过程中，做好具体组织、检查和督促工作，及时研究和处理清查中出现的问题；在清查结束后，将清查结果和处理意见上报领导和有关部门审批。

（二）业务准备

（1）会计部门和会计人员应在财产清查之前将有关账目登记齐全，结出余额，做到账簿记录完整、计算正确、账证相符、账账相符，为财产清查提供正确可靠的账簿资料。

（2）财产物资的保管部门和保管人员，应在财产清查之前登记好所经管的财产物资明细账，结出余额；对所要清查的财产物资进行整理、排列，挂上标签，标明品种、规格、结存数量，以便在进行清查时与账簿记录核对。

（3）准备好必要的计量器具，进行检查校正，保证计量的正确性，减少误差。

（4）银行存款、银行借款、结算款项以及债权债务的清查，需要取得对账单、有关的函证材料等。

（5）准备好各种空白的清查登记表册。

二、财产清查的方法

（一）货币资金的清查

1. 库存现金的清查

为了加强现金管理，出纳员必须对现金的收入和付出，按照有关凭证逐笔序时地记入库存现金日记账，并要日清月结，将库存现金日记账余额与现金实有数相核对，做到账实相符。

库存现金的清查，通过实地盘点的方法进行。盘点时，出纳人员必须在场，如果发现盘盈、盘亏，清查人员必须会同出纳人员当场核实。除查明账实是否相符外，还要查明有无违反现金管理制度规定的行为，如有无以“白条”抵充库存现金、库存现金是否超过银行核定的限额、有无坐支现金等。现金清点完毕，应编制“库存现金盘点报告表”，其一般格式如表 8－3 所示。

表 8－3　库存现金盘点报告表

单位：　　　　　　　　　　　　　　　　年　月　日

币种	实存金额	账存金额	实存与账存对比		备注
			盘盈	盘亏	

盘点人：（签章）　　　　　　　　　出纳员：（签章）　　　　　　　　　监盘人：（签章）

应该注意的是，库存现金清查时间一般以一天业务开始前或一天业务结束后为宜；清查方式一般以突击检查为好。

2. 银行存款的清查

银行存款的清查采用与银行核对账目的方法进行。在核对前，先要详细检查本单位银行存款日记账的正确性和完整性，然后与银行对账单逐笔核对，以查明账实是否相符。由于办理结算手续和凭证传递的原因，银行对账单余额与单位银行存款日记账余额有时不相符，这种差异主要是由未达账项造成的。所谓未达账项，是指单位与银行由于双方之间结算凭证传递的时间不一致而发生的一方已经登记入账，另一方因尚未收到结算凭证而未登记入账的款项。未达账项有以下四种类型：

（1）企业已收款入账，银行尚未收款入账；

（2）企业已付款入账，银行尚未付款入账；

（3）银行已收款入账，企业尚未收款入账；

（4）银行已付款入账，企业尚未付款入账。

任何一种未达账项的出现，都会使银行对账单余额与企业银行存款日记账账面余额不一致。在上述（1）、（4）两种情况下，会使企业银行存款日记账余额大于银行对账单余额，在（2）、（3）两种情况下，会使企业银行存款日记账余额小于银行对账单余额。因此，为了查明银行存款是否账实相符，应根据未达账项情况，编制“银行存款余额调节表”。

动画微课：
银行存款余额调节表如何编制

“银行存款余额调节表”的一般格式如表 8－4 所示。

表 8－4　银行存款余额调节表

编制单位：（盖章）　　　　年　月　日　　　　单位：元

项目	金额	项目	金额
企业银行存款日记账的账面余额		银行对账单余额	
加：银行已收、企业未收款 减：银行已付、企业未付款		加：企业已收、银行未收款 减：企业已付、银行未付款	
调节后的存款余额		调节后的存款余额	

主管：　　　　会计：　　　　出纳：　　　　制表：

“银行存款余额调节表”的编制步骤如下：

第一步，填写余额。

将企业银行存款日记账的余额和银行对账单的余额，分别填写在调节表第二行两边的金额栏中。

第二步，找出未达账项。

将企业银行存款日记账与银行对账单逐笔核对（见图 8－1），找出一方已经入账、另一方尚未入账的记录。

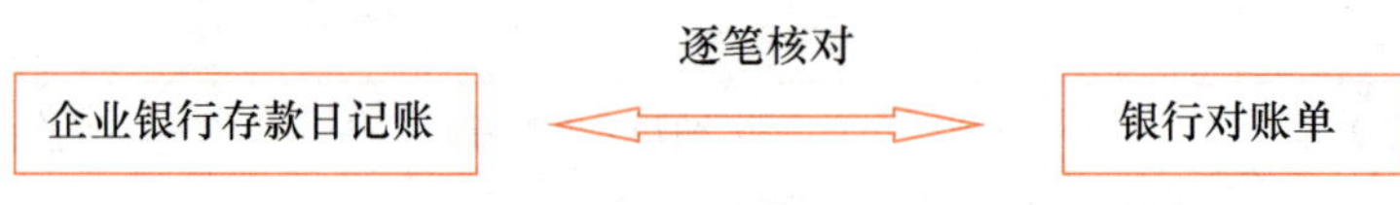

图 8－1　逐笔核对企业银行存款日记账与银行对账单

第三步，补记未达账项。

将未达账项的金额按照补记的原则分别填在调节表两边相应项目的金额栏中。银行对账单中已经记录，而企业银行存款日记账中没有记录的，在调节表中增加或减少企业这边的金额；企业银行存款日记账中已经记录，而银行对账单中没有记录的，在调节表中增加或减少银行这边的金额。

第四步，计算调节后的余额。

如果两边调节后的余额计算结果相同，一般没有问题，但仍然要重点检查每一笔付款是否都经过批准，以防止贪污挪用公款。若调节后的余额不等，需要进一步查明有无记账错误，并核实错误原因、及时更正。

下面举例说明“银行存款余额调节表”的编制。

【例 8－2】 新华公司 20××年 4 月末银行存款日记账的账面余额为 50 000 元，银行送来的对账单上存款余额为 55 000 元，经逐笔核对，发现有以下未达账项：

（1）企业于月末开出转账支票 5 000 元，持票人尚未向银行办理转账手续，银行尚未入账。

（2）企业于月末存入从其他单位收到的转账支票 3 000 元，银行尚未入账。

（3）企业委托银行代收外地销货款 4 500 元，银行已经收到入账，但企业尚未收到收款通知，企业尚未入账。

（4）银行代企业支付水电费 1 500 元，但企业尚未收到付款通知，企业尚未入账。

根据上述资料，编制“银行存款余额调节表”，如表 8－5 所示。

表 8－5 银行存款余额调节表

20××年 4 月 30 日　　　　单位：元

项目	金额	项目	金额
企业银行存款日记账余额	50 000	银行对账单余额	55 000
加：银行已收、企业未收款 减：银行已付、企业未付款	4 500 1 500	加：企业已收、银行未收款 减：企业已付、银行未付款	3 000 5 000
调节后的存款余额	53 000	调节后的存款余额	53 000

值得注意的是，由于未达账项不是错账、漏账，因此不能把“银行存款余额调节表”作为原始凭证并据此做账务处理，双方账面仍保持原有的余额，待有关结算凭证到达后再进行账务处理，“银行存款余额调节表”只是起到检查账簿记录的作用；同时按照内部牵制的原则，“银行存款余额调节表”应由出纳以外的人员编制。取得银行打印的对账单要有银行盖章，调节表中编制日期、有关人员签名、单位盖章都要手续完备。银行存款的清查一般每月进行一次。

（二）实物资产的清查

1. 存货的清查

存货的清查是指对库存商品、原材料、在产品、产成品、低值易耗品、包装物等进行的清查。各种存货都必须从数量上和质量上进行清查。由于企业各种财产物资的实物形态、体积重量、堆放方式不完全相同，因而可采用实地盘点法和技术推算盘点法等。

（1）实地盘点法。实地盘点法是对存货进行逐一清点，或用计量器具确定其实存数量的方法。使用这种方法盘出的数字正确可靠，但工作量较大。大部分存货的清查均可采用这种方法。

（2）技术推算盘点法。技术推算盘点法是通过量方、计尺等技术方法推算存货实有数量的方法。这种方法盘点出的数字不够准确，但工作量较小，适用于大量成堆、难以逐一清点的存货的清查，如堆存的煤或沙石等。

对于存货质量的检查，可根据不同实物采用物理方法或化学方法等。为了明确经济责任和便于查核，盘点时实物保管人员必须在场并参加盘点，但不应单独承担实物清查的全部工作。对盘点的结果要如实登记“盘存单”，并由清盘人员和实物保管人员签章。“盘存单”既是记录实物盘点结果的书面证明，又是反映财产物资实有数的原始凭证，其一般格式如表 8－6 所示。

表 8－6　盘存单

单位名称：　　　　　　　　　盘点时间：　　　　　　　　　编号：

财产类别：　　　　　　　　　存放地点：　　　　　　　　　金额单位：

编号	名称	规格或型号	计量单位	实存数量	单价	金额	备注

盘点人：（签章）　　　　　　　　实物保管人：（签章）　　　　　　　　监盘人：（签章）

财会部门收到清查小组交来的“盘存单”后，将实存数与账存数进行核对，并编制“实存账存对比表”，反映存货的盘盈盘亏情况，并据以调整账簿记录，分析各种存货实存同账存的差异及产生差异的原因，明确经济责任。“实存账存对比表”的格式如表 8－7 所示。

表 8－7　实存账存对比表

单位名称：　　　　　　　　　年　月　日

<table>
<tr><th rowspan="3">编号</th><th rowspan="3">名称及类别</th><th rowspan="3">规格型号</th><th rowspan="3">计量单位</th><th rowspan="3">单价</th><th colspan="2">实存</th><th colspan="2">账存</th><th colspan="4">对比结果</th><th rowspan="3">备注</th></tr>
<tr><th rowspan="2">数量</th><th rowspan="2">金额</th><th rowspan="2">数量</th><th rowspan="2">金额</th><th colspan="2">盘盈</th><th colspan="2">盘亏</th></tr>
<tr><th>数量</th><th>金额</th><th>数量</th><th>金额</th></tr>
<tr><td></td><td></td><td></td><td></td><td></td><td></td><td></td><td></td><td></td><td></td><td></td><td></td><td></td><td></td></tr>
</table>

2. 固定资产的清查

固定资产的清查是指对企业房屋及建筑物、机器设备、运输设备、工具器具等实施的清查。固定资产在企业的资产总额中占有很大的比重，因此每年至少要清查一次。

固定资产通常采用实地盘点法清查，具体方法是：将固定资产明细账上的记录情况与固定资产实物逐一核对，包括明细账上所列固定资产的类别、名称、编号等；发现固定资产盘亏或毁损情况，要进一步查明该项固定资产的原值、已提折旧额等；发现固定资产盘盈，要对其估价；在此基础上，编制“固定资产盘盈、盘亏报告单”，其格式如表 8－8 所示。

表 8－8 固定资产盘盈、盘亏报告单

部门： 年 月 日

编号	名称	规格型号	盘盈			盘亏			毁损			原因
			数量	重置价值	估计折旧	数量	原价	已提折旧	数量	原价	已提折旧	
处理意见	审批部门				清查小组				使用保管部门			

（三）往来款项的清查

往来款项包括各种应收款、应付款、预收款、预付款等。往来款项清查，一般采取与对方单位核对账目的方法。清查单位应在检查各项往来款项账簿记录的正确性和完整性的基础上，编制往来款项对账单，送交对方单位进行核对。对账单应一式两联，其中一联作回单。对方单位核对相符，应在回单上加盖公章后退回，若数字不符，应在回单上注明不符的情况，或者另抄对账单退回，作为进一步核对的依据。清查单位收到对方的回单后，应根据清查结果编制“往来款项清查报告单”，其格式如表 8－9 所示，对不符的账目应及时查明原因，并按规定的手续和方法加以处理。

表 8－9 往来款项清查报告单

年 月 日 单位：元

明细分类账户		清查结果		不符的原因分析				
单位名称	金额	相符	不相符	未达账项	拖欠款项	争执款项	无法收回	其他

记账员：（签章） 清查人员：（签章）

同步思考

1. 某企业月底编制了“银行存款余额调节表”，其调节后的余额不相等，是否能据此认定该企业“银行存款余额调节表”编错了？为什么？

2. 为什么在要求出纳每日盘点库存现金的情况下，还要对库存现金进行突击检查？

第三节　财产清查结果的处理

一、财产清查结果的处理程序

财产清查结果处理是指对财产物资发生盘盈、盘亏、毁损情况的处理。当实存数大于账存数时，称为盘盈；当实存数小于账存数时，称为盘亏；当实存数等于账存数时，因实存的财产物资有质量问题而不能按正常的财产物资正常使用，称为毁损。不论是盘盈、盘亏还是毁损，都要以国家有关政策、法令制度和有关规定为依据，认真地做好清查结果的处理工作。

对财产清查中所发现的各种财产物资的盘盈、盘亏、毁损等情况，要核准数字，查明发生差异的原因，明确经济责任，根据有关政策和法令制度，提出处理意见，并按规定的程序和审批权限，报请股东大会或董事会、经理厂长会议或类似机构审批处理；对于财产清查中发现的呆滞积压物资及长期拖欠不清或有争执的债权、债务，应当报请批准后积极处理；积压物资除在企业内部尽量利用外，应积极组织调拨或销售；对债权、债务方面存在的问题应指定专人负责，查明原因，限期清理；对于财产清查中暴露的问题和缺点，应在查明原因并分析性质的基础上，认真总结经验教训，提出改进工作的具体措施，建立健全有关财产物资的管理制度，做好会计核算工作，保护财产的安全完整，提高经营管理水平。

财产清查中所发现的各种财产物资的盘盈、盘亏、毁损等情况，都应在账簿上予以反映，及时调整账簿记录，做到账实相符。在调整账簿记录时，应分为两个步骤进行：首先，将已查明属实的财产盘盈、盘亏和毁损等，根据有关原始凭证编制记账凭证，并据以登记账簿，使各项财产的账存数和实存数相一致；其次，在审批之后，根据发生差异的原因、性质和批准处理的意见，编制记账凭证，据以登记入账。

二、财产清查结果的账务处理

为了核算和监督企业在财产清查中查明的财产物资盘盈、盘亏和毁损及其处理情况，应设置“待处理财产损溢”账户，该账户下设“待处理固定资产损溢”和“待处理流动资产损溢”两个明细账户。“待处理财产损溢”账户属双重性质账户，借方用来登记发生的各项财产盘亏、毁损数和经批准处理盘盈财产的转销数；贷方登记发生的各项财产盘盈数和经批准处理的盘亏、毁损财产转销数；期末如为借方余额，表示尚待处理的净损失，如为贷方余额，表示尚待处理的净溢余。对于等待批准处理的财产盘盈、盘亏和毁损，应在年终前处理完毕，本账户会计年末不保留余额。“待处理财产损溢”账户的用途和结构如

图 8－2 所示。

待处理财产损溢

本期发生额：有关财产发生的盘亏、毁损数 有关财产盘盈转销数	本期发生额：有关财产发生的盘盈数 有关财产盘亏、毁损转销数
期末余额：尚待处理的财产净损失	期末余额：尚待处理的财产净溢余

图 8－2 “待处理财产损溢”账户

需要特别说明的是，固定资产盘盈、无法收回的应收账款和无法支付的应付账款，不通过“待处理财产损溢”账户核算。

（一）库存现金清查结果的处理

库存现金清查中，发现现金短缺或溢余时，应及时根据“库存现金盘点报告表”进行账务处理，待查明原因后，根据批准的处理意见转销。

现金溢余时，按现金实际溢余数，借记“库存现金”账户，贷记“待处理财产损溢——待处理流动资产损溢”账户。查明原因后，属于应支付给有关人员或单位的，借记“待处理财产损溢——待处理流动资产损溢”账户，贷记“其他应付款”账户；属于无法查明原因的长款，经批准后应借记“待处理财产损溢——待处理流动资产损溢”账户，贷记“营业外收入”账户。

现金短缺时，按现金实际短缺数，借记“待处理财产损溢——待处理流动资产损溢”账户，贷记“库存现金”账户。查明原因后，应由责任人赔偿的部分，借记“其他应收款”账户，贷记“待处理财产损溢——待处理流动资产损溢”账户。无法查明原因的部分，经批准后借记“管理费用——现金短缺”账户，贷记“待处理财产损溢——待处理流动资产损溢”账户。

【例 8－3】 某企业某日进行现金清查，发现现金长款 180 元。

发现现金溢余时，应编制如下会计分录：

借：库存现金	180	
贷：待处理财产损溢——待处理流动资产损溢		180

若经反复核查，仍无法查明原因，经批准后转作营业外收入，应编制如下会计分录：

借：待处理财产损溢——待处理流动资产损溢	180	
贷：营业外收入		180

【例 8－4】 某企业某日进行现金清查，发现现金短款 300 元。

发现现金短缺时，应编制如下会计分录：

借：待处理财产损溢——待处理流动资产损溢	300	
贷：库存现金		300

经批准，应由出纳员张菁赔偿 100 元，其余 200 元经批准作为管理费用。编制如下会计分录：

借：其他应收款——张菁	100	
管理费用——现金短缺	200	
贷：待处理财产损溢——待处理流动资产损溢		300

（二）存货清查结果的处理

存货盘盈时，应及时根据“盘存单”及“实存账存对比表”等原始凭证进行账务处理，借记有关存货账户，贷记“待处理财产损溢——待处理流动资产损溢”账户。盘盈多是由于计量和核算的误差等原因造成的，报经批准后，方可冲减管理费用，借记“待处理财产损溢——待处理流动资产损溢”账户，贷记“管理费用”账户。

存货发生盘亏、毁损时，在报经批准前，借记“待处理财产损溢——待处理流动资产损溢”账户，贷记有关存货账户。批准后，对于入库和残料价值，借记“原材料”账户；应由过失人或保险公司赔偿的部分，借记“其他应收款”账户；属于一般经营损失，借记“管理费用”账户；属于非常损失的部分，借记“营业外支出”账户。批准后，贷记“待处理财产损溢——待处理流动资产损溢”账户。

【例 8-5】 某企业在财产清查中盘盈 A 商品，价值 5 000 元。

发生盘盈时，应编制如下会计分录：

借：库存商品——A 商品　　5 000
　贷：待处理财产损溢——待处理流动资产损溢　　5 000

经查明，盘盈 A 商品是由于收发计量上的误差造成的，经批准后冲减管理费用，应编制如下会计分录：

借：待处理财产损溢——待处理流动资产损溢　　5 000
　贷：管理费用　　5 000

【例 8-6】 某企业发生意外灾害损失，盘亏乙材料一批。其价值 30 000 元，购入时负担的增值税进项税额为 3 900 元。

发生盘亏时，应编制如下会计分录：

借：待处理财产损溢——待处理流动资产损溢　　33 900
　贷：原材料——乙材料　　30 000
　　　应交税费——应交增值税（进项税额转出）　　3 900

经审核批准，盘亏的乙材料应由保险公司赔偿 23 400，其余部分作为营业外支出，应编制如下会计分录：

借：其他应收款——保险公司　　23 400
　　营业外支出　　10 500
　贷：待处理财产损溢——待处理流动资产损溢　　33 900

（三）固定资产清查结果的处理

固定资产是一种单位价值较高、使用期限较长的有形资产，因此，对于管理规范的企业而言，在清查中发现盘盈、盘亏的固定资产是比较少见的，也是不正常的。如果清查中发现固定资产的损溢应及时查明原因，在期末结账前处理完毕。

企业在财产清查中盘亏的固定资产，通过“待处理财产损溢——待处理固定资产损溢”账户核算，盘亏造成的损失，经过批准作为营业外支出计入当期损益。在财产清查中盘盈的固定资产，应作为前期差错处理，通过“以前年度损益调整”账户核算。

企业发生固定资产盘亏时，按盘亏固定资产净值，借记“待处理财产损溢——待处理固定资产损溢”账户，按已提折旧数，借记“累计折旧”账户；按固定资产的原价，贷记“固定资产”账户。盘亏的固定资产报经批准转销时，借记“营业外支出”账户，贷记

“待处理财产损溢——待处理固定资产损溢”账户。

企业发生固定资产盘盈时，按同类或类似固定资产的市场价格减去按该固定资产新旧程度估计的价值损耗后的余额，借记“固定资产”账户，贷记“以前年度损益调整”账户；“以前年度损益调整”账户的余额期末转入“利润分配——未分配利润”账户。

【例 8-7】 某企业在年终财产清查中，发现盘亏设备一台，账面原价为30 000元，已提折旧 12 000 元。

固定资产盘亏时，应编制如下会计分录：

借：待处理财产损溢——待处理固定资产损溢　　18 000
　　累计折旧　　12 000
　贷：固定资产　　30 000

经批准转销时，应编制如下会计分录：

借：营业外支出　　18 000
　贷：待处理财产损溢——待处理固定资产损溢　　18 000

【例 8-8】 某企业在年终财产清查中发现账外设备一台，其市场价值为20 000元，六成新（本例不考虑固定资产盘盈对所得税的影响）。

发现固定资产盘盈时，应编制如下会计分录：

借：固定资产　　12 000
　贷：以前年度损益调整　　12 000

（四）往来款项清查结果的处理

在财产清查中，对于已查明确实无法收回的应收账款和无法支付的应付账款，不通过“待处理财产损溢”账户进行核算，而是按规定程序报经批准后进行相应的账务处理。对于确实无法收回的应收账款即坏账损失，经批准后冲减坏账准备；对于因债权人原因确实无法支付的应付账款，作为营业外收入计入当期损益。

【例 8-9】 某企业在财产清查中发现有长期无法收回的应收账款 15 000 元，按规定程序报经批准后确认为坏账。

将无法收回的应收账款确认为坏账损失，应编制如下会计分录：

借：坏账准备　　15 000
　贷：应收账款　　15 000

【例 8-10】 某企业在对往来款项清查时，发现确实无法支付的应付账款8 000元。经核实对方单位已撤销，经批准作销账处理。

将确实无法支付的应付账款确认为营业外收入，应编制如下会计分录：

借：应付账款　　8 000
　贷：营业外收入　　8 000

⇨ 同步思考

某大型企业一员工在出纳岗位上工作了九年，企业从来没有让别人对其经管的货币资金进行认真清查，“银行存款余额调节表”一直由该出纳编制。一日，该员工不辞而别，企业经过清查发现该员工涉嫌贪污 6 000 万元，这个案件造成企业货币资金巨额损失。你认为该企业管理制度存在什么问题？对资金损失应该如何进行会计处理？

贴心提示

财产物资增减变动都要记账，为什么还要进行财产清查？

财产物资种类很多、各有特点且收发频繁，有很多种原因会导致账实不符，即使存在银行的资金也有可能不安全，所以完善的财产清查制度及有效的实施是保护财产物资安全完整、会计信息真实可靠的重要手段。大家不妨借到超市或其他单位实习的机会，参与财产清查的具体工作，如库存商品的盘点与核对，体会财产清查的必要性，真正掌握财产清查的要求和方法。

自测题

在线自测

一、单项选择题

1. 财产物资的经管人员变动时，对这部分财产物资进行的清查属于（　　）。

A. 全面清查　　B. 局部清查
C. 定期清查　　D. 资产评估

2. 一般说来，单位撤销、合并、改组或改变隶属关系时要进行（　　）。

A. 全面清查　　B. 局部清查
C. 实地盘点　　D. 与银行核对账目

3. 下列说法正确的是（　　）。

A. 定期清查为全面清查，不定期清查为局部清查
B. 定期清查为局部清查，不定期清查为全面清查
C. 定期清查或不定期清查，可以是全面清查，也可以是局部清查
D. 定期清查和局部清查均为全面清查

4. 实地盘存制对各种财产物资平时在账面上（　　）。

A. 只登记增加数，不登记减少数
B. 只登记减少数，不登记增加数
C. 既登记增加数，也登记减少数
D. 不登记增加数，也不登记减少数

5. 存货清查的方法有（　　）。

A. 永续盘存制　　B. 实地盘点法和技术推算盘点法
C. 与对方核对账目　　D. 实地盘存制

6. 库存现金清查采用（　　）。

A. 实地盘点法　　B. 技术推算盘点法
C. 与对方核对账目的方法　　D. 实地盘存制

7. 银行存款清查采用的方法是（　　）。

A. 实地盘点法　　B. 与银行核对账目

C. 技术推算盘点法 D. 实地盘存制

8. 某企业采用实地盘存制，“原材料”总账期初余额为 200 元，其所属的“甲材料”和“乙材料”两个明细账本期增加发生额分别为 4 000 元和 6 000 元，期末实地盘点材料实存数额为 300 元，则“原材料”总账本期减少发生额为（ ）元。

A. 9 500 B. 9 900 C. 9 700 D. 9 000

9. 在双方记账正确无误的情况下，银行存款日记账与银行对账单两者余额不一致的原因是（ ）。

A. 记账方法不一致引起的 B. 坏账损失引起的

C. 记账依据不一致引起的 D. 未达账项引起的

10. 存货清查，若存在盘盈、盘亏和毁损的情况，应先通过（ ）账户反映。

A. “营业外收入” B. “管理费用”

C. “营业外支出” D. “待处理财产损溢”

二、多项选择题

1. 往来款项清查结果的账务处理常用账户有（ ）。

A. “坏账准备” B. “待处理财产损溢”

C. “营业外收入” D. “实收资本”

E. “资本公积”

2. 造成账实不符的原因主要有（ ）。

A. 自然损耗 B. 计量、计算和检验不准确

C. 漏记、重记或错记 D. 不法分子营私舞弊

E. 自然灾害造成非常损失

3. 财产清查按其清查范围，可分为（ ）。

A. 全面清查 B. 定期清查 C. 局部清查 D. 不定期清查

E. 内部清查

4. 一般需进行全面清查的情形有（ ）。

A. 年终决算之前 B. 单位撤销、合并时

C. 单位改变隶属关系时 D. 月末、季末编制财务报表前

E. 开展清产核资时

5. 财产清查中发现账实不符时，用以调整账簿记录的原始凭证有（ ）。

A. 盘存单 B. 实存账存对比表

C. 现金盘点报告表 D. 盘盈、盘亏报告表

E. 银行存款余额调节表

6. 财产物资的盘存制度有（ ）。

A. 永续盘存制 B. 实地盘点法

C. 实地盘存制 D. 技术推算盘点法

E. 对账法

三、判断题

1. 实地盘存制下，财产清查的目的是保证账实相符。（ ）

2. 会计账簿记录与会计凭证核对一致，表明账实相符。（　）
3. 库存现金清查时，出纳人员应回避。（　）
4. 财产清查时一般不检查财产物资的质量情况。（　）
5. 库存现金的清查方式一般以突击式检查为宜。（　）
6. 编制“银行存款余额调节表”是为了调整账簿记录。（　）
7. 企业银行存款日记账与银行对账单核对，如果核对不符，说明至少有一方记账错误。（　）
8. 企业不得将收入的现金直接用于支出。（　）
9. 银行存款的清查一般每月进行一次。（　）
10. “待处理财产损溢”账户年末不得留有余额。（　）

四、简答题

1. 造成账实不符的原因有哪些？财产清查有什么作用？
2. 永续盘存制和实地盘存制各有什么优缺点？
3. 货币资金、存货、固定资产和往来款项各用什么方法进行清查？
4. 为什么要编制“银行存款余额调节表”？

五、综合业务题

习题一

目的：练习银行存款余额调节表的编制方法。

资料：信华公司 5 月末银行存款日记账余额为 120 000 元，开户银行送来的对账单余额为 128 400 元。经逐笔核对，发现有如下未达账项。

1. 5 月 30 日，银行收到企业委托收款 10 000 元，银行已收入本企业存款户，收款通知书尚未送达企业。

2. 5 月 30 日，企业开出转账支票一张，支付设备日常修理费 5 800 元，企业已入账，银行尚未收到转账支票。

3. 5 月 30 日，企业收到外单位的转账支票一张，金额 2 200 元，企业已记账，支票尚未送到银行。

4. 5 月 31 日，银行为企业代付电话费 5 200 元，银行已减少该企业存款，付款通知尚未送达企业。

要求：根据上述资料编制银行存款余额调节表，填入表 8－10。

表 8－10　银行存款余额调节表

年　月　日　　　　单位：元

项目	金额	项目	金额
企业银行存款日记账的账面余额		银行对账单的存款余额	
加：银行已收款入账、企业未收款入账的款项 减：银行已付款入账、企业未付款入账的款项		加：企业已收款入账、银行未收款入账的款项 减：企业已付款入账、银行未付款入账的款项	
调节后的存款余额		调节后的存款余额	

习题二

目的：练习财产清查结果的账务处理。

资料：信华公司在财产清查中发现以下情况。

1. 现金长款 150 元，原因待查。

2. 上述长款经反复核查，仍无法查明原因，经批准后转作营业外收入。

3. 现金短款 200 元，原因待查。

4. 上述短款查明原因，应由出纳员张阳赔偿 80 元，其余 120 元经批准作为管理费用。

5. 盘盈 A 商品，价值 3 000 元，原因待查。

6. 经查，盘盈 A 商品是由于收发计量上的误差造成的，经批准后冲减管理费用。

7. 盘亏乙材料一批，其价值 80 000 元，购入时增值税进项税额为 10 400 元。

8. 经审核批准，盘亏的乙材料应由保险公司赔偿 70 200 元，其余部分转作营业外支出。

9. 盘亏设备一台，账面原价为 60 000 元，已提折旧 32 000 元。

10. 经批准，上述设备盘亏损失作为营业外支出。

要求：根据上述资料编制相关会计分录。

第九章

财务报表

同步思考
参考答案

学习目标

通过本章的学习，学生应能够列出财务报表的构成，能够描述资产负债表、利润表、现金流量表、所有者权益变动表的内容，会编制资产负债表和利润表。

素养目标

1. 理解财务报表提供的信息要真实准确、客观公正、不粉饰、不造假。
2. 坚持理论联系实际，从实践中学习各财务报表的特点和作用，看懂上市公司财务报表。

重点与难点

1. 财务报表的构成。
2. 财务报表的编制要求。
3. 资产负债表的内容、结构及编制方法。
4. 利润表的内容、结构及编制方法。

实践活动

1.《会计法》第十三条明确规定：任何单位和个人不得伪造、变造会计凭证、会计账簿及其他会计资料，不得提供虚假的财务会计报告。请你了解本章引例“獐子岛”财务造假事件的详细信息，分析其造假原因、造假方式和影响。

2. 分组进行上市公司财务报表的简单分析并分享，具体建议是：搜索某上市公司资产负债表、利润表、现金流量表等，将最近几年的主要报表项目数据进行纵向对比，并与同行业进行横向对比，做一个简单的财务分析报告进行交流。

引例

扇贝去哪儿了?

2017 年 12 月 31 日,上市公司獐子岛发布《2017 年度业绩预告修正公告》。公告称 2017 年归属于上市公司股东的净利润区间为−72 000 万元~−53 000 万元。2017 年 10 月 27 日,公司在披露的《2017 年第三季度报告》中预计,2017 年度归属于上市公司股东的净利润比上年同期增减变动幅度为 13.07%~38.20%,2017 年度归属于上市公司股东的净利润变动区间为 9 000 万元~11 000 万元。巨额亏损的主要原因之一是在年终存货盘点中发现部分海域的底播虾夷扇贝存货异常。

2018 年 2 月 5 日,獐子岛发布《关于底播虾夷扇贝 2017 年终盘点情况的公告》,2018 年 1 月 18 日至 2 月 4 日,公司按相关制度进行底播虾夷扇贝的年末存量盘点,大华会计师事务所实施了监盘。根据盘点结果,按照《企业会计准则》的相关规定,公司拟对 107.16 万亩海域成本为 57 758.13 万元的底播虾夷扇贝存货进行核销处理,对 24.3 万亩海域成本为 12 591.35 万元的底播虾夷扇贝存货计提跌价准备 5 110.04 万元,上述两项合计影响净利润 62 868.17 万元,全部计入 2017 年度损益。

2018 年 2 月 10 日,獐子岛发布《关于公司收到中国证监会立案调查通知的公告》,称公司于 2018 年 2 月 9 日收到中国证券监督管理委员会《调查通知书》,因公司涉嫌信息披露违法违规,根据《中华人民共和国证券法》的有关规定,中国证监会决定对公司立案调查。

2020 年 6 月 23 日,獐子岛收到中国证监会下发的《中国证券监督管理委员会行政处罚决定书》和《中国证券监督管理委员会市场禁入决定书》。中国证监会依法对獐子岛公司信息披露违法违规案作出行政处罚及市场禁入决定,对獐子岛公司给予警告,并处以 60 万元罚款,对 15 名责任人员处以 3 万元~30 万元不等罚款,对 4 名主要责任人采取 5 年至终身市场禁入措施。

獐子岛公司在 2014 年、2015 年已连续两年亏损的情况下,客观上利用海底库存及采捕情况难发现、难调查、难核实的特点,不以实际采捕海域为依据进行成本结转,导致财务报告严重失真,2016 年通过少记录成本、营业外支出的方法将利润由亏损披露为盈利,2017 年将以前年度已采捕海域列入核销海域或减值海域,夸大亏损幅度,此外,公司还涉及《年终盘点报告》和《核销公告》披露不真实、秋测披露不真实、不及时披露业绩变化情况等多项违法事实,违法情节特别严重,严重扰乱证券市场秩序、严重损害投资者利益,社会影响极其恶劣。

2021 年 1 月 21 日,深圳证券交易所发布《关于对獐子岛集团股份有限公司及相关当事人给予纪律处分的决定》公告。公告称:经查明,獐子岛集团股份有限公司及相关当事人有财务会计报告存在重大会计差错、临时公告虚假记载等违规行为,经本所纪律处分委员会审议通过,本所作出如下处分决定:

(1) 对獐子岛集团股份有限公司给予公开谴责的处分。

(2) 对獐子岛集团股份有限公司时任董事长兼总裁吴某刚、时任董事兼常务副总裁梁某、时任财务总监勾某、时任董事会秘书兼副总裁孙某君给予公开谴责的处分。

(3) 对獐子岛集团股份有限公司董事邹某、王某、罗某新,时任董事赵某年,独立董事陈某洲，时任独立董事丛某秀、陈某文、吴某巍给予通报批评的处分。

（4）对獐子岛集团股份有限公司时任董事长兼总裁吴某刚给予公开认定终身不适合担任上市公司董事、监事、高级管理人员的处分。

（5）对獐子岛集团股份有限公司时任董事兼常务副总裁梁某给予公开认定十年不适合担任上市公司董事、监事、高级管理人员的处分。

（6）对獐子岛集团股份有限公司时任财务总监勾某、时任董事会秘书兼副总裁孙某君给予公开认定五年不适合担任上市公司董事、监事、高级管理人员的处分。

资料来源：新浪财经.

第一节　财务报表概述

一、财务报表的定义及构成

财务报表是对企业财务状况、经营成果和现金流量的结构性表述，是以货币为主要计量单位，以日常会计核算资料为主要依据，按照一定的格式加以汇总、整理，用来总括反映企业某特定日期财务状况和某特定期间经营成果、现金流量的信息载体。

财务报表至少应当包括下列组成部分：

（1）资产负债表。

（2）利润表。

（3）现金流量表。

（4）所有者权益变动表（或股东权益变动表）。

（5）附注。

二、财务报表的分类

（一）按反映经济内容及其状态的不同分类

财务报表按反映的经济内容及其状态的不同，可以分为静态报表和动态报表。静态报表是指反映某会计主体经济内容在某特定时点静态状况的报表，如资产负债表。动态报表是指反映某会计主体经济内容在某特定时期内动态变化状况的报表，如利润表、现金流量表、所有者权益变动表。

（二）按编制时间的不同分类

财务报表按编制时间不同，可以分为年度财务报表和中期财务报表，月报、季报、半年报等短于一个完整的会计年度的报告称为中期财务报表。年度财务报表涵盖的期间短于一年的，应当披露年度财务报表的涵盖期间、短于一年的原因以及报表数据不具可比性的事实。

（三）按反映会计主体的不同分类

财务报表按反映的会计主体不同，可以分为个别财务报表和合并财务报表。个别财务报表只反映某一会计主体的经济活动情况，而合并财务报表以母公司和子公司组成的企业集团为会计主体，它是根据多个会计主体的个别财务报表合并编制而成的。

三、财务报表的组成

财务报表一般由表首和正表组成。

（一）表首

表首在报表的上端，应标明报表的名称、编制企业名称、资产负债表日或报表涵盖的会计期间、人民币金额单位等，如果是合并财务报表，还应当另外标明，以使报表的使用者明确了解该表反映哪一单位、哪一特定日期或期间的财务状况、经营成果等情况信息。

（二）正表

正表是报表的主体，应将某一特定报表所要反映的基本内容归类到适当的项目中，具体结构和格式由财政部统一发布。

四、财务报表的编制要求

财务报表应客观、真实、完整地反映企业的财务状况、经营成果和现金流量信息。在编制报表前，应将本期发生的所有经济业务全部登记入账，不得为编制报表提前结账，应认真对账和进行财产清查，保证账证相符、账账相符、账实相符。在此基础上，还应编制试算平衡表对账簿记录进行检查，为编制财务报表提供准确可靠的数据资料。不得隐瞒、偷换、篡改企业财务资料，提供虚假的会计信息。

企业在财务报表编制过程中，除现金流量表按照收付实现制原则编制外，应当以权责发生制为编制报表原则，同时必须遵循以下基本要求。

（一）以持续经营为基础

企业应当以持续经营为基础，根据实际发生的交易和事项，按照《企业会计准则》的规定进行确认和计量，在此基础上编制财务报表。

在编制财务报表的过程中，企业管理层应当利用所有可获得的信息来评价企业自报告期末起至少12个月的持续经营能力。评价时需要考虑宏观政策风险、市场经营风险，以及企业目前或长期的盈利能力、偿债能力、财务弹性和企业管理层改变经营政策的意向等因素。企业如有近期获利经营的历史且有财务资源支持，则通常表明以持续经营为基础编制财务报表是合理的。评价结果表明对持续经营能力产生重大怀疑的，企业应当在附注中披露导致对持续经营能力产生重大怀疑的因素以及企业拟采取的改善措施。

企业正式决定或被迫在当期或将在下一个会计期间进行清算或停止营业的，则表明以持续经营为基础编制财务报表不再合理。在这种情况下，企业应当采用其他基础编制财务报表，并在附注中声明财务报表未以持续经营为基础编制的事实，披露未以持续经营为基础编制的原因和财务报表的编制基础。

（二）一致性要求

财务报表项目的列报应当在各个会计期间保持一致，不得随意变更，但下列情况除外：

（1）财政部要求改变财务报表项目的列报。

（2）企业经营业务的性质发生重大变化或对企业经营影响较大的交易或事项发生后，

变更财务报表项目的列报能够提供更可靠、更相关的会计信息。

当期财务报表的列报，至少应当提供所有列报项目上一个可比会计期间的比较数据，以及与理解当期财务报表相关的说明。财务报表的列报项目发生变更的，应当至少对可比期间的数据按照当期的列报要求进行调整，并在附注中披露调整的原因和性质，以及调整的各项目金额。对可比数据进行调整不切实可行的，应当在附注中披露不能调整的原因。

（三）重要性要求

若在合理预期下，财务报表某项目的省略或错报会影响使用者据此作出经济决策，那么该项目具有重要性。

重要性应当根据企业所处的具体环境，从项目的性质和金额两方面予以判断，且对各项目重要性的判断标准一经确定，不得随意变更。判断项目性质的重要性，应当考虑该项目在性质上是否属于企业日常活动，是否显著影响企业的财务状况、经营成果和现金流量等因素。判断项目金额大小的重要性，应当考虑该项目金额占资产总额、负债总额、所有者权益总额、营业收入总额、营业成本总额、净利润、综合收益总额等直接相关项目金额的比重或所属报表单列项目金额的比重。

性质或功能不同的项目，应当在财务报表中单独列报，但是不具有重要性的项目可以合并列报。比如存货、固定资产在性质上和功能上都有本质差别，必须分别在资产负债表上单独列报。

性质或功能类似的项目，其所属类别具有重要性的，应当按其类别在财务报表中单独列报。比如工业企业的在途物资、原材料、周转材料、在产品、完工产品等在性质上类似，均通过一个营业周期变现，因此可以在资产负债表上合并列报，合并之后的类别统称为“存货”。

某些项目的重要性程度不足以在资产负债表、利润表、现金流量表或所有者权益变动表中单独列示，但对附注却具有重要性，则应当在附注中单独披露。比如房地产企业中库存商品对该企业具有重要性，但在资产负债表中是合并在“存货”项目列示，所以应当在附注中单独披露。

对于财政部发布的一般企业财务报表格式，企业根据重要性原则并结合自身的实际情况，可以对确需单独列示的内容增加报表项目，不存在相应业务的报表项目可以进行删减。

（四）不抵销要求

财务报表中的资产项目和负债项目的金额、收入项目和费用项目的金额、直接计入当期利润的利得项目和损失项目的金额不得相互抵销，不过一组类似交易形成的利得和损失应当以净额列示，但具有重要性的除外。

资产或负债项目按扣除备抵项目后的净额列示，不属于抵销；非日常活动产生的利得和损失，以同一交易形成的收益扣减相关费用后的净额列示更能反映交易实质的，不属于抵销。

（五）充分性要求

如果按照会计准则规定披露的信息不足以让报表使用者了解特定交易或事项对企业财务状况和经营成果的影响，企业还应当披露其他的必要信息。

企业不应以附注披露代替确认和计量，不恰当的确认和计量也不能通过充分披露相关会计政策而纠正。

同步思考

为什么企业对外提供的报表格式、编制要求应统一？

第二节 资产负债表

一、资产负债表的作用

资产负债表是总括反映企业某一特定日期全部资产、负债和所有者权益情况的报表。资产负债表的作用有：

（1）从整体上反映企业的资产总额以及这些资产的来源。

（2）揭示企业资产构成和负债构成，通过资产和负债的对比，反映企业的偿债能力。

（3）反映所有者在企业中拥有的权益以及权益的构成情况。

（4）通过对资产负债表各项目前后期数据的比较分析，可以反映企业财务状况的变化趋势。

二、资产负债表的结构和项目排列

资产负债表有账户式和报告式两种基本格式。账户式资产负债表是左右结构，左方为资产项目，右方为负债及所有者权益项目，两方列示项目的金额总计最终相等，这种结构又称水平式结构，它是“资产＝负债＋所有者权益”这个会计等式的直观体现。报告式资产负债表是上下结构，从上到下分别列示资产、负债和所有者权益，这种结构又称为垂直式结构。根据我国会计准则的规定，我国企业的资产负债表采用账户式结构。

账户式资产负债表左方的资产项目分为流动资产和非流动资产。资产项目按变现能力即流动性大小排列：变现快者即流动性强的资产列前，变现慢者即流动性弱的资产列后，即先流动资产如“货币资金”“应收票据”等项目，后非流动资产如“长期股权投资”“固定资产”等项目。右方为负债及所有者权益项目，负债项目分为流动负债和非流动负债，负债按求偿权先后顺序排列，偿还期短者列前，偿还期长者列后，即先流动负债如“短期借款”“应付票据”等项目，后长期负债如“长期借款”“应付债券”等项目。所有者权益按永久性程度高低排列，永久性程度高者列前，永久性程度低者列后，即按照实收资本、资本公积、盈余公积和未分配利润项目的顺序列示。

三、资产负债表的编制方法

资产负债表的各项目均需填列“上年年末余额”和“期末余额”两栏。

“上年年末余额”栏内各项数字，应根据上年末资产负债表的“期末余额”栏内所列数字填列。如果本年度资产负债表规定的各项目的名称和内容与上年不一致，则应对上年年末资产负债表各项目的名称和数字按照本年度的规定进行调整，填入本表“上年年末余额”栏内。

“期末余额”则可为月末、季末或年末的数字，应根据资产、负债、所有者权益各账户总账、明细账期末余额及备查登记簿的记录填列，各项目填列方法如下。

（一）根据某个总账账户的期末余额直接填列

资产负债表中的有些项目，可直接根据有关总账账户的余额填列，如“应付票据”“递延所得税资产”“短期借款”“应付职工薪酬”“应交税费”“持有待售负债”“预计负债”“递延所得税负债”“实收资本”“资本公积”等。

（二）根据若干总账账户的期末余额计算填列

（1）“货币资金”项目。根据“库存现金”“银行存款”“其他货币资金”等账户的期末余额的合计数填列。

（2）“应收票据”项目。反映资产负债表日以摊余成本计量的，企业因销售商品、提供服务等收到的商业汇票，包括银行承兑汇票和商业承兑汇票。该项目应根据“应收票据”账户的期末余额，减去“坏账准备”账户中相关坏账准备期末余额后的金额填列。

（3）“应收账款”项目。反映资产负债表日以摊余成本计量的，企业因销售商品、提供服务等经营活动应收取的款项。该项目应根据“应收账款”账户的期末余额，减去“坏账准备”账户中相关坏账准备期末余额后的金额填列。

（4）“其他应收款”项目。根据“应收利息”“应收股利”“其他应收款”账户的期末余额合计数，减去“坏账准备”账户中相关坏账准备期末余额后的金额填列。

（5）“存货”项目。存货包括各种材料、库存商品、在产品、半成品等。本项目应根据“在途物资”“原材料”“库存商品”“生产成本”等账户期末余额的合计减去“存货跌价准备”账户期末余额后的金额填列。

（6）“固定资产”项目。根据“固定资产”账户期末余额减去“累计折旧”账户及“固定资产减值准备”账户的期末余额后的金额，以及“固定资产清理”账户的期末余额填列。

（7）“应付账款”项目。反映资产负债表日以摊余成本计量的，企业因购买材料、商品和接受服务等经营活动应支付的款项。该项目应根据“应付账款”和“预付账款”账户所属的相关明细账户的期末贷方余额合计数填列。

（8）“其他应付款”项目。根据“应付利息”“应付股利”“其他应付款”账户的期末余额合计数填列。

（9）“未分配利润”项目。本项目1至11月份根据“本年利润”账户和“利润分配”账户的余额计算填列，如“本年利润”账户和“利润分配”账户均为贷方余额，将两者合计填列；如“本年利润”账户为贷方余额，“利润分配”账户为借方余额，将两者相减填列。年末本项目根据“利润分配——未分配利润”账户年末余额填列。未弥补的亏损以“—”列示。

其他如“债权投资”“无形资产”“持有待售资产”“在建工程”“其他流动资产”“其他非流动资产”“长期应付款”“其他流动负债”“其他非流动负债”“一年内到期的非流动资产”等项目也需要根据有关总账账户的余额分析计算填列。

（三）根据总账和明细账两者的期末余额计算填列

如“长期借款”项目。根据“长期借款”总账账户期末余额，扣除该账户所属的明细账户中将在一年内（含一年）到期的长期借款部分后填列，一年内（含一年）到期的长期借款应列入“一年内到期的非流动负债”项目。

其他如“长期应收款”“应付债券”等项目，均需要根据总账和明细账两者的期末余额计算分析填列。

四、资产负债表编制实例

【例9-1】 以第四章第七节表4-9新华工厂12月份试算平衡表为依据，计算资产负债表中的各项目。新华工厂12月末各有关总分类账户期末余额如表9-1所示。

表9-1 总分类账户期末余额

单位：元

账户名称	借方余额	账户名称	贷方余额
库存现金	1 032	短期借款	200 000
银行存款	2 310 570	应付票据	115 260
应收票据	101 700	应付账款	865 060
应收账款	1 097 000	应交税费	47 012
预付账款	8 500	应付股利	110 924
其他应收款	12 000	长期借款	1 000 000
原材料	592 200	实收资本	6 000 000
生产成本	58 992	盈余公积	83 193
库存商品	235 488	累计折旧	212 840
固定资产	4 000 000	利润分配	83 193
无形资产	300 000		
合计	8 717 482	合计	8 717 482

根据上述资料，新华工厂20××年12月31日资产负债表中需要计算的项目计算如下：

“货币资金”项目＝1 032＋2 310 570＝2 311 602（元）

“存货”项目＝592 200＋58 992＋235 488＝886 680（元）

“固定资产”项目＝4 000 000－212 840＝3 787 160（元）

需要特别说明的是，由于年末“本年利润”和“利润分配”所属明细账户中除“利润分配——未分配利润”外的所有明细账户的余额均转入“利润分配——未分配利润”账户，所以本例中“未分配利润”项目直接根据“利润分配——未分配利润”账户的余额83 193元填列。而1—11月末资产负债表中“未分配利润”项目的金额，应根据“本年利润”账户和“利润分配”账户的期末余额分析计算填列。

据此编制的新华工厂20××年12月31日的资产负债表如表9-2所示。

表9-2 资产负债表

会企01表

编制单位：新华工厂　　　　20××年12月31日　　　　单位：元

资产	期末余额	上年年末余额（略）	负债和所有者权益（或股东权益）	期末余额	上年年末余额（略）
流动资产：			流动负债：		

续表

资产	期末余额	上年年末余额（略）	负债和所有者权益（或股东权益）	期末余额	上年年末余额（略）
货币资金	2 311 602		短期借款	200 000	
交易性金融资产			交易性金融负债		
应收票据	101 700		应付票据	115 260	
应收账款	1 097 000		应付账款	865 060	
预付款项	8 500		预收款项		
其他应收款	12 000		应付职工薪酬		
存货	886 680		应交税费	47 012	
持有待售资产			其他应付款	110 924	
一年内到期的非流动资产			持有待售负债		
其他流动资产			一年内到期的非流动负债		
流动资产合计	4 417 482		其他流动负债		
非流动资产：			流动负债合计	1 338 256	
债权投资			非流动负债：		
其他债权投资			长期借款	1 000 000	
长期应收款			应付债券		
长期股权投资			长期应付款		
投资性房地产			预计负债		
固定资产	3 787 160		递延收益		
在建工程			递延所得税负债		
生产性生物资产			其他非流动负债		
油气资产			非流动负债合计	1 000 000	
无形资产	300 000		负债合计	2 338 256	
开发支出			所有者权益（或股东权益）：		
商誉			实收资本（或股本）	6 000 000	
长期待摊费用			资本公积		
递延所得税资产			减：库存股		
其他非流动资产			其他综合收益		
非流动资产合计	4 087 160		盈余公积	83 193	
			未分配利润	83 193	
			所有者权益（或股东权益）合计	6 166 386	
资产总计	8 504 642		负债和所有者权益（或股东权益）合计	8 504 642	

⇨ 同步思考

如果“在途物资”总分类账户有余额，你认为应填列在资产负债表中的哪个项目？

第三节　利润表

一、利润表的作用

利润表是反映企业在一定会计期间经营成果的财务报表。

利润表的作用有：

（1）可以反映企业一定会计期间的收入实现情况、费用耗费情况及生产经营活动的成果，即净利润的实现情况，有助于报表使用者据以判断资本保值、增值能力。

（2）充分反映企业经营业绩的主要来源和构成，有助于报表使用者判断净利润的质量及风险，有助于使用者预测净利润的持续性。

（3）将利润表中的信息与资产负债表中的信息相结合，还可以提供进行财务分析的基本资料，可以反映企业资金周转情况及企业的盈利能力和水平，便于报表使用者判断企业未来的发展趋势，做出经济决策。

（4）对于费用按照其在企业所发挥的功能进行分类列报，提供的信息更为相关，有助于报表使用者了解费用发生的领域，掌握企业经营业绩的主要影响因素。

（5）反映综合收益和每股收益信息，全面揭示企业的收益情况。

总之，通过利润表可以从总体上了解企业在一定会计期间的收入、费用及盈亏情况。由于利润既是企业经营业绩的综合体现，又是企业进行利润分配的来源，因此利润表也是财务报表体系中的一张主要报表。

二、利润表的格式和内容

利润表一般采用报告式，其结构形式有多步式利润表和单步式利润表两种。按照我国会计准则的规定，我国企业的利润表采用多步式。多步式利润表的主要内容如下：

第一步，以营业收入为基础，减去营业成本、税金及附加、销售费用、管理费用、财务费用等，加上其他收益、投资收益、公允价值变动收益、资产减值损失、资产处置收益等，计算出营业利润；

第二步，以营业利润为基础，加上营业外收入，减去营业外支出，计算出利润总额；

第三步，以利润总额为基础，减去所得税费用，计算出净利润（或净亏损）。

企业未在损益中确认的利得和损失扣除所得税影响后的净额称为其他综合收益的税后净额，净利润与其他综合收益的税后净额合计称为综合收益总额，这两项数据也应当列示在利润表中。

普通股或潜在普通股已公开交易的企业，以及正处于公开发行普通股或潜在普通股过程中的企业，还应当在利润表净利润项目的下面列示每股收益信息。

三、利润表的编制方法

（一）利润表各项目的填列方法

利润表各项目应根据损益类账户的发生额分析填列，其中“营业收入”项目应根据“主营业务收入”“其他业务收入”总分类账户的发生额分析计算填列；“营业成本”项目应根据“主营业务成本”“其他业务成本”总分类账户的发生额分析计算填列；“税金及附加”“销售费用”“财务费用”“投资收益”“营业外收入”“营业外支出”“所得税费用”等项目应根据相应的总分类账户发生额分析填列；“管理费用”项目应根据其总分类账户和“研发费用”明细账户发生额分析填列，研发费用单独列项；“营业利润”“利润总额”“净利润”则应计算填列。

（二）金额栏的列报方法

利润表金额栏分为“本期金额”和“上期金额”两栏。

“本期金额”栏内各项数字按照上述各项目的填列方法填列，“上期金额”栏内各项数字应根据上年该期利润表“本期金额”栏内所列数字填列。如果上年该期利润表规定的各个项目的名称和内容同本期不相一致，应对上年该期利润表各项目的名称和数字按本期的规定进行调整，填入利润表“上期金额”栏内。

四、利润表编制实例

【例 9－2】 以第四章第六节例 4－56 资料为依据，计算利润表中的各项目。新华工厂 20××年 12 月各损益类账户期末结转前发生额见表 9－3。

表 9－3　损益类账户发生额

单位：元

账户名称	借方发生额	贷方发生额
主营业务收入		400 000
主营业务成本	244 000	
税金及附加	20 000	
其他业务收入		20 000
其他业务成本	13 000	
销售费用	3 000	
管理费用	28 920	
财务费用	10 000	
营业外收入		10 000
营业外支出	8 000	
所得税费用	25 770	

根据上述资料，新华工厂 20××年 12 月利润表中需要计算的项目列示如下：

“营业收入”项目＝400 000＋20 000＝420 000（元）

“营业成本”项目＝244 000＋13 000＝257 000（元）

“营业利润”项目＝420 000－257 000－20 000－3 000－28 920－10 000
＝101 080（元）

“利润总额”项目＝101 080＋10 000－8 000＝103 080（元）

“净利润”项目＝103 080－25 770＝77 310（元）

据此编制的新华工厂20××年12月的利润表如表9-4所示。

表9-4 利润表

会企02表

编制单位：新华工厂　　　　20××年12月　　　　单位：元

项目	本期金额	上期金额（略）
一、营业收入	420 000	
减：营业成本	257 000	
税金及附加	20 000	
销售费用	3 000	
管理费用	28 920	
研发费用		
财务费用	10 000	
加：其他收益		
投资收益（损失以“－”号填列）		
其中：对联营企业和合营企业的投资收益		
公允价值变动收益（损失以“－”号填列）		
资产减值损失（损失以“－”号填列）		
资产处置收益（损失以“－”号填列）		
二、营业利润（亏损以“－”号填列）	101 080	
加：营业外收入	10 000	
减：营业外支出	8 000	
三、利润总额（亏损总额以“－”号填列）	103 080	
减：所得税费用	25 770	
四、净利润（净亏损以“－”号填列）	77 310	
五、其他综合收益的税后净额		
六、综合收益总额		
七、每股收益		
（一）基本每股收益		
（二）稀释每股收益		

同步思考

利润表和资产负债表都是根据账户的有关金额填列的，两者有何不同？

第四节 现金流量表

一、现金流量表的概念和作用

现金流量表是指反映企业在一定会计期间现金和现金等价物流入、流出的财务报表。编制现金流量表的主要目的，是为报表使用者提供企业一定会计期间内现金和现金等价物流入、流出的信息，以便于财务报表使用者了解和评价企业获取现金和现金等价物的能力，并据以预测企业未来现金流量。现金流量表的作用主要体现在以下几个方面：

（1）有助于评价企业支付能力、偿债能力。

（2）有助于预测企业未来现金流量。

（3）有助于分析企业收益质量及影响现金净流量的因素，掌握企业经营活动、投资活动和筹资活动的现金流量，为分析判断企业净利润的质量和财务前景提供信息。

二、现金流量表的编制基础和注意事项

现金流量表以现金及现金等价物为基础编制，现金流量划分为经营活动、投资活动和筹资活动三个方面。现金是指企业库存现金以及可以随时用于支付的存款，现金等价物是指企业持有的期限短（通常指购买日起 3 个月内到期）、流动性强、易于转换为已知金额现金、价值变动风险很小的投资，一般包括 3 个月内到期的短期债券投资。现金等价物虽然不是现金，但当企业需要时可以随时变现为已知金额现金，具有很强的支付能力，因而可视同为现金。

现金流量表以上述现金及现金等价物（即广义的现金）为基础进行编制，编制时需注意：

（1）现金流量表反映同时使现金项目与非现金项目产生增减变动的业务，对于仅涉及各项非现金项目之间增减变动的业务以及仅涉及现金项目之间增减变动的业务，因其不影响现金流量净额，一般不予反映。

（2）有些涉及投资和筹资活动的业务，如债务转为资本等，尽管不涉及当期的现金收支，却会对以后各期的现金流量产生影响，需要在现金流量表附注中予以披露。

（3）现金流量表按照收付实现制原则编制，从而将权责发生制下的盈利信息调整为收付实现制下的现金流量信息。

三、现金流量的分类

现金流量表通常将企业一定期间内产生的现金流量划分为经营活动产生的现金流量、投资活动产生的现金流量和筹资活动产生的现金流量三类。

（一）经营活动产生的现金流量

经营活动是指企业投资活动和筹资活动以外的所有交易和事项。经营活动的现金流入主要是销售商品或提供劳务、税费返还等所收到的现金；经营活动的现金流出主要是指购买商品、接受劳务、支付给职工以及为职工支付的现金、支付的各项税费以及支付其他与

经营活动有关的现金。通过经营活动产生的现金流量的计算，可以反映企业经营活动对现金流入和流出净额的影响程度。

（二）投资活动产生的现金流量

投资活动是指企业固定资产、无形资产和其他长期资产的购建和处置，以及不包括在现金等价物范围内的投资及其处置活动。投资活动的现金流入主要包括收回投资收到现金，分得股利、利润或取得债券利息收入收到的现金，以及处置固定资产、无形资产和其他长期资产收到的现金等；投资活动的现金流出则是指购建固定资产、无形资产和其他长期资产所支付的现金，以及进行投资所支付的现金。因为现金等价物已视同现金，所以投资活动产生的现金流量中不包括现金转换为现金等价物这类投资产生的现金流量。通过投资活动产生的现金流量的计算，可以分析企业经营投资获取现金流量的能力，以及投资产生的现金流量对企业现金流量净额的影响程度。

（三）筹资活动产生的现金流量

筹资活动是指导致企业资本及债务规模和构成发生变化的活动。筹资活动的现金流入主要包括吸收投资以及取得借款等所收到的现金；筹资活动的现金流出主要包括偿还债务或减少资本所支付的现金，发生筹资费用所支付的现金，分配股利、利润或偿付利息所支付的现金等。通过筹资活动产生的现金流量的计算，可以分析企业筹资的能力，以及筹资产生的现金流量对企业现金流量净额的影响程度。

对于企业日常活动之外特殊的、不经常发生的项目，如自然灾害损失、保险赔款、捐赠等，应当归并到相关类别中。比如对于自然灾害损失和保险赔款，如果能够确指，属于流动资产损失，应当列入经营活动产生的现金流量，属于固定资产损失，应当列入投资活动产生的现金流量；如果不能确指，则可以列入经营活动产生的现金流量；捐赠收入和支出，可以列入经营活动产生的现金流量。

四、现金流量表的编制

现金流量表正表部分是现金流量表的主体，主要反映经营活动的现金流量、投资活动的现金流量和筹资活动的现金流量。正表用直接法编制，即通过现金收入和支出的主要类别直接反映来自企业经营活动的现金流量。现金流量表的具体结构见表 9-5。

表 9-5　现金流量表

会企 03 表

编制单位：　　　　　　　　　　　　____年__月　　　　　　　　　　　　单位：元

项目	本期金额	上期金额
一、经营活动产生的现金流量：		
销售商品、提供劳务收到的现金		
收到的税费返还		
收到其他与经营活动有关的现金		
经营活动现金流入小计		
购买商品、接受劳务支付的现金		

续表

项目	本期金额	上期金额
支付给职工以及为职工支付的现金		
支付的各项税费		
支付其他与经营活动有关的现金		
经营活动现金流出小计		
经营活动产生的现金流量净额		
二、投资活动产生的现金流量：		
收回投资收到的现金		
取得投资收益收到的现金		
处置固定资产、无形资产和其他长期资产收回的现金净额		
处置子公司及其他营业单位收到的现金净额		
收到其他与投资活动有关的现金		
投资活动现金流入小计		
购建固定资产、无形资产和其他长期资产支付的现金		
投资支付的现金		
取得子公司及其他营业单位支付的现金净额		
支付其他与投资活动有关的现金		
投资活动现金流出小计		
投资活动产生的现金流量净额		
三、筹资活动产生的现金流量：		
吸收投资收到的现金		
取得借款收到的现金		
收到其他与筹资活动有关的现金		
筹资活动现金流入小计		
偿还债务支付的现金		
分配股利、利润或偿付利息支付的现金		
支付其他与筹资活动有关的现金		
筹资活动现金流出小计		
筹资活动产生的现金流量净额		
四、汇率变动对现金及现金等价物的影响		
五、现金及现金等价物净增加额		
加：期初现金及现金等价物余额		
六、期末现金及现金等价物余额		

⇨ 同步思考

为什么说利用现金流量表提供的信息有助于分析企业收益质量？

第五节 所有者权益变动表

一、所有者权益变动表的内容

所有者权益变动表是指反映构成所有者权益各组成部分当期增减变动情况的报表。所有者权益变动表应当全面反映一定时期所有者权益变动情况，不仅包括所有者权益总量的增减变动，还包括所有者权益增减变动的结构性信息，特别是要反映直接计入所有者权益的利得和损失，以及与所有者的资本交易导致的所有者权益的变动，让报表使用者准确理解所有者权益变动的根源。

所有者权益变动表至少应当单独列示反映下列信息的项目：

（1）综合收益总额；

（2）会计政策变更和前期差错更正的累积影响金额；

（3）所有者投入资本和向所有者分配利润等；

（4）按照规定提取的盈余公积；

（5）所有者权益各组成部分的期初和期末余额及其调节情况。

二、所有者权益变动表的编制方法

所有者权益变动表"上年金额"栏的各项数字，应根据上年度所有者权益变动表"本年金额"栏内所列数字填写。如果上年度所有者权益变动表各项目的名称、内容和本年度不一致，应对上年度所有者权益变动表各项目的名称和数字按本年度的规定进行调整，填入所有者权益变动表"上年金额"栏内。

所有者权益变动表"本年金额"栏的各项数字，应根据"实收资本""资本公积""盈余公积""利润分配""库存股""以前年度损益调整"总分类账户的发生额分析填列。

三、所有者权益变动表编制实例

【例 9－3】 以第四章第二节和第六节新华工厂发生的与所有者权益有关的业务为例，新华工厂 20××年 3 月设立，所有者共投入资本 6 000 000 元，20××年全年实现净利润 277 310 元，提取盈余公积 83 193 元，向投资者分配股利 110 924 元，据此编制的新华工厂 20××年的所有者权益变动表如表 9－6 所示（本表项目稍有删减）。

表 9－6 所有者权益变动表

会企 04 表

编制单位：新华工厂　　20××年度　　单位：元

项目	本年金额						上年金额（略）					
	实收资本（或股本）	资本公积	减：库存股	盈余公积	未分配利润	所有者权益合计	实收资本（或股本）	资本公积	减：库存股	盈余公积	未分配利润	所有者权益合计
一、上年年末余额												

续表

项目	本年金额						上年金额（略）					
	实收资本（或股本）	资本公积	减：库存股	盈余公积	未分配利润	所有者权益合计	实收资本（或股本）	资本公积	减：库存股	盈余公积	未分配利润	所有者权益合计
加：会计政策变更												
前期差错更正												
二、本年年初余额												
三、本年增减变动金额（减少以"—"号填列）												
（一）综合收益总额					277 310	277 310						
（二）所有者投入和减少资本												
所有者投入的普通股	6 000 000					6 000 000						
（三）利润分配												
1. 提取盈余公积				83 193	−83 193	0						
2. 对所有者（或股东）的分配					−110 924	−110 924						
3. 其他												
（四）所有者权益内部结转												
1. 资本公积转增资本（或股本）												
2. 盈余公积转增资本（或股本）												
3. 盈余公积弥补亏损												
4. 其他												
四、本年年末余额	6 000 000			83 193	83 193	6 166 386						

⇨ 同步思考

为什么资产负债表上提供了所有者权益信息，还要编制所有者权益变动表？

第六节　附　　注

一、附注的作用

附注是对在资产负债表、利润表、现金流量表和所有者权益变动表等报表中列示项目的文字描述或明细资料，以及对未能在这些报表中列示项目的说明等。

附注是财务报表的重要组成部分，有助于报表使用者更好地理解报表信息，企业应当按照规定披露附注的内容。

二、附注的主要内容

（一）至少应当披露的信息

附注一般应当按照下列顺序至少披露以下内容：

（1）企业的基本情况。

1）企业注册地、组织形式和总部地址。

2）企业的业务性质和主要经营活动。

3）母公司以及集团最终母公司的名称。

4）财务报告的批准报出者和财务报告批准报出日，或者以签字人及签字日期为准。

5）营业期限有限的企业，还应当披露有关其营业期限的信息。

（2）财务报表的编制基础。

其内容在本章第一节财务报表概述中已经详述。

（3）遵循企业会计准则的声明。

企业应当声明编制的财务报表符合企业会计准则的要求，真实、完整地反映了企业的财务状况、经营成果和现金流量等有关信息。

（4）重要会计政策和会计估计。

重要会计政策的说明，包括财务报表项目的计量基础和在运用会计政策过程中所做的重要判断等。重要会计估计的说明，包括可能导致下一个会计期间内资产、负债账面价值重大调整的会计估计的确定依据等。

企业应当披露采用的重要会计政策和会计估计，并结合企业的具体实际披露其重要会计政策的确定依据和财务报表项目的计量基础，以及会计估计所采用的关键假设和不确定因素。

（5）会计政策和会计估计变更以及差错更正的说明。

企业应当按照会计准则的规定，披露会计政策和会计估计变更以及差错更正的情况。

（6）报表重要项目的说明。

企业应当按照资产负债表、利润表、现金流量表、所有者权益变动表及其项目列示的顺序，对报表重要项目的说明采用文字和数字描述相结合的方式进行披露。报表重要项目的明细金额合计，应当与报表项目金额相衔接。

企业应当在附注中披露费用按照性质分类的利润表补充资料，可将费用分为耗用的原材料、职工薪酬费用、折旧费用、摊销费用等。

（7）或有和承诺事项、资产负债表日后非调整事项、关联方关系及交易等需要说明的事项。

（8）有助于财务报表使用者评价企业管理资本的目标、政策及程序的信息。

（二）其他综合收益信息

企业应当在附注中披露下列关于其他综合收益各项目的信息：

（1）其他综合收益各项目及其所得税影响。

（2）其他综合收益各项目原计入其他综合收益、当期转出计入当期损益的金额。

（3）其他综合收益各项目的期初和期末余额及其调节情况。

（三）终止经营信息

终止经营，是指满足下列条件之一的已被企业处置或被企业划归为持有待售的、在经营和编制财务报表时能够单独区分的组成部分：

（1）该组成部分代表一项独立的主要业务或一个主要经营地区。

（2）该组成部分是拟对一项独立的主要业务或一个主要经营地区进行处置计划的一部分。

（3）该组成部分是仅仅为了再出售而取得的子公司。

企业应当在附注中披露终止经营的收入、费用、利润总额、所得税费用和净利润，以及归属于母公司所有者的终止经营利润。

（四）利润分配信息

企业应当在附注中披露在资产负债表日后、财务报告批准报出日前提议或宣布发放的股利总额和每股股利金额（或向投资者分配的利润总额）。

⇨ 同步思考

你认为财务报表附注披露的信息有什么作用？

贴心提示

财务报表提供的信息有什么用？

财务报表提供的信息非常重要，比如资产负债表能够告诉我们一个企业拥有哪些资源、对外承担多少债务、有多少资本和积累等；利润表能够告诉我们一个企业一段时期内实现了多少收入、发生了多少费用、净赚了多少利润。大家要掌握这些报表数据是怎么来的、有什么意义，本教材配套实训中有财务报表供大家练习。虽然企业的会计核算资料如凭证、账簿等，外部人员很难看到，但是上市公司的财务报表是公开的。建议大家上网搜索感兴趣的公司的财务报表，把报表中的数据与同行业其他公司的数据进行对比，很容易就能够发现差距。如果你是投资者，这样的分析有助于你做出正确的投资决策。

自测题

在线自测

一、单项选择题

1. 财务报表分为个别报表和合并报表的分类标志是（　　）。

A. 财务报表反映的会计主体　　B. 财务报表反映的经济内容

C. 财务报表的编制时间　　D. 财务报表的状态

2. 反映企业一定时期经营成果的报表是（　　）。

A. 利润表　　B. 资产负债表

C. 现金流量表　　D. 所有者权益变动表

3. 下列属于静态报表的是（　　）。

A. 资产负债表　　B. 利润表

C. 现金流量表　　D. 所有者权益变动表

4. 资产负债表中，资产项目是按（　　）排列的。

A. 收益性的大小　　B. 永久性程度的高低

C. 变现能力的快慢　　D. 求偿权的先后

5. 资产负债表中，负债项目是按（　　）排列的。

A. 求偿权的先后　　B. 永久性程度的高低

C. 收益性的大小　　D. 变现能力的快慢

6. 资产负债表中，所有者权益项目是按（　　）排列的。

A. 求偿权的先后　　B. 永久性程度的高低

C. 收益性的大小　　D. 变现能力的快慢

7. 资产负债表的下列项目中，需要几个总分类账户余额汇总计算填列的是（　　）。

A. “应付票据”　　B. “应收账款”　　C. “应付股利”　　D. “存货”

8. 根据有关账户余额直接填列或分析计算填列的财务报表是（　　）。

A. 利润表　　B. 所有者权益变动表

C. 资产负债表　　D. 现金流量表

9. 处置无形资产所收到的现金属于（　　）。

A. 经营活动产生的现金流量　　B. 投资活动产生的现金流量

C. 筹资活动产生的现金流量　　D. 其他活动产生的现金流量

二、多项选择题

1. 企业财务报表至少包括（　　）。

A. 资产负债表　　B. 利润表

C. 现金流量表　　D. 所有者权益变动表

E. 附注

2. 资产负债表中“货币资金”项目，应根据（　　）等总账科目期末余额合计数填列。

A. “库存现金”　　B. “银行存款”　　C. “其他应收款”　　D. “应收账款”

E. “其他货币资金”

3. 下列项目中，属于流动资产的项目是（　　）。

A. “存货”　　B. “应收账款”　　C. “应收票据”　　D. “预收账款”

E. “预付账款”

4. 资产负债表中，“存货”项目应根据（　　）等总账科目的期末余额合计数填列。

A. “原材料”　　B. “在途物资”　　C. “固定资产”　　D. “生产成本”

E. “库存商品”

5. 资产负债表中，“应收账款”项目应根据（　　）分析计算填列。
A. “应收账款”账户所属各明细账户期末借方余额合计
B. “应收账款”账户所属各明细账户期末贷方余额合计
C. “预收账款”账户所属各明细账户期末贷方余额合计
D. “预收账款”账户所属各明细账户期末借方余额合计
E. “坏账准备”账户相关明细账户期末贷方余额

6. 下列不属于资产负债表项目的有（　　）。
A. “管理费用”　B. “财务费用”　C. “销售费用”　D. “未分配利润”
E. “投资收益”

7. 下列属于利润表项目的有（　　）。
A. “应交税费”　B. “应付职工薪酬”
C. “税金及附加”　D. “营业外收入”
E. “所得税费用”

8. 资产负债表的下列各项目中，不能根据总账科目的余额直接填列的有（　　）。
A. “货币资金”　B. “固定资产”
C. “持有待售负债”　D. “存货”
E. “未分配利润”

9. 下列各项中，属于筹资活动产生的现金流出的有（　　）。
A. 购买固定资产所支付的现金
B. 各项税费支付的现金
C. 偿付利息所支付的现金
D. 为职工支付的现金
E. 分配给投资者股利所支付的现金

三、判断题

1. 编制财务报表的主要目的是为企业内部生产经营管理提供信息。（　　）
2. 资产负债表和利润表都是主要的静态报表。（　　）
3. 资产负债表是反映企业一定时期财务状况的报表。（　　）
4. 企业应定期根据会计凭证汇总编制财务报表。（　　）
5. 企业的利润总额减去所得税费用即净利润。（　　）
6. 年末资产负债表中“未分配利润”项目的金额可以根据“利润分配”账户的余额直接填列。（　　）
7. 资产负债表和利润表的结构以及项目的排列方式是一致的。（　　）
8. 资产负债表中的“应收账款”项目应根据“应收账款”和“预收账款”账户所属各明细科目的期末借方余额合计数填列。（　　）
9. 根据重要性要求，资产负债表的资产项目中，必须将价值大的项目排列在最前面。（　　）
10. 现金流量表是以现金为基础编制的，也包括现金等价物在内，但对于仅涉及非现金项目之间增减变动的业务，一般不予反映。（　　）

四、简答题

1. 简述财务报表的构成。
2. 简述财务报表的编制要求。
3. 资产负债表有何作用？资产负债表的项目如何排列？
4. 利润表有何作用？利润表的内容有哪些？
5. 现金流量表有何作用？现金流量表中的现金流量如何分类？
6. 简述所有者权益变动表的内容及结构。

五、综合业务题

习题一

目的：练习资产负债表、利润表的编制。

资料：第四章自测题的综合业务题习题七中的表 4－12。

要求：根据资料编制资产负债表、利润表（根据涉及的业务有删减），完成表 9－7、表 9－8。

表 9－7 资产负债表

会企 01 表

编制单位：　　　　　　　____ 年__月__日　　　　　　　单位：元

资产	期末余额	上年年末余额(略)	负债和所有者权益（或股东权益）	期末余额	上年年末余额(略)
流动资产：			流动负债：		
货币资金			短期借款		
交易性金融资产			交易性金融负债		
应收票据			应付票据		
应收账款			应付账款		
预付款项			预收款项		
其他应收款			应付职工薪酬		
存货			应交税费		
一年内到期的非流动资产			其他应付款		
其他流动资产			一年内到期的非流动负债		
流动资产合计			其他流动负债		
非流动资产：			流动负债合计		
债权投资			非流动负债：		
其他债权投资			长期借款		
长期应收款			应付债券		
长期股权投资			长期应付款		
投资性房地产			预计负债		
固定资产			递延所得税负债		
在建工程			其他非流动负债		
生产性生物资产			非流动负债合计		

续表

资产	期末余额	上年年末余额(略)	负债和所有者权益（或股东权益）	期末余额	上年年末余额(略)
油气资产			负债合计		
无形资产			所有者权益（或股东权益）：		
开发支出			实收资本（或股本）		
商誉			资本公积		
长期待摊费用			减：库存股		
递延所得税资产			盈余公积		
其他非流动资产			未分配利润		
非流动资产合计			所有者权益（或股东权益）合计		
资产合计			负债和所有者权益（或股东权益）合计		

表 9-8　利润表

会企 02 表

编制单位：　　　　　　　　　　＿＿＿年＿月　　　　　　　　　　单位：元

项目	本期金额	上期金额（略）
一、营业收入		
减：营业成本		
税金及附加		
销售费用		
管理费用		
财务费用		
二、营业利润（亏损以“－”号填列）		
加：营业外收入		
减：营业外支出		
三、利润总额（亏损总额以“－”号填列）		
减：所得税费用		
四、净利润（净亏损以“－”号填列）		
五、每股收益		
（一）基本每股收益		
（二）稀释每股收益		

习题二

目的：练习资产负债表的编制。

资料：信华工厂 20××年 10 月 31 日有关总分类账户期末余额如表 9-9 所示。

表 9-9 总分类账户期末余额

单位：元

账户名称	借方余额	账户名称	贷方余额
库存现金	500	短期借款	200 000
银行存款	520 000	应付票据	80 000
应收票据	75 000	应付账款	800 000
应收账款	600 000	应交税费	176 000
其他应收款	5 000	长期借款	1 000 000
原材料	450 000	应付债券	500 000
生产成本	350 000	实收资本	2 500 000
库存商品	300 000	盈余公积	300 000
长期股权投资	400 000	本年利润	485 000
固定资产	3 600 000	坏账准备	2 500
无形资产	350 000	累计折旧	250 000
利润分配	273 000	固定资产减值准备	600 000
		无形资产减值准备	30 000
合计	6 923 500	合计	6 923 500

要求：根据资料编制资产负债表（见表 9-10）。

表 9-10 资产负债表

会企 01 表

编制单位：　　　　____年__月__日　　　　单位：元

资产	期末余额	上年年末余额(略)	负债和所有者权益（或股东权益）	期末余额	上年年末余额(略)
流动资产：			流动负债：		
货币资金			短期借款		
交易性金融资产			交易性金融负债		
应收票据			应付票据		
应收账款			应付账款		
预付款项			预收款项		
其他应收款			应付职工薪酬		
存货			应交税费		
一年内到期的非流动资产			其他应付款		
其他流动资产			一年内到期的非流动负债		
流动资产合计			其他流动负债		
非流动资产：			流动负债合计		
债权投资			非流动负债：		
其他债权投资			长期借款		
长期应收款			应付债券		
长期股权投资			长期应付款		
投资性房地产			预计负债		
固定资产			递延所得税负债		

续表

资产	期末余额	上年年末余额(略)	负债和所有者权益（或股东权益）	期末余额	上年年末余额(略)
在建工程			其他非流动负债		
生产性生物资产			非流动负债合计		
油气资产			负债合计		
无形资产			所有者权益（或股东权益）：		
开发支出			实收资本（或股本）		
商誉			资本公积		
长期待摊费用			减：库存股		
递延所得税资产			盈余公积		
其他非流动资产			未分配利润		
非流动资产合计			所有者权益（或股东权益）合计		
资产合计			负债和所有者权益（或股东权益）合计		

习题三

目的：练习利润表的编制。

资料：沿用第六章自测题综合业务题习题一的资料。

要求：根据资料编制利润表（见表 9-11）。

表 9-11 利润表

会企 02 表

编制单位： ____年__月 单位：元

项目	本期金额	上期金额（略）
一、营业收入		
减：营业成本		
税金及附加		
销售费用		
管理费用		
财务费用		
二、营业利润（亏损以“—”号填列）		
加：营业外收入		
减：营业外支出		
三、利润总额（亏损总额以“—”号填列）		
减：所得税费用		
四、净利润（净亏损以“—”号填列）		
五、每股收益		
（一）基本每股收益		
（二）稀释每股收益		

参考书目

1. 中华人民共和国财政部. 企业会计准则. 上海：立信会计出版社，2024.

2. 中华人民共和国财政部. 企业会计准则：应用指南. 上海：立信会计出版社，2024.

3. 财政部会计司编写组. 企业会计准则讲解. 北京：人民出版社，2010.

4. 朱小平，周华，秦玉熙. 初级会计学. 10 版. 北京：中国人民大学出版社，2019.

5. 娄尔行. 基础会计. 上海：上海财经大学出版社，2002.

6. 陈少华. 会计学原理. 5 版. 厦门：厦门大学出版社，2017.

7. 邵瑞庆. 会计学原理. 5 版. 上海：立信会计出版社，2019.

8. 银样军，肖淑兰，张流柱. 基础会计. 长沙：中南大学出版社，2006.

9. 张慧. 会计基础. 北京：中国纺织出版社，2007.

10. 王来群. 基础会计学. 北京：清华大学出版社，2007.

11. 查尔斯・亨格瑞，瓦特・哈里森，米切尔・罗宾逊. 会计学：第 3 版. 王化成，等译. 北京：中国人民大学出版社，1997.

12. 周小芬. 基础会计. 3 版. 北京：清华大学出版社，2011.

13. 稻盛和夫. 稻盛和夫的实学. 曹岫云，译. 北京：东方出版社，2011.

14. 商亚平，金宏义. 会计学基础. 2 版. 大连：东北财经大学出版社，2013.

15. 汪一凡. 原来会计可以这么学. 上海：立信会计出版社，2010.

16. 中瑞岳华会计师事务所技术部. 计学撮要. 上海：立信会计出版社，2011.

17. 会计从业资格无纸化考试辅导教材组. 会计基础. 6 版. 大连：东北财经大学出版社，2016.

18. 程淮中. 会计职业基础. 5 版. 北京：高等教育出版社，2021.

19. 徐哲，王柏慧，李贺. 基础会计. 上海：立信会计出版社，2018.

附录一

账务处理程序

附录二

会计工作组织

“十四五”职业教育国家规划教材

“十三五”职业教育国家规划教材

新编21世纪高等职业教育精品教材 财务会计类

《会计学基础（第七版）》实训手册

主编／孙凤琴　王仁祥

中国人民大学出版社

·北京·

前言

培养职业能力和素质是会计类课程教学的重要目标。“基础会计”课程是会计专业的一门入门课程，也是其他财经类专业的一门基础课程，主要阐述会计的基本原理、基本方法和基本技能，具有很强的实践性、可操作性和规范性。为了让学生不仅能坐而论道，而且能起而行道，我们编写了实训手册，供“基础会计”课程实训教学所用。

本实训手册的主要特色是：从“基础会计”课程目标出发，合理设计实训业务量和实训难度，以一般工业企业常见的经济业务为模拟对象，以账务处理程序中涉及的基本环节为实训内容，围绕“凭证→账簿→报表”流程，先示范后操作，让学生通过填制凭证、登记账簿、编制报表等强化训练，循序渐进地理解会计基础知识，熟悉会计工作环节，掌握会计基本技能。

本实训手册由孙凤琴、王仁祥担任主编。具体写作分工是：孙凤琴、王仁祥负责总体设计，王仁祥编写第一章，邹艳编写第二章第一节至第四节，王仁祥、肖汉武编写第二章第五节，孙凤琴负责整体修改和定稿。

为了方便教学，教师可以登录 www. crup. com. cn 下载本实训手册的参考答案。

我们希望本实训手册能为培养学生职业能力发挥一定的作用。书中如有错漏及不当之处，恳请广大读者指正。

编者

目录

第一章

基础会计实训概述

第一节　基础会计实训的目的与内容

一、基础会计实训的目的

“基础会计”课程是会计专业的一门入门课程，也是其他财经类专业的一门基础课程，主要阐述会计的基本原理、基本方法和基本技能，具有很强的实践性、可操作性和规范性。熟练掌握会计的基本原理、基本方法和基本技能，不但能为进一步学习后续专业课程打下知识基础，也能为将来从事实际工作打下能力基础。基础会计课程实训是实现上述目标必不可少且行之有效的教学环节，通过实训，可以培养学生良好的职业道德以及专业工作技能。

由于会计工作性质和环境等条件的限制，通过与校外企事业单位合作进行基础会计实训很难取得令人满意的效果，只看不干的现象普遍存在，学生实际操作能力很难得到锻炼。为了实现高等职业教育的培养目标，模拟实训不失为一种很好的教学形式。

基础会计模拟实训是组织学生在校内对某一会计主体在某一时期内发生的实际经济业务，按会计规范要求，用真实的凭证、账簿和报表，完成从填制和审核原始凭证、编制记账凭证、登记会计账簿到编制财务报表的会计工作流程。通过实际操作和训练，学生重点掌握会计核算基本功，学会如何编制和审核会计凭证、如何登记会计账簿、如何编制财务报表等会计基本技能。

二、基础会计实训的内容

本实训手册设计的实训内容见表1-1-1。

表1-1-1　基础会计实训内容

序号	项目名称	主要内容
1	建账	根据模拟企业的期初资料，正确开设总分类账、明细分类账、库存现金日记账和银行存款日记账，并登记期初余额
2	填制和审核原始凭证	根据本期发生的有关经济业务，正确填制和审核原始凭证
3	编制和审核记账凭证	根据原始凭证正确编制和审核收、付、转三种记账凭证

续表

序号	项目名称	主要内容
4	登记日记账	根据有关收、付款凭证序时、逐笔登记日记账
5	登记明细分类账	根据会计凭证准确无误地登记明细分类账
6	编制科目汇总表	根据记账凭证登记T形账户，并结出各账户的本期发生额合计数，准确无误地编制科目汇总表
7	登记总分类账	根据科目汇总表准确无误地登记总分类账
8	对账、结账	正确进行对账和结账
9	编制财务报表	正确编制资产负债表和利润表
10	会计档案整理	整理、装订会计凭证、会计账簿和财务报表
11	实训总结	将实训体会、感受、收获和建议等撰写成实训总结

第二节　基础会计实训的要求与组织

一、基础会计实训的要求

（一）对实训指导教师的要求

基础会计实训的指导教师应由责任心强的“双师型”教师担任，他们必须具有扎实的会计理论知识和丰富的会计实践经验，同时还要熟悉相关的法律法规和管理知识，对每次实训应做到有计划、有控制、有指导、有评分、有讲评。在实训过程中，指导教师必须在场，以对整个实训过程进行具体指导，随时解决学生在实训过程中遇到的问题，保证实训过程有条不紊地进行和实训任务顺利地完成。实训结束，指导教师应组织学生进行实训体会的讨论交流，做好班级实训教学的总结，以强化巩固实训教学成果。

（二）对实训学生的要求

学生是基础会计实训的主体，在进行实训时，应将自己定位为会计人员。具体要求如下：

（1）实训的态度要端正，目的要明确，作风要踏实，操作要认真。

（2）实训前应全面复习课程所学内容，掌握会计基础知识。

（3）操作过程应符合会计基础工作规范，账务处理要正确，会计凭证、会计账簿、财务报表项目的填制要准确、完整，文字、数字书写要清晰、工整、规范，操作若出现错误必须按规定方法进行更正。

（4）遵守实训规则，保持实训秩序良好，独立思考、团结协作，按要求、按进度、按时间完成实训内容。

二、基础会计实训的组织

（一）建立会计实训室

建立会计实训室，模拟单位财会工作部门的室内布局进行布置，设置不同的会计工作岗位，如出纳、记账、审核等。室内应配备单位内部自制的和来自银行、供应、运输等单位的各种原始凭证，配备应有的办公用品，如算盘、科目章、印台、墨水、胶水、大头针、回形针等，配备会计凭证、账簿、报表等实训所需物品，墙壁上张贴一些业务流程图和岗位职责要求等，让学生在仿真的环境里实训，从而产生“身临其境”的真实感，有助于增强学生的感性认识，提高实训效果。

（二）确定实训方式

基础会计实训可采用阶段实训和集中实训两种方式。阶段实训是指随课程教学进度安排相应的实训，如在学习完会计凭证的内容之后进行填制和审核会计凭证实训，在学习完会计账簿的内容之后进行登记会计账簿实训，这样安排便于及时巩固教学内容。集中实训是指课程内容全部学完后，在期末集中安排时间进行课程实训，这样安排可以使实训教学一环接一环地系统进行。无论是阶段实训还是集中实训，均应根据班级人数分小组进行，以培养学生的团队协作精神。

（三）制定实训教学实施方案

基础会计实训教学实施方案是根据教学计划制定的指导基础会计实训具体工作过程的文件，包括实训目的、实训要求、实训内容、实施步骤、时间安排和考核等方面的具体规定。

实训考核应从实训态度、实训方法与基本操作技能的掌握情况、实训总结的完成情况等方面进行综合评定。

（1）实训态度应从出勤情况、小组中的表现、讨论和提问的积极性、任务完成的及时性等方面进行评定。

（2）实训方法与基本操作技能的掌握情况应从会计凭证、会计账簿、财务报表、归档等具体方面进行评定。

1）会计凭证方面主要考核会计凭证内容是否完整齐全、科目运用是否正确、摘要是否简明确切、凭证编号是否规范、书写是否清楚等。

2）会计账簿方面主要考核账户设置是否正确、账务处理是否规范、结账是否正确、账簿整体是否美观等。

3）财务报表方面主要考核项目填写是否完整、计算是否正确等。

4）归档方面主要考核会计凭证的装订是否整齐规范、账簿启用表的填写是否符合要求、账簿页码是否连续等。

（3）实训总结的完成情况应从格式规范、文字表达、内容观点等方面进行评定。

第三节　基础会计实训提示

一、会计书写有关提示

会计工作离不开书写，书写规范是一个合格的会计人员应具备的基本素质。会计书写的基本要求是：正确、规范、清晰、整洁、美观。

（一）阿拉伯数字的书写

（1）数字书写应先上后下、先左后右，不能潦草，不能似是而非，要一个一个地写，不能连笔。总体上应大小匀称、笔画流畅、独立成形、一目了然。

（2）数字排列有序且字体要向右上方倾斜，数字与底线约成60°夹角。

（3）书写数字要贴紧底线，但上不可顶格，以便为更正错误留有余地。

（4）有数位分割线的凭证账表，数字应按对应的位置正确填写，不得错位；如果没有数位分割线，相邻数字之间字距要相等，不能留空位，整数部分从个位起向左每三位用一分节符“,”隔开（也可空半个数字的位置作为分节符），小数点应标明，阿拉伯金额数字前面应当书写货币币种符号或者货币名称简写和币种符号，如人民币符号“¥”，币种符号与阿拉伯数字之间不得留有空白，凡阿拉伯数字前面有币种符号的，数字后面不再写货币单位。如人民币伍万零肆佰陆拾叁元捌角整，用阿拉伯数字应写为：¥50 463.80。

（5）书写数字时，“1”不可过短，“2”不可写成“Z”，“3”起笔至拐弯处应稍长，除“4”“5”以外，其他每个数字应一笔写成，“6”“8”“9”“0”的圆必须封口，“6”比其他数字向右上方长出1/4，“7”和“9”的落笔可延伸到底线下格1/4处。

阿拉伯数字的书写示范如图1-1-1所示。

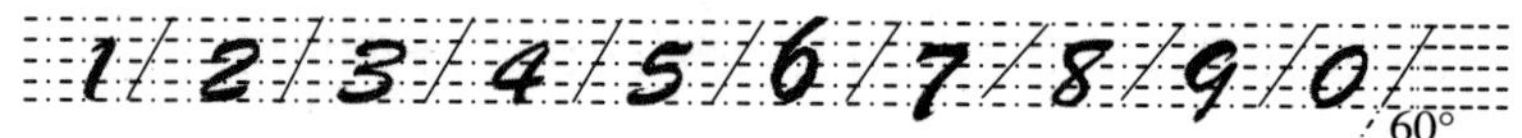

图1-1-1 阿拉伯数字的书写示范

（二）大写数字的书写

（1）中文大写数字如零、壹、贰、叁、肆、伍、陆、柒、捌、玖、拾、佰、仟、万、亿等，一律用正楷或者行书体书写。

（2）大写金额数字到元或者角为止的，在“元”或者“角”字之后应当写“整”字或者“正”字；大写金额数字有分的，分字后面不写“整”字或者“正”字。例如，¥35 680.00，大写金额数字应为：人民币叁万伍仟陆佰捌拾元整或人民币叁万伍仟陆佰捌拾元正；¥471.90，大写金额数字应为：人民币肆佰柒拾壹元玖角整或人民币肆佰柒拾壹元玖角正；¥2 308.66，大写金额数字应为：人民币贰仟叁佰零捌元陆角陆分。

（3）大写金额数字前必须有货币名称，货币名称与金额数字之间不得留有空白。如果有关货币名称事先未能印好，填写大写金额数字时，应加填有关的货币名称，然后紧随其后填写大写金额数字。如¥186 497.00，应当写成“人民币壹拾捌万陆仟肆佰玖拾柒元整”，不能写成“人民币 壹拾捌万陆仟肆佰玖拾柒元整”或“人民币：壹拾捌万陆仟肆佰玖拾柒元整”。

（4）10以上（包括10）的阿拉伯金额数字首位是“1”时，大写金额数字要写“壹”字。例如，¥17.50，大写金额数字应当写成“人民币壹拾柒元伍角整”；¥123 567.00，大写金额数字应当写成“人民币壹拾贰万叁仟伍佰陆拾柒元整”；¥1 948 203 567.34，大写金额数字应当写成“人民币壹拾玖亿肆仟捌佰贰拾万叁仟伍佰陆拾柒元叁角肆分”。大写金额数字书写示范如表1-1-2所示。

表 1-1-2 大写金额数字书写示范

阿拉伯金额数字	大写金额数字		
	正确写法	错误写法	错误原因
￥3 000.00	人民币叁仟元整	人民币：叁仟元整	多一个冒号
￥105 000.00	人民币壹拾万零伍仟元整	人民币拾万零伍仟元整	漏写一个“壹”字
￥70 095 000.60	人民币柒仟零玖万伍仟元陆角整	人民币柒仟万零玖万伍仟元陆角整	多写一个“万”字
￥8 700 000.54	人民币捌佰柒拾万元零伍角肆分	人民币捌佰柒拾万零伍角肆分	漏写一个“元”字

(5) 在印有万、仟、佰、拾、万、仟、佰、拾、元、角、分位置的凭证上书写大写金额数字时，金额数字前面如有空位，可画“⊗”注销或写“零”，阿拉伯金额数字中有几个“0”，大写就写几个“零”。如￥6 095 000.20，在印有数位位置的凭证上应填写为“⊗万⊗仟陆佰零玖拾万伍仟零佰零拾零元贰角零分”或“零万零仟陆佰零玖拾万伍仟零佰零拾零元贰角零分”。

（三）支票出票日期的书写

为防止变造出票日期，支票的出票日期必须使用中文大写。在填写月、日时，月为1—10月，日为1—10日、20日、30日，应在其前加“零”；日为11—19日，月为11月、12月，应在其前加“壹”。如2019年1月15日，应写成“贰零壹玖年零壹月壹拾伍日”；2019年10月20日，应写成“贰零壹玖年零壹拾月零贰拾日”。

例如，奥凯有限责任公司（以下简称“奥凯公司”）2024年2月15日开出转账支票1张，金额为￥1 105 800.00，填制的转账支票如表1-1-3所示。

表 1-1-3 转账支票

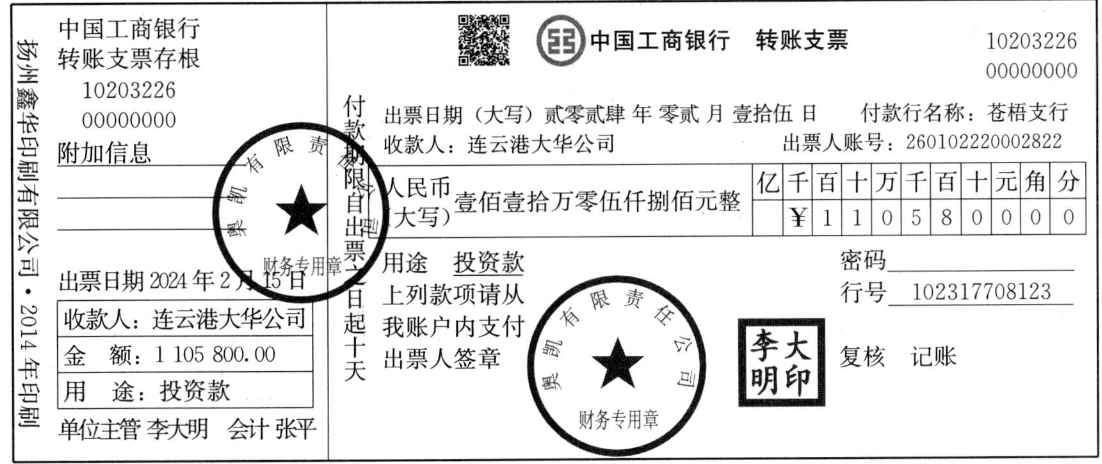

扬州鑫华印刷有限公司·2014年印刷

中国工商银行
转账支票存根
10203226
00000000
附加信息

出票日期 2024年2月15日
收款人：连云港大华公司
金 额：1 105 800.00
用 途：投资款
单位主管 李大明 会计 张平

中国工商银行 转账支票 10203226 00000000

付款期限自出票之日起十天

出票日期（大写）贰零贰肆 年 零贰 月 壹拾伍 日 付款行名称：苍梧支行
收款人：连云港大华公司 出票人账号：260102220002822

人民币（大写）	亿	千	百	十	万	千	百	十	元	角	分
壹佰壹拾万零伍仟捌佰元整		￥	1	1	0	5	8	0	0	0	0

用途 投资款 密码
上列款项请从我账户内支付 行号 102317708123
出票人签章
奥凯有限责任公司 财务专用章
李大明印
复核 记账

二、会计凭证有关提示

（一）原始凭证填制示范

1. 2024年5月9日，奥凯公司办公室以现金734.01元购买文件夹、A4打印纸，并取得增值税专用发票（发票单位：连云港五星商城），如表1-1-4所示。

表 1-1-4

3200093620 江苏增值税专用发票 No 01104728

（全国统一发票监制章 江苏 国家税务总局监制） 发票联

3200093620
01104728

机器编号：
399934925199

开票日期：2024 年 5 月 9 日

购买方	名　　称：奥凯有限责任公司 纳税人识别号：910320705221065221 地 址 、电 话：南极路 321 号　0518-85823778 开户行及账号：工行苍梧支行　260102220002822	密码区	03091122902－780/94＋8＋*2>73*7/346>8 －4－/2＋10828/>6663－/2＋<3200098>＋4620 852*0/2/1905<10*49<23*035*83271>89 44＋5//>755>8*07>9>>＋*9056＋<679237

货物或应税劳务 服务名称	规格型号	单位	数量	单价	金额	税率	税额
*办公用品*文件夹*	JS910	件	8	15.00	120.00	13%	15.60
*办公用品*打印纸*	A4	打	20	26.4785	529.57	13%	68.84
合　计					￥649.57		￥84.44
价税合计（大写）	⊗柒佰叁拾肆元零壹分			（小写）￥734.01			

销售方	名　　称：连云港五星商城 纳税人识别号：910320703714977123 地 址 、电 话：通灌路 39 号　0518-87564321 开户行及账号：农行城中支行　260102220002822	备注	（连云港五星商场 910320703714977123 发票专用章）

收款人：张飞　　复核：王标　　开票人：张思宝　　销售方：（章）

第三联 发票联 购买方记账凭证

2.2024 年 5 月 11 日，奥凯公司销售 100 件甲产品给南京大都机器厂，售价 900 元/件，收到转账支票。填制的增值税专用发票见表 1-1-5，发货单见表 1-1-6，进账单见表 1-1-7。

表 1-1-5

3200094620 江苏增值税专用发票 No 03583271

（全国统一发票监制章 江苏 国家税务总局监制） 发票联

3200094620
03583271

机器编号：
499934925099

开票日期：2024 年 5 月 11 日

购买方	名　　称：南京大都机器厂 纳税人识别号：910320106221066222 地 址 、电 话：宁海路 391 号　025-63334561 开户行及账号：工行城南支行　433020030010022	密码区	03091122902－780/94＋8＋*2>73*7/346>8 －4－/2＋10828/>6663－/2＋<3200098>＋4620 852*0/2/1905<10*49<23*035*83271>89 44＋5//>755>8*07>9>>＋*9056＋<679237

货物或应税劳务 服务名称	规格型号	单位	数量	单价	金额	税率	税额
*销售货物*甲产品*	HA-4	件	100	900.00	90 000.00	13%	11 700.00
合　计					￥90 000.00		￥11 700.00
价税合计（大写）	⊗壹拾万零壹仟柒佰元整			（小写）￥101 700.00			

销售方	名　　称：奥凯有限责任公司 纳税人识别号：910320705221065221 地 址 、电 话：南极路 321 号　0518-85823778 开户行及账号：工行苍梧支行　260102220002822	备注	（奥凯有限责任公司 910320705221065221 发票专用章）

收款人：张飞　　复核：王标　　开票人：张思宝　　销售方：（章）

第三联 发票联 购买方记账凭证

表 1-1-6　销售产品发货单

运输方式：自提

购货单位：南京大都机器厂　　2024 年 5 月 11 日　　编号：061201

产品名称	规格型号	计量单位	数量	单价（元）	金额（元）	备注
甲产品	HA-4	件	100	900	90 000.00	

销售负责人：王平　　发货人：李月　　提货人：赵明　　制单：李月

表 1-1-7　进账单

ICBC 中国工商银行　进账单（回单）2

2024 年 5 月 11 日

出票人	全称	南京大都机器厂	收款人	全称	奥凯有限责任公司
	账号	433020030010022		账号	260102220002822
	开户银行	工行城南支行		开户银行	工行苍梧支行

金额	亿	千	百	十	万	千	百	十	元	角	分
人民币（大写）壹拾万零壹仟柒佰元整			¥	1	0	1	7	0	0	0	0

票据种类	转支	票据张数	1
票据号码	270100090000142825		

备注：

复核：　　记账：

中国工商银行 连云港苍梧支行 2024.05.11 转讫

开户银行签章

此联是开户银行交给持（出）票人的回单

3.2024 年 5 月 19 日，奥凯公司办公室主任李大力出差回来，报销差旅费 960 元，退回现金 40 元。出纳开具的收款收据见表 1-1-8，出差人填制的差旅费报销单见表 1-1-9。

表 1-1-8　收款收据

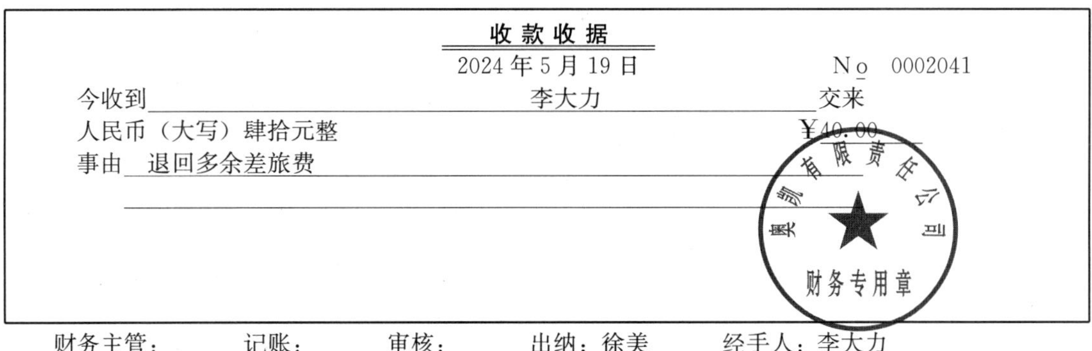

收 款 收 据

2024 年 5 月 19 日　　No 0002041

今收到　李大力　交来

人民币（大写）肆拾元整　　¥40.00

事由　退回多余差旅费

奥凯有限责任公司 财务专用章

财务主管：　　记账：　　审核：　　出纳：徐美　　经手人：李大力

表 1-1-9　外埠差旅费报销表

部门				办公室	姓名		李大力		职务	主任		到达地点		南京
事由				开会					车船住宿费张数					7
出差天数				自5月16日至5月18日共3天					在途天数	2		住勤天数		2
2024年			起止	起讫地点	车船费	卧改座补贴	夜间补助费	市内交通费	伙食补助费	住宿费				金额合计
月	日	时								实际	奖	罚	报销	
5	16	8	起	新浦—南京	100			50	200	400			400	750.00
5	16	12	止											
5	18	7	起	南京—新浦	110				100					210.00
5	18	11	止											
			起											
			止											
合计					￥960.00									
实报金额（大写）合计					人民币玖佰陆拾元整						单位负责人：同意 李大明			
原借款数					￥1 000.00		退款或补款数		￥40.00					

1. 出差人员自备车辆的，不发市内交通费。
2. 卧改座补贴是指90%或50%卧改座补助。

主管人：　　会计：宋成　　领报人：李大力　　填报：李大力　　2024年5月19日

4. 2024年5月20日，奥凯公司将现金5 700元存入银行，填制的现金存款单见表1-1-10。

表 1-1-10　现金存款凭条

ICBC 中国工商银行现金存款凭条

日期：2024年5月20日

存款人	全称	奥凯有限责任公司		
	账号	260102220002822	款项来源	零星收入
	开户行	工行苍梧支行	交款人	徐美

金额（大写）伍仟柒佰元整	金额（小写）	亿	千	百	十	万	千	百	十	元	角	分
						￥	5	7	0	0	0	0

票面	张数	十	万	千	百	十	元	票面	张数	千	百	十	元	角	分	备注
壹佰元	57			5	7	0	0	伍角								中国工商银行 连云港苍梧支行 2024.05.20 转讫
伍拾元								贰角								
贰拾元								壹角								
拾元								伍分								
伍元								贰分								
贰元								壹分								
壹元								其他								

第二联　客户核对联

注：此联不作为入账依据。

5. 2024年5月21日，公司一车间领用甲材料40千克，填制的领料单见表1-1-11。

表 1-1-11　领料单

领料单位：一车间

用途：车间一般耗用　　　　　　　　日期：2024 年 5 月 21 日

领料类别	材料名称及规格	计量单位	数量		单价（元）	金额（元）
			请领	实领		
	甲材料	千克	40	40	25	1 000.00

记账：　　　　发料：李明　　　　领料负责人：郭达　　　　领料：刘伟

6.2024 年 5 月 22 日，市场部经理李庆生出差前预借差旅费 5 000 元，填制的借款单见表 1-1-12，开出的现金支票见表 1-1-13。

表 1-1-12　借款单

日期：2024 年 5 月 22 日　　　　　　　　No 2546812

借款原因：北京出差	借款人：李庆生 盖　章
借款金额（大写）伍仟元整　¥ 5 000.00	备　注： 同意 李大明

第三联：本联在借款结清后退回借款人

表 1-1-13　现金支票

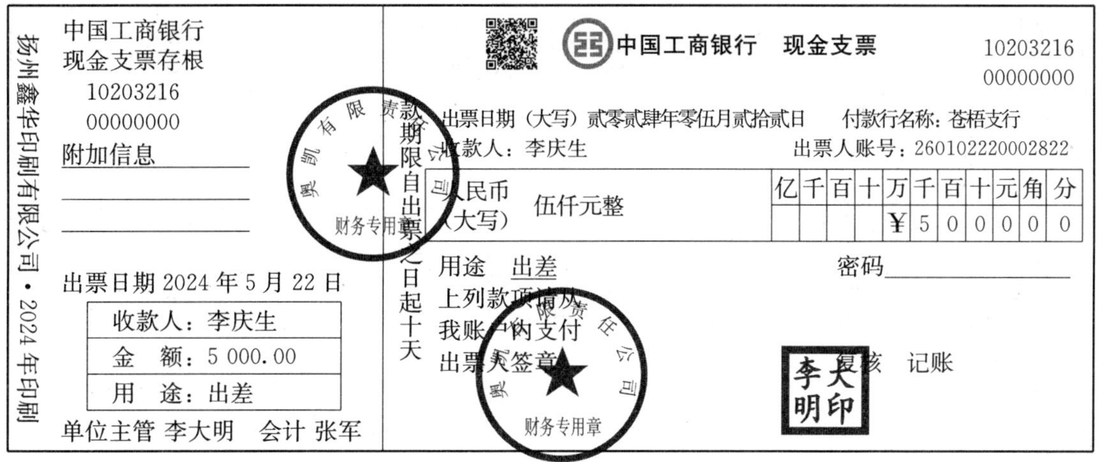
扬州鑫华印刷有限公司·2024 年印刷

中国工商银行
现金支票存根
10203216
00000000
附加信息
出票日期 2024 年 5 月 22 日

收款人：李庆生
金　额：5 000.00
用　途：出差

单位主管 李大明　会计 张军

中国工商银行　现金支票　10203216 00000000

出票日期（大写）贰零贰肆年零伍月贰拾贰日　付款行名称：苍梧支行

收款人：李庆生　出票人账号：260102220002822

人民币（大写）	伍仟元整	亿	千	百	十	万	千	百	十	元	角	分
						¥	5	0	0	0	0	0

用途　出差　　　　密码

上列款项请从

我账户内支付

出票人签章　　　　复核　记账

款期限自出票之日起十天

奥凯有限责任公司 财务专用章

李大明印

（二）记账凭证填制示范

1. 奥凯公司 2024 年 5 月 7 日收回大华机器厂前欠货款 70 200 元，存入银行，收到银行转来的收账通知。根据审核无误的原始凭证及有关资料填制收款凭证，如表 1-1-14 所示。

2. 奥凯公司 2024 年 5 月 8 日购入甲材料 1 000 千克，购买价 200 000 元，增值税 26 000 元，材料到达验收入库，开出转账支票支付全部款项 226 000 元，收到供货单位开出的增值税专用发票及仓库交来的收料单。根据审核无误的原始凭证及有关资料填制付款凭证，如表 1-1-15 所示。

表 1-1-14 收款凭证

借方科目：银行存款　　　　日期：2024 年 5 月 7 日　　　　银收 001 号

对方单位（或缴款人）	摘要	贷方科目		金额										记账√
		总账	明细科目	千	百	十	万	千	百	十	元	角	分	
大华机器厂	收回前欠款	应收账款	大华机器厂				7	0	2	0	0	0	0	
附件 1 张		合计				¥	7	0	2	0	0	0	0	

核准：　　　复核：李娜　　　记账：　　　出纳：　　　制单：王健

江苏省统一监管账证系列　货号 2702A
江苏省财政厅监制　监制号：V—14

表 1-1-15 付款凭证

贷方科目 银行存款：　　　　日期：2024 年 5 月 8 日　　　　银付 001 号

对方单位（或领款人）	摘要	借方科目		金额										记账√
		总账	明细科目	千	百	十	万	千	百	十	元	角	分	
	购入甲材料	原材料	甲材料			2	0	0	0	0	0	0	0	
	已验收入库	应交税费	应交增值税（进项税额）				2	6	0	0	0	0	0	
附件 3 张		合计			¥	2	2	6	0	0	0	0	0	

核准：　　　复核：李娜　　　记账：　　　出纳：　　　制单：王健

江苏省统一监管账证系列　货号 2702A
江苏省财政厅监制　监制号：V—14

3. 2024 年 5 月 9 日，奥凯公司一车间生产 007 产品领用甲材料 50 千克，计 12 000 元，收到仓库交来的领料单。根据审核无误的原始凭证及有关资料填制转账凭证，如表 1-1-16所示。

（三）会计凭证装订要求

会计机构和会计人员在记账以后，应当定期（每日、每旬或每月）对各种会计凭证加以分类、整理，装订成册。装订的范围包括原始凭证、记账凭证、科目汇总表等，科目汇总表的工作底稿也可以装订在内，作为科目汇总表的附件。使用计算机的企业，还应将转账凭证清单等装订在内。

1. 会计凭证的整理。

会计凭证装订前首先应将凭证进行整理。会计凭证的整理工作，主要是对凭证进行排序、粘贴和折叠。

表 1-1-16　转账凭证

日期：2024 年 5 月 9 日　　　　　　转 001 号

江苏省统一监管账证系列　货号 2702A
江苏省财政厅监制　监制号：V—3

摘要	总账科目	明细科目	借方金额										贷方金额										记账√
			千	百	十	万	千	百	十	元	角	分	千	百	十	万	千	百	十	元	角	分	
生产007产品领料	生产成本	007产品				1	2	0	0	0	0	0											
	原材料	甲材料														1	2	0	0	0	0	0	
附件 1 张	合计				¥	1	2	0	0	0	0	0			¥	1	2	0	0	0	0	0	

核准：　　复核：李娜　　记账：　　出纳：　　制单：李华

（1）排序。

对会计凭证要进行分类整理，按顺序排列，并检查日数、编号是否齐全。

（2）粘贴。

对于纸张面积过小的原始凭证，一般无法直接装订，可先按一定次序和类别排列，再粘在一张比记账凭证略小的白纸上。粘贴时小票应分张排列，同类同金额的单据应粘贴在一起，同时在一旁注明张数和合计金额。

（3）折叠。

对于纸张面积大于记账凭证的原始凭证，可按略小于记账凭证的面积尺寸，先自右向后，再自下向后两次折叠。注意应把凭证的左上角或左侧面让出来，以便装订后还可以展开查阅。

2. 会计凭证的装订。

（1）装订成册。

装订前要准备好铁锥、装订机或小手电钻，以及线绳、铁夹、胶水、凭证封皮及包角纸等。

装订时，首先将凭证封面和封底分别附在凭证前面和后面，将全部凭证以左上角为准对齐，再将一张与封面质地相同的纸放在封面左上角，做包角纸；然后，在凭证的左上角画一个边长为 6 厘米的等腰三角形，用夹子夹住，用装订机在该等腰三角形处打三个针眼，再用大针引线绳做三眼一线式装订，绳在凭证的背面打结；最后，将包角纸向左上侧面折，并将一侧剪开至凭证的左上角，将包角纸右上角和左下角两小块反折到凭证封底，粘在打好的结上，将结压在里面，抹上胶水。待晾干后，在凭证的侧脊上面写上“某年某月第几册共几册”的字样。装订人在装订线封签处签名或者盖章。装订方法如图 1-1-2 所示。

（2）填写封面。

会计凭证装订成册后，应当填写封面。会计凭证的封面应当包括以下内容：单位名称、所属的年度和月份、起讫日期、凭证名称及起讫号码等。

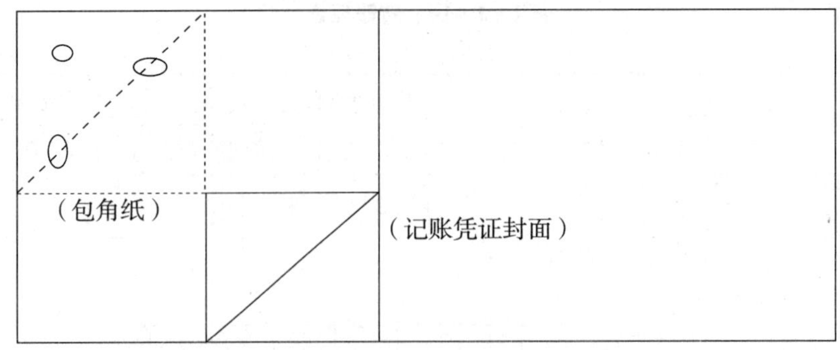

图 1-1-2 会计凭证装订示意图

注：图中虚线为折叠线，圆圈为装订针眼，斜线部分为包角纸中需要裁剪的部分。

会计凭证封面的一般格式如表 1-1-17 所示。

表 1-1-17 会计凭证封面

凭证封面
2024 年 1 月　　　　编号 1

单位名称	奥凯有限责任公司
凭证名称	记账凭证
册　　数	第 1 册共 3 册
起讫编号	自第 1 号至第 78 号共计 94 张
附　　件	200 张
起讫日期	自 2024 年 1 月 1 日至 2024 年 1 月 31 日

会计主管：张峰　　会计：李娜　　装订：李娜

连云港市财政局监制

（3）其他要求。

为方便保管和利用，在装订之前要考虑一个月的记账凭证究竟装订成几册为好。每册的厚薄应基本保持一致，厚度一般以 1.5～2.0 厘米为宜。过薄，不利于放置；过厚，不便于翻阅核查。

某些记账凭证所附的原始凭证数量很多，如收料单、领料单等，这种情形下可以将原始凭证单独装订保管，但应将原始凭证张数、数量、金额、收款或付款方式和所属记账凭证日期、种类、编号等标注清楚，一式两份，一份作为原始凭证装订册的封面，一份附在记账凭证后面，以便查考。

会计凭证装订时，对于那些重要的原始凭证附件，比如各种经济合同、存出保证金收据、涉外文件、契约等，为了便于日后查阅，可以不附在记账凭证之后，而另编目录，单独保管，然后在相关的记账凭证和原始凭证上相互对应地注明日期和编号，以便日后核对。

三、会计账簿有关提示

（一）账簿启用示范

会计人员在启用账簿时，要认真填写相关内容，如启用日期、起止页数、记账人员姓名、会计人员姓名，并加盖单位财务章或公章。当记账人员或会计主管人员工作变动时，应办理账簿移交手续，在启用表上记录交接日期、交接人和监交人的姓名，并盖章。账簿启用表如表 1-1-18 所示。

表 1-1-18　账簿启用表

<table>
<tr><td colspan="2">单位名称</td><td colspan="4">奥凯有限责任公司</td><td rowspan="2">负责人</td><td>职别</td><td colspan="2">财务科长</td><td rowspan="2">盖章
陶小林印</td></tr>
<tr><td colspan="2">账簿名称</td><td colspan="4">总分类账　第 1 册</td><td>姓名</td><td colspan="2">陶小林</td></tr>
<tr><td colspan="2">账簿号码</td><td colspan="4">第 001 号</td><td rowspan="3">主办会计</td><td>职别</td><td colspan="3">记账员</td></tr>
<tr><td colspan="2">账簿页数</td><td colspan="4">本账簿共计 100 页</td><td>姓名</td><td colspan="3">许小敏</td></tr>
<tr><td colspan="2">启用日期</td><td colspan="4">2024 年 1 月 1 日</td><td>盖章</td><td colspan="3">许小敏</td></tr>
<tr><td colspan="11">经管本账簿人员一览</td></tr>
<tr><td rowspan="2">职别</td><td rowspan="2">姓名</td><td colspan="4">接管</td><td colspan="4">移交</td><td rowspan="2">印花税票粘贴处</td></tr>
<tr><td>年</td><td>月</td><td>日</td><td>盖章</td><td>年</td><td>月</td><td>日</td><td>盖章</td></tr>
<tr><td></td><td>许小敏</td><td></td><td></td><td></td><td></td><td>2024</td><td>3</td><td>1</td><td>许小敏</td><td rowspan="5"></td></tr>
<tr><td></td><td>刘芳</td><td>2024</td><td>3</td><td>1</td><td>刘芳</td><td></td><td></td><td></td><td></td></tr>
<tr><td></td><td></td><td></td><td></td><td></td><td></td><td></td><td></td><td></td><td></td></tr>
<tr><td></td><td></td><td></td><td></td><td></td><td></td><td></td><td></td><td></td><td></td></tr>
<tr><td></td><td></td><td></td><td></td><td></td><td></td><td></td><td></td><td></td><td></td></tr>
</table>

（二）账簿登记示范

1. 库存现金日记账登记示范（见表 1-1-19）。
2. 银行存款日记账登记示范（见表 1-1-20）。
3. 应收账款明细账登记示范（见表 1-1-21）。
4. 原材料明细账登记示范（见表 1-1-22）。
5. 生产成本明细账登记示范（见表 1-1-23）。
6. 总分类账登记示范（见表 1-1-24）。

四、财产清查有关提示（以银行存款对账为例）

（一）要求

首先检查本企业银行存款日记账的正确性、完整性，然后将银行对账单与企业银行存款日记账逐笔核对，找出未达账项及记账差错，再编制“银行存款余额调节表”进行调节。需要注意的是，根据内部控制不相容职务分离要求，应该由出纳以外的人员负责从银行取得对账单和编制“银行存款余额调节表”的工作。

（二）举例

假设某企业的银行存款日记账与银行对账单逐笔核对，3 月 21 日前均核对无误，3 月 26 日第 8561 号本票正确金额为 85 380 元，该企业 2024 年 3 月21—31日银行存款日记账记录和银行对账单有关资料见表 1-1-25、表 1-1-26，据此编制的银行存款余额调节表见表 1-1-27。

表 1－1－19　库存现金日记账

2024 年		凭证号数	对方科目	摘要	√	收入（借方）金额										付出（贷方）金额										结余金额									
月	日					千	百	十	万	千	百	十	元	角	分	千	百	十	万	千	百	十	元	角	分	千	百	十	万	千	百	十	元	角	分
1	1			上年结转																										2	0	0	0	0	0
	2	银付 1	银行存款	从银行提取现金						3	0	0	0	0	0															5	0	0	0	0	0
	2	现付 1	管理费用	支付招待费																	4	0	0	0	0					4	6	0	0	0	0
	2	现付 2	管理费用	支付办公用品费																1	2	0	0	0	0					3	4	0	0	0	0
	2	现付 3	原材料	支付材料搬运费																	2	0	0	0	0					3	2	0	0	0	0
	2	现收 1	其他应收款	收李海退回差旅费余额								5	0	0	0															3	2	5	0	0	0
	2			本日合计						3	0	5	0	0	0					1	8	0	0	0	0					3	2	5	0	0	0
	…																																		
	31			本日合计						4	3	0	0	0	0					1	7	0	0	0	0					7	0	0	0	0	0
	31			本月合计					9	5	4	3	6	0	0				9	0	4	3	6	0	0					7	0	0	0	0	0

表 1-1-20　银行存款日记账

2024 年		凭证号数	支票号数	对方科目	摘要	√	收入（借方）金额										付出（贷方）金额										结余金额									
月	日						千	百	十	万	千	百	十	元	角	分	千	百	十	万	千	百	十	元	角	分	千	百	十	万	千	百	十	元	角	分
1	1				上年结转																								2	0	0	0	0	0	0	0
	7	银付 1		原材料	付购入材料费															1	0	0	0	0	0	0			1	9	0	0	0	0	0	0
	7	银付 2		库存现金	提取现金备发工资															1	2	0	0	0	0	0			1	7	8	0	0	0	0	0
	7	银收 1		主营业务收入	销售产品				1	0	0	0	0	0	0	0													2	7	8	0	0	0	0	0
	7	银收 1		应交税费	收取增值税					1	6	0	0	0	0	0													2	9	4	0	0	0	0	0
	7				本日合计				1	1	6	0	0	0	0	0				2	2	0	0	0	0	0			2	9	4	0	0	0	0	0
	…																																			
	31				本日合计					2	3	5	0	0	0	0													7	6	0	0	0	0	0	0
	31				本月合计				7	7	6	5	9	0	0	0			2	1	6	5	9	0	0	0			7	6	0	0	0	0	0	0

表 1－1－21　应收账款明细账

明细科目：深圳电机厂

2024 年		凭证号数	摘要	√	借方										贷方										借或贷	余额									
月	日				千	百	十	万	千	百	十	元	角	分	千	百	十	万	千	百	十	元	角	分		千	百	十	万	千	百	十	元	角	分
1	1		上年结转																						借			8	0	0	0	0	0	0	0
	17	银收 15	收到深圳电机厂偿还前欠货款														8	0	0	0	0	0	0	0	平										
	31		本月合计														8	0	0	0	0	0	0	0	平										

表 1-1-22　原材料明细账

编号：1006　页次：　　总页：

名称：A　存储地点：2 号库　最高存量：　最低存量：　计量单位：千克　规格：A　类别：原料

2024 年		凭证		摘要	收入（借方）												发出（贷方）												结存											
月	日	种类	号数		数量	单价	金额										数量	单价	金额										数量	单价	金额									
							千	百	十	万	千	百	十	元	角	分			千	百	十	万	千	百	十	元	角	分			千	百	十	万	千	百	十	元	角	分
1	1			上年结转																									3 000	8				2	4	0	0	0	0	0
	3	转	3	购入	5 000	8				4	0	0	0	0	0	0													8 000	8				6	4	0	0	0	0	0
	23	转	45	一车间领用													200	8					1	6	0	0	0	0	7 800	8				6	2	4	0	0	0	0

表 1-1-23　生产成本明细账

产品名称：HB产品

2024年 月	日	凭证号数	摘要	借方	贷方	借或贷	余额	借方 直接材料	借方 直接人工	借方 制造费用
1	1		上年结转			借	1200000	500000	300000	400000
	31	转 22	领用材料	3000000		借	4200000	3000000		
	31	转 25	工资分配	2000000		借	6200000		2000000	
	31	转 28	结转制造费用	3200000		借	9400000			3200000
	31	转 29	结转完工产品成本		9400000	平	0	—3500000	—2300000	—3600000

表 1－1－24　总分类账

会计科目：库存商品

2024 年		凭证号数	摘要	√	借方										贷方										借或贷	余额									
月	日				千	百	十	万	千	百	十	元	角	分	千	百	十	万	千	百	十	元	角	分		千	百	十	万	千	百	十	元	角	分
1	1		上年结转																						借		8	7	2	1	2	6	0	0	0
	15	科汇 1	1—15 日业务														1	0	2	0	0	0	0	0	借		8	6	1	9	2	6	0	0	0
	31	科汇 2	16—31 日业务			2	0	5	6	9	0	9	1	2		2	6	8	5	6	6	3	8	4	借		7	9	9	0	5	0	5	2	8
	31		本期发生额及余额			2	0	5	6	9	0	9	1	2		2	7	8	7	6	6	3	8	4	借		7	9	9	0	5	0	5	2	8

表 1-1-25　银行存款日记账

单位：元

2024年		凭证号	摘要	结算凭证		对方科目	借方	贷方	余额
月	日			种类	号数				
3	21		承前页						380 500
3	21	银付 35	购材料	转支	＃3603	原材料		48 000	332 500
3	22	银付 36	偿付货款	转支	＃2003	应付账款		36 800	295 700
3	22	银付 37	提取现金	现支	＃8653	库存现金		4 000	291 700
3	23	银付 38	付广告费	转支	＃3605	销售费用		37 200	254 500
3	23	银收 18	收回货款	委收	＃1004	应收账款	28 300		282 800
3	24	银付 39	付保险费	转支	＃3609	管理费用		40 000	242 800
3	24	银付 40	代垫运杂费	转支	＃3611	应收账款		6 000	236 800
3	25	银付 41	预付差旅费	现支	＃8654	其他应收款		3 500	233 300
3	25	银收 19	销售产品	委收	＃1006	主营业务收入	18 950		252 250
3	26	银收 20	预收货款	本票	＃8561	预收账款	65 380		317 630
3	27	银付 42	购办公用品	转支	＃3614	管理费用		600	317 030
3	27	银付 43	付养路费	转支	＃3617	管理费用		3 800	313 230
3	28	银付 44	预付货款	转支	＃3618	预付账款		50 000	263 230
3	29	银收 21	收回货款	转支	＃3685	应收账款	17 390		280 620
3	30	现付 19	存入现金	回单	＃24	库存现金	2 000		282 620
3	30	银付 45	预付差旅费	现支	＃8658	其他应收款		2 780	279 840
3	31		月末余额						279 840

表 1-1-26　银行对账单

单位：元

2024年		结算凭证		摘要	借方	贷方	余额
月	日	种类	号数				
3	21			承前页			380 500
3	22	转支	＃3603	付货款	48 000		332 500
3	22	现支	＃8653	提现金	4 000		328 500
3	24	转支	＃3605	付广告费	37 200		291 300
3	25	特转	＃1480	存款利息		5 900	297 200
3	25	现支	＃8654	提差旅费	3 500		293 700
3	26	转支	＃3609	付保险费	40 000		253 700
3	26	本票	＃8561	存入货款		85 380	339 080
3	26	转支	＃3614	付用品款	600		338 480
3	29	转支	＃2003	付货款	36 800		301 680
3	29	委托	＃5721	付电话费	3 800		297 880
3	30	转支	＃3617	付养路费	3 800		294 080
3	30	特转	＃1902	贷款利息	3 500		290 580
3	30		＃24	存入现金		2 000	292 580
3	30	委托	＃1195	付水电费	4 800		287 780
3	31	委托	＃1009	代收运费		4 000	291 780
3	31			月末余额			291 780

表 1-1-27　银行存款余额调节表

日期：2024 年 3 月 31 日

项目	金额	项目	金额
企业银行存款日记账余额	279 840	银行对账单余额	291 780
加：		加：	
银行已收企业未收利息	5 900	企业已收银行未收货款	28 300
企业少记本票金额	20 000	企业已收银行未收货款	18 950
银行已收企业未收运费	4 000	企业已收银行未收货款	17 390
减：		减：	
银行已付企业未付电话费	3 800	企业已付银行未付运费	6 000
银行已付企业未付利息	3 500	企业已付银行未付货款	50 000
银行已付企业未付水电费	4 800	企业已付银行未付差旅费	2 780
调节后的存款余额	297 640	调节后的存款余额	297 640

第二章

基础会计模拟实训

第一节　模拟企业简介

一、企业概况

连云港海达实业有限责任公司是一家制造企业。具体信息如下：

公司地址：连云港市连云区中山路59号

电话：0518-82356456

开户银行：连云港市工商银行连云支行　　账号：260102220002752

公司为增值税一般纳税人，统一社会信用代码：910320705222065238

法人代表：张洪明　　财务负责人：李华志　　会计：王铁山

出纳：王莉　　稽核员：宋成和　　保管员：沈大军

二、生产经营情况

公司注册资金为100万元，设有一个基本生产车间，生产甲、乙两种产品（甲、乙产品本月全部完工，期末均无在产品），所耗材料为A、B两种材料。企业的材料外购，产品畅销。

三、会计核算相关事项

（1）账务处理程序：采用科目汇总表账务处理程序，处理流程如图1-2-1所示。

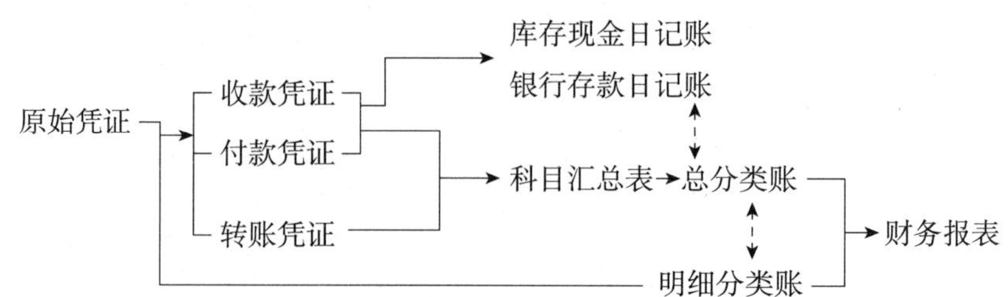

图1-2-1　账务处理程序

(2) 适用税率：购销货物增值税税率为 13%，运费增值税税率为 9%，所得税税率为 25%，城市维护建设税税率为 7%，教育费附加率为 3%。

(3) 成本核算：原材料、库存商品均按实际成本计价核算，外购材料的运杂费按重量比例分配，月末制造费用按生产工人工资比例分配，发出产品采用先进先出法计价。

(4) 利润分配：按净利润的 10%提取法定盈余公积，按净利润的 40%向投资者分配利润。

第二节　实训准备及实训内容

一、实训所需材料名称、格式及数量

1. 记账凭证。

(1) 收款凭证（7 张）。

(2) 付款凭证（14 张）。

(3) 转账凭证（25 张）。

(4) 记账凭证封面、封底、包角纸（各 1 张）。

2. 日记账。

(1) 库存现金日记账（三栏式）（1 张）。

(2) 银行存款日记账（三栏式）（1 张）。

3. 明细分类账。

(1) 原材料明细账（数量金额式）（2 张）。

(2) 应收账款明细账（三栏式）（2 张）。

(3) 库存商品明细账（数量金额式）（2 张）。

(4) 生产成本明细账（多栏式）（2 张）。

(5) 管理费用明细账（多栏式）（1 张）。

4. 总分类账。

三栏式账页（36 张）。

5. 本期发生额及余额试算平衡表（1 张）。

6. 科目汇总表（1 张）。

7. 财务报表。

(1) 资产负债表（1 张）。

(2) 利润表（1 张）。

上述实训所需记账凭证和各种账页可以以班级为单位到会计用品商店购买，相关表格见本章第四节。

二、实训内容

(1) 建账：根据连云港海达实业有限责任公司账户的期初资料，开设总分类账、明细分类账和日记账，并登记期初余额。

（2）填制和审核原始凭证：根据连云港海达实业有限责任公司本月发生的经济业务填制和审核有关原始凭证。

（3）编制和审核记账凭证：根据原始凭证编制和审核记账凭证。

（4）登记日记账：根据收、付款凭证逐笔、序时登记库存现金日记账和银行存款日记账。

（5）登记明细分类账：根据原始凭证或记账凭证登记原材料明细账、应收账款明细账、库存商品明细账、生产成本明细账、管理费用明细账，其余从略。

（6）编制科目汇总表：将 T 形账户作为工作底稿，根据记账凭证登记各 T 形账户，并将各账户的借方发生额、贷方发生额分别加以汇总，将合计数填入科目汇总表。

（7）登记总分类账：根据科目汇总表登记总分类账。

（8）对账、结账：月末进行对账和结账。

（9）编制本期发生额及余额试算平衡表：根据总分类账记录编制本期发生额及余额试算平衡表。

（10）编制财务报表：根据有关账户余额资料，编制资产负债表；根据损益类账户本期发生额，编制利润表。

（11）会计档案整理：整理、装订会计凭证、会计账簿和财务报表。

（12）实训总结：根据实训体会和感受，撰写并提交 800 字左右的实训总结。

第三节　模拟企业期初资料

一、总分类账户余额资料

连云港海达实业有限责任公司 2024 年 11 月 30 日总分类账户期末余额资料见表 1-2-1。

表 1-2-1　总分类账户期末余额　　单位：元

账户名称	借方余额	账户名称	贷方余额
库存现金	1 200	短期借款	50 000
银行存款	232 000	应付账款	35 000
应收账款	72 000	应交税费	18 000
预付账款	2 000	长期借款	36 000
原材料	126 000	实收资本	800 000
库存商品	210 000	盈余公积	40 000
生产成本	27 000	本年利润	580 000
固定资产	686 000	累计折旧	87 200
利润分配	290 000		
合计	1 646 200	合计	1 646 200

二、部分明细分类账户资料

连云港海达实业有限责任公司 2024 年 11 月 30 日部分明细分类账户资料如下：

1. 原材料明细账（原材料存放地点：一号仓库）。

A 材料：数量 7 000 千克，单价 8 元，金额 56 000 元；

B 材料：数量 7 000 千克，单价 10 元，金额 70 000 元。

2. 应收账款明细账。

明辉工厂：50 000 元。

振华工厂：22 000 元。

3. 库存商品明细账（库存商品存放地点：二号仓库）。

甲产品：数量 2 500 件，单位成本 36 元，金额 90 000 元；

乙产品：数量 3 000 件，单位成本 40 元，金额 120 000 元。

4. 生产成本明细账。

甲产品：15 000 元（直接材料 8 000 元，直接人工 4 000 元，制造费用 3 000 元）；

乙产品：12 000 元（直接材料 6 500 元，直接人工 2 500 元，制造费用 3 000 元）。

5. 利润分配明细账。

提取法定盈余公积：58 000 元；

应付现金股利：232 000 元。

第四节　本期经济业务及实训具体要求

1. 连云港海达实业有限责任公司 2024 年 12 月发生下列经济业务（相关会计凭证和有关账页见本章第五节）：

［业务 1］　1 日，出纳员签发现金支票，从银行提取现金 3 000 元备用。

实训要求：（1）填写“现金支票”；

（2）编制“付款凭证”；

（3）登记“库存现金日记账”“银行存款日记账”；

（4）登记 T 形账户。

［业务 2］　2 日，从连云港红光工厂购进 A 材料 6 000 千克，每千克 7.90 元，B 材料 4 000千克，每千克 9.90 元，增值税税率 13％；发生不含税运费 1 000 元，增值税税率 9％。增值税专用发票均已取得，材料已验收入库，款项尚未支付。

实训要求：（1）填写“材料运杂费分配表”“收料单”；

（2）编制“转账凭证”；

（3）登记“原材料明细账”、“应付账款明细账”（略）、“应交税费明细账”（略）；

（4）登记 T 形账户。

［业务 3］　3 日，公司营销部业务员张凯出差预借差旅费 1 800 元，以现金付讫。

实训要求：（1）填写“借条”；

（2）编制“付款凭证”；

（3）登记“库存现金日记账”“其他应收款明细账”（略）；

（4）登记T形账户。

[业务4] 5日，开出转账支票60 000元给银行代发职工工资。

实训要求：（1）填写“转账支票”；

（2）编制“付款凭证”；

（3）登记“银行存款日记账”“应付职工薪酬明细账”（略）；

（4）登记T形账户。

[业务5] 6日，开出转账支票缴纳所得税款18 000元。

实训要求：（1）填写“转账支票”；

（2）编制“付款凭证”；

（3）登记“银行存款日记账”“应交税费明细账”（略）；

（4）登记T形账户。

[业务6] 7日，向明辉工厂（地址：解放路6号，电话：85826447，开户行及账号：工行解放路支行260102220003875，统一社会信用代码：91134628433358743）销售乙产品2 000件，每件80元，增值税税率为13%，送存该厂交来的转账支票（票据号码：270110080000285642）。乙产品单位生产成本为40元。

实训要求：（1）填写“增值税专用发票”“进账单”“销售产品发货单”；

（2）编制“收款凭证”；

（3）登记“银行存款日记账”“应交税费明细账”（略）；

（4）登记T形账户。

[业务7] 9日，张凯出差归来报销差旅费1 500元，退回现金300元，结清前欠借款。

实训要求：（1）填写“收款收据”；

（2）编制“收款凭证”“转账凭证”；

（3）登记“库存现金日记账”“管理费用明细账”“其他应收款明细账”（略）；

（4）登记T形账户。

[业务8] 10日，开出转账支票，支付前欠红光工厂的购料款99 400元。

实训要求：（1）填写“转账支票”；

（2）编制“付款凭证”；

（3）登记“银行存款日记账”“应付账款明细账”（略）；

（4）登记T形账户。

[业务9] 11日，业务员报销招待客户的餐费318元（其中增值税18元），以现金付讫。

实训要求：（1）编制“付款凭证”；

（2）登记“库存现金日记账”“管理费用明细账”；

（3）登记T形账户。

[业务10] 12日，开出转账支票，预付下年度财产保险费12 720元（其中增值税720元）。

实训要求：（1）填写“转账支票”；

（2）编制“付款凭证”；

(3) 登记“银行存款日记账”;

(4) 登记T形账户。

[业务11] 14日,车间生产甲产品领用A材料8 000千克,每千克8元。生产乙产品领用B材料3 000千克,每千克10元。车间一般耗用A材料400千克,每千克8元。行政管理部门领用B材料500千克,每千克10元。

实训要求:(1) 填写“领料单”;

(2) 编制“转账凭证”;

(3) 登记“原材料明细账”“生产成本明细账”“管理费用明细账”“制造费用明细账”(略);

(4) 登记T形账户。

[业务12] 15日,向振华工厂(地址:光明路52号,电话:85532476,开户行及账号:工行苍梧支行260102220003852,统一社会信用代码:910160107430158022)销售甲产品2 000件,每件70元,增值税税率为13%,款项暂未收到。甲产品单位生产成本36元。

实训要求:(1) 填写“增值税专用发票”“销售产品发货单”“托收凭证”;

(2) 编制“转账凭证”;

(3) 登记“应收账款明细账”“应交税费明细账”(略);

(4) 登记T形账户。

[业务13] 17日,从红旗工厂购进B材料6 000千克,每千克10元,增值税税率为13%,以转账支票付讫,材料尚未到达。

实训要求:(1) 编制“付款凭证”;

(2) 登记“银行存款日记账”、“在途物资明细账”(略)、“应交税费明细账”(略);

(3) 登记T形账户。

[业务14] 18日,开出转账支票向市电视台支付本月广告费8 480元(其中增值税480元)。

实训要求:(1) 编制“付款凭证”;

(2) 登记“银行存款日记账”“销售费用明细账”(略);

(3) 登记T形账户。

[业务15] 19日,收到枫华公司一张转账支票200 000元(票据号码:27011008000024783O,枫华公司开户行及账号:工行灌云支行,260102224102746),作为对本公司的投资。

实训要求:(1) 填写“进账单”;

(2) 编制“收款凭证”;

(3) 登记“银行存款日记账”“实收资本明细账”(略);

(4) 登记T形账户。

[业务16] 20日,支付上月水费1 018.02元,增值税91.62元;电费3 500元,增值税455元。

实训要求:(1) 编制“付款凭证”;

(2) 登记“银行存款日记账”、“应交税费明细账”(略)、“应付账款明细账”(略);

(3) 登记T形账户。

[业务17] 20日,从红旗工厂购进的B材料6 000千克到达,全部验收入库。

实训要求:(1) 编制“转账凭证”;

（2）登记“原材料明细账”“在途物资明细账”（略）；

（3）登记T形账户。

[业务18] 22日，收到明辉工厂开出的转账支票，偿还其前欠货款50 000元，已将转账支票送存银行。

实训要求：（1）编制“收款凭证”；

（2）登记“银行存款日记账”“应收账款明细账”；

（3）登记T形账户。

[业务19] 23日，因购货单位三达公司违反交易合同而获得罚款收入现金500元。

实训要求：（1）编制“收款收据”；

（2）登记“库存现金日记账”；

（3）登记T形账户。

[业务20] 24日，车间生产甲产品领用A材料3 000千克，每千克8元，生产乙产品领用B材料6 000千克，每千克10元。车间一般耗用B材料500千克，每千克10元。

实训要求：（1）填写“领料单”；

（2）编制“转账凭证”；

（3）登记“原材料明细账”“生产成本明细账”“制造费用明细账”（略）；

（4）登记T形账户。

[业务21] 25日，开出转账支票，通过市红十字会向灾区捐赠10 000元。

实训要求：（1）编制“付款凭证”；

（2）登记“银行存款日记账”；

（3）登记T形账户。

[业务22] 26日，购入不需要安装的T机器1台，购买价50 000元，增值税6 500元；发生不含税运费1 500元，增值税135元。增值税专用发票均已取得，款项全部转账支付，机器已交付使用。

实训要求：（1）编制“付款凭证”；

（2）登记“银行存款日记账”“固定资产明细账”（略）；

（3）登记T形账户。

[业务23] 27日，支付管理部门本月电话费720.80元（其中增值税40.80元），以现金付讫。

实训要求：（1）编制“付款凭证”；

（2）登记“库存现金日记账”“管理费用明细账”；

（3）登记T形账户。

[业务24] 28日，实地盘点A材料620千克，该材料明细账结存600千克，盘盈20千克，每千克8元，原因待查。

实训要求：（1）填写“材料盘点报告单”；

（2）编制“转账凭证”；

（3）登记“原材料明细账”；

（4）登记T形账户。

[业务25] 28日，从工商银行借入一年期借款80 000元。

实训要求：(1) 编制“收款凭证”;

(2) 登记“银行存款日记账”;

(3) 登记 T 形账户。

[业务 26] 30 日，向通云工厂销售 A 材料 500 千克，售价为每千克 10 元，增值税额 650 元，款项收到并存入银行。A 材料每千克进价 8 元。

实训要求：(1) 编制“收款凭证”;

(2) 登记“银行存款日记账”“应交税费明细账”(略);

(3) 登记 T 形账户。

[业务 27] 31 日，结转上述已售原材料的实际成本 4 000 元。

实训要求：(1) 编制“转账凭证”;

(2) 登记“原材料明细账”;

(3) 登记 T 形账户。

[业务 28] 31 日，分配本月水、电费 4 200 元，其中：车间负担 3 000 元，行政管理部门负担 1 200 元。

实训要求：(1) 编制“转账凭证”;

(2) 登记“管理费用明细账”“制造费用明细账”(略);

(3) 登记 T 形账户。

[业务 29] 31 日，查明盘盈的 A 材料 20 千克系计量误差，批准冲减管理费用。

实训要求：(1) 编制“转账凭证”;

(2) 登记“管理费用明细账”;

(3) 登记 T 形账户。

[业务 30] 31 日，支付本月短期借款利息 400 元。

实训要求：(1) 编制“付款凭证”;

(2) 登记 T 形账户。

[业务 31] 31 日，计算分配本月应付工资 80 000 元，其中：生产甲产品工人工资 30 000 元，生产乙产品工人工资 20 000 元，车间管理人员工资 5 000 元，企业行政管理人员工资18 000 元，销售人员工资 7 000 元。

实训要求：(1) 填写“工资分配表”;

(2) 编制“转账凭证”;

(3) 登记“生产成本明细账”、“管理费用明细账”、“制造费用明细账”(略)、“销售费用明细账”(略)、“应付职工薪酬明细账”(略);

(4) 登记 T 形账户。

[业务 32] 31 日，计提本月固定资产折旧 5 400 元，其中：车间用固定资产计提折旧 4 300 元，行政管理部门用固定资产计提折旧 1 100 元。

实训要求：(1) 编制“转账凭证”;

(2) 登记“管理费用明细账”“制造费用明细账”(略);

(3) 登记 T 形账户。

[业务 33] 31 日，确认以前支付但应由本月负担的财产保险费 1 000 元，其中应由车间负担 600 元，应由管理部门负担 400 元。

实训要求：(1) 编制“转账凭证”；

(2) 登记“管理费用明细账”“制造费用明细账”（略）；

(3) 登记 T 形账户。

[业务 34] 31 日，按照生产工人工资比例分配结转本月制造费用。

实训要求：(1) 填写“制造费用分配表”；

(2) 编制“转账凭证”；

(3) 登记“生产成本明细账”“制造费用明细账”（略）；

(4) 登记 T 形账户。

[业务 35] 31 日，本月甲产品完工 4 000 件，乙产品完工 3 200 件，计算并结转完工产品成本（提示：根据生产成本明细账期初余额和本期借方发生额计算）。

实训要求：(1) 填写“产品生产成本计算表”“产成品入库单”；

(2) 编制“转账凭证”；

(3) 登记“生产成本明细账”“库存商品明细账”；

(4) 登记 T 形账户。

[业务 36] 31 日，结转本月产品销售成本（提示：产品销售成本采用先进先出法计算，计算过程中需要运用库存商品明细账期初资料和本期产品完工数据）。

实训要求：(1) 填写“产品销售成本计算表”；

(2) 编制“转账凭证”；

(3) 登记“库存商品明细账”；

(4) 登记 T 形账户。

[业务 37] 31 日，计算本月应交城市维护建设税和教育费附加，城市维护建设税率为 7%，教育费附加率为 3%（提示：以本月实际应交增值税即销项税额减去可以抵扣的进项税额为计征基础计算）。

实训要求：(1) 填写“税金及附加计算表”；

(2) 编制“转账凭证”；

(3) 登记“应交税费明细账”（略）；

(4) 登记 T 形账户。

[业务 38] 31 日，计算本月应交所得税，所得税税率为 25%（提示：以本月利润总额为基础计算）。

实训要求：(1) 填写“企业所得税计算表”；

(2) 编制“转账凭证”；

(3) 登记“应交税费明细账”（略）；

(4) 登记 T 形账户。

[业务 39] 31 日，结转本月损益。

实训要求：(1) 填写“本月收入计算表”“本月费用计算表”；

(2) 编制“转账凭证”；

(3) 登记“本年利润明细账”（略）；

(4) 登记 T 形账户。

[业务40] 31日，按本月净利润的10%计提法定盈余公积。

实训要求：(1) 填写“提取盈余公积计算表”；

(2) 编制“转账凭证”；

(3) 登记“利润分配明细账”(略)、“盈余公积明细账”(略)；

(4) 登记T形账户。

[业务41] 31日，按本月净利润的40%向投资者分配利润。

实训要求：(1) 填写“应付股利计算表”；

(2) 编制“转账凭证”；

(3) 登记“应付股利明细账”(略)、“利润分配明细账”(略)；

(4) 登记T形账户。

[业务42] 31日，将“本年利润”年末余额结转至“利润分配——未分配利润”账户(提示：“本年利润”年末余额等于本月净利润加上其期初余额)。

实训要求：(1) 填写“本年利润结转表”；

(2) 编制“转账凭证”；

(3) 登记“本年利润明细账”(略)、“利润分配明细账”(略)；

(4) 登记T形账户。

[业务43] 31日，将“利润分配——提取盈余公积”和“利润分配——应付现金股利”明细账户余额结转至“利润分配——未分配利润”账户(提示：按本月计提数加上明细账期初余额结转)。

实训要求：(1) 填写“利润分配结转表”；

(2) 编制“转账凭证”；

(3) 登记“利润分配明细账”(略)；

(4) 登记T形账户。

2. 根据T形账户汇总的各账户本月发生额编制科目汇总表(见表1-2-2)。

表1-2-2　科目汇总表

2024年12月1—31日

会计科目	本期发生额	
	借方	贷方
库存现金		
银行存款		
应收账款		
其他应收款		
预付账款		
在途物资		
原材料		
库存商品		
固定资产		
累计折旧		

续表

会计科目	本期发生额	
	借方	贷方
待处理财产损溢		
短期借款		
应付账款		
应付职工薪酬		
应付股利		
应交税费		
应付利息		
长期借款		
实收资本		
盈余公积		
本年利润		
利润分配		
生产成本		
制造费用		
主营业务收入		
主营业务成本		
管理费用		
财务费用		
销售费用		
其他业务收入		
其他业务成本		
税金及附加		
营业外收入		
营业外支出		
所得税费用		
合计		

3. 根据科目汇总表登记总分类账并结出各账户本期发生额及期末余额。

4. 根据各总分类账户记录编制本期发生额及余额试算平衡表（见表 1-2-3）。

表 1-2-3　本期发生额及余额试算平衡表

2024 年 12 月

总账科目	期初余额		本期发生额		期末余额	
	借方	贷方	借方	贷方	借方	贷方
库存现金						
银行存款						
应收账款						
其他应收款						
预付账款						
在途物资						
原材料						

续表

总账科目	期初余额		本期发生额		期末余额	
	借方	贷方	借方	贷方	借方	贷方
库存商品						
固定资产						
累计折旧						
待处理财产损溢						
短期借款						
应付账款						
应付职工薪酬						
应付股利						
应交税费						
应付利息						
长期借款						
实收资本						
盈余公积						
本年利润						
利润分配						
生产成本						
制造费用						
主营业务收入						
主营业务成本						
管理费用						
财务费用						
销售费用						
其他业务收入						
其他业务成本						
税金及附加						
营业外收入						
营业外支出						
所得税费用						
合 计						

5. 结出各明细分类账户的期末余额，与有关总分类账户核对；将库存现金日记账和银行存款日记账分别与库存现金和银行存款总分类账核对。

6. 根据账簿记录编制资产负债表和利润表（见表 1-2-4、表 1-2-5）。

表 1-2-4　资产负债表

编制单位：　　　　年　月　日　　　　单位：元

资产	期末余额	上年年末余额（略）	负债及所有者权益	期末余额	上年年末余额（略）
流动资产：			流动负债：		
货币资金			短期借款		
应收票据			应付票据		
应收账款			应付账款		
其他应收款			应付职工薪酬		

续表

资产	期末余额	上年年末余额（略）	负债及所有者权益	期末余额	上年年末余额（略）
预付款项			应交税费		
存货			其他应付款		
流动资产合计			流动负债合计		
非流动资产：			长期负债：		
固定资产			长期借款		
无形资产			长期负债合计		
非流动资产合计			负债合计		
			所有者权益：		
			实收资本		
			盈余公积		
			未分配利润		
			所有者权益合计		
资产合计			负债及所有者权益合计		

表 1-2-5　利润表

编制单位：　　　　年　月　　　　单位：元

项目	本期金额	上期金额（略）
一、营业收入		
减：营业成本		
税金及附加		
销售费用		
管理费用		
财务费用		
加：公允价值变动收益		
投资收益		
二、营业利润		
加：营业外收入		
减：营业外支出		
三、利润总额		
减：所得税费用		
四、净利润		
五、每股收益		
（一）基本每股收益		
（二）稀释每股收益		

7. 装订整理会计凭证、会计账簿和财务报表等资料。
8. 撰写实训总结。

第五节　原始凭证

［业务 1］

凭证 1.1

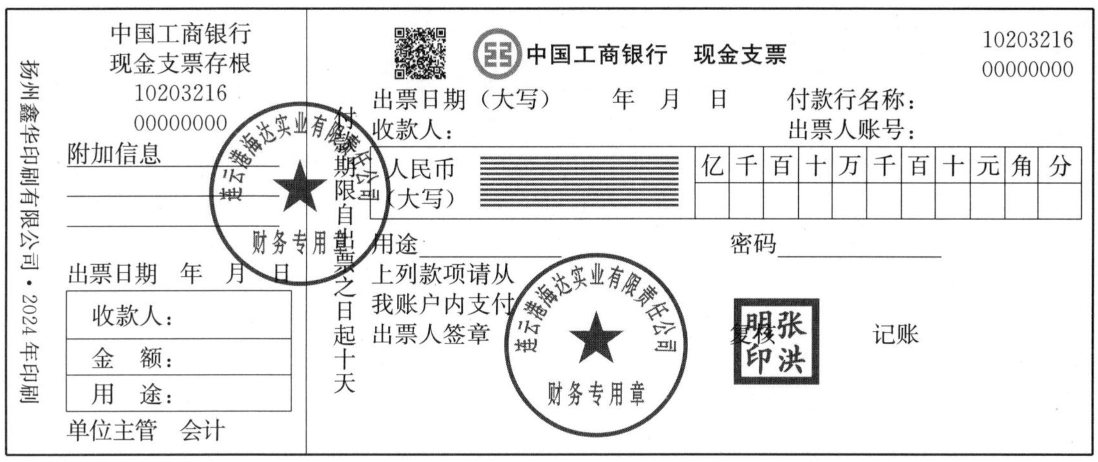

扬州鑫华印刷有限公司・2024 年印制

中国工商银行
现金支票存根
10203216
00000000

附加信息

出票日期　年　月　日

收款人：

金　额：

用　途：

单位主管　会计

付款期限自出票之日起十天

中国工商银行　现金支票　10203216　00000000

出票日期（大写）　年　月　日　付款行名称：

收款人：　出票人账号：

人民币（大写）	亿	千	百	十	万	千	百	十	元	角	分

用途＿＿＿＿＿＿　密码＿＿＿＿＿＿

上列款项请从
我账户内支付
出票人签章

复核　记账

连云港海达实业有限责任公司　财务专用章

张洪印明

［业务 2］

凭证 2.1　　**3200094620**　　江苏增值税专用发票　　No 03583271

机器编号：499934925199

3200094620
03583271

开票日期：2024 年 12 月 2 日

购买方	名　　称：连云港海达实业有限责任公司 纳税人识别号：91032070522206523 8 地 址 、电 话：连云区中山路 59 号 0518-82356456 开户行及账号：工行连云支行　260102220002752	密码区	03091122902－780/94＋8＋*2＞73*7/346＞8 －4－/2＋10828/＞6663－/2＋＜3200098＞＋4620 852*0/2/1905＜10*49＜23*035*83271＞89 44＋5//＞755＞8*07＞9＞＞＋*9056＋＜679237

货物或应税劳务 服务名称	规格型号	单位	数量	单价	金额	税率	税额
*销售货物*A 材料*		千克	6 000	7.90	47 400.00	13％	6 162.00
*销售货物*B 材料*		千克	4 000	9.90	39 600.00	13％	5 148.00
合　计					￥87 000.00		￥11 310.00
价税合计（大写）	⊗玖万捌仟叁佰壹拾元整　（小写）￥98 310.00						

销售方	名　　称：连云港红光工厂 纳税人识别号：910320705111075239 地 址 、电 话：东海牛山镇振兴路 21 号 0518-87567386 开户行及账号：工行东海牛山支行　260102220002822	备注	连云港红光工厂 910320705111075239 发票专用章

收款人：王明　　复核：王翔　　开票人：李创　　销售方：（章）

税总函［2017］514 号南京造币厂

第三联　发票联　购买方记账凭证

凭证 2.2　　**2200094620**　　**江苏增值税专用发票**　　No 05583271

发票联

2200094620
05583271

机器编号：499934925198　　开票日期：2024 年 12 月 2 日

购买方	名称：连云港海达实业有限责任公司 纳税人识别号：910320705222065238 地址、电话：连云区中山路 59 号 0518-82356456 开户行及账号：工行连云支行　260102220002752			密码区	03091122902−780/94+8+*2>73*7/346>8 −4−/2+10828/>6663−/2+<3200098>+4620 852*0/2/1905<10*49<23*035*83271>89 44+5//>755>8*07>9>>+*9056+<679237		
货物或应税劳务 服务名称	规格型号	单位	数量	单价	金额	税率	税额
*运输服务*运费*			1	1 000.00	1 000.00	9%	90.00
合　计					￥1 000.00		￥90.00
价税合计（大写）	⊗壹仟零玖拾元整			（小写）￥1 090.00			
销售方	名称：连云港万通运输公司 纳税人识别号：910320705589061043 地址、电话：东海牛山镇振兴路 23 号 0518-87567596 开户行及账号：工行东海牛山支行　260102220002855			备注	起始地：东海—连云　车号：苏 GX0512 货名：A、B材料 910320705589061043		

收款人：王明　　复核：王翔　　开票人：李创　　销售方：（章）

税总函[2017] 514 号南京造币厂

第三联 发票联 购买方记账凭证

凭证 2.3

收 料 单

年　月　日

材料名称	规格	单位	数量		发票金额		应摊运杂费	实际成本	
			应收	实收	单价	金额		单价	金额
合计									

会计：　　记账：　　保管员：　　验收人：

凭证 2.4

材料运杂费分配表

年　月　日

材料名称	分配标准（重量：千克）	分配率	分配额
合计			

［业务 3］

凭证 3.1

借　　条

年　月　日

借款原因：________________	借款人： 盖章
借款金额（大写）__________ ¥______	备注：

第三联：本联在借款结清后退回借款人

［业务 4］

凭证 4.1

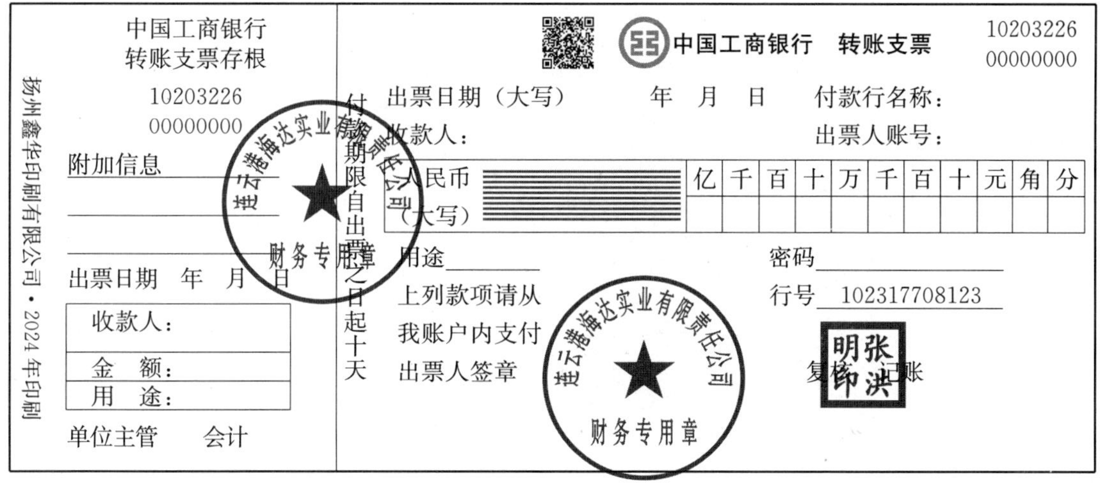
扬州鑫华印刷有限公司・2024 年印刷

中国工商银行
转账支票存根
10203226
00000000
附加信息
____
____
出票日期　年　月　日
收款人：
金　额：
用　途：
单位主管　　会计

中国工商银行　转账支票　10203226 00000000
付款期限自出票之日起十天
出票日期（大写）　　年　月　日　付款行名称：
收款人：　出票人账号：
人民币（大写）　亿 千 百 十 万 千 百 十 元 角 分
用途________　密码________
上列款项请从　行号 102317708123
我账户内支付
出票人签章　复核　记账

凭证 4.2

海达实业有限公司工资结算单

2024 年 12 月 5 日　　　　第　号

姓名	基础工资	绩效工资	奖励工资	……	应发工资	各种保险	所得税	缺勤	其他	实发工资
张明	1 100	1 000	150	…	2 663	380	121.3			2 161.70
姓名	基础工资	绩效工资	奖励工资	……	应发工资	各种保险	所得税	缺勤	其他	实发工资
赵英	1 100	1 000	100	…	2 610	370	116			2 124
姓名	基础工资	绩效工资	奖励工资	……	应发工资	各种保险	所得税	缺勤	其他	实发工资
王奇	900	900	200	…	2 430	330	98			2 002
姓名	基础工资	绩效工资	奖励工资	……	应发工资	各种保险	所得税	缺勤	其他	实发工资
刘利	900	900	300		2 100	320	45			1 735
……	……	……	……	……	……	……	……	……	……	……
合计										60 000

工资核算员：王莉

［业务 5］

凭证 5.1

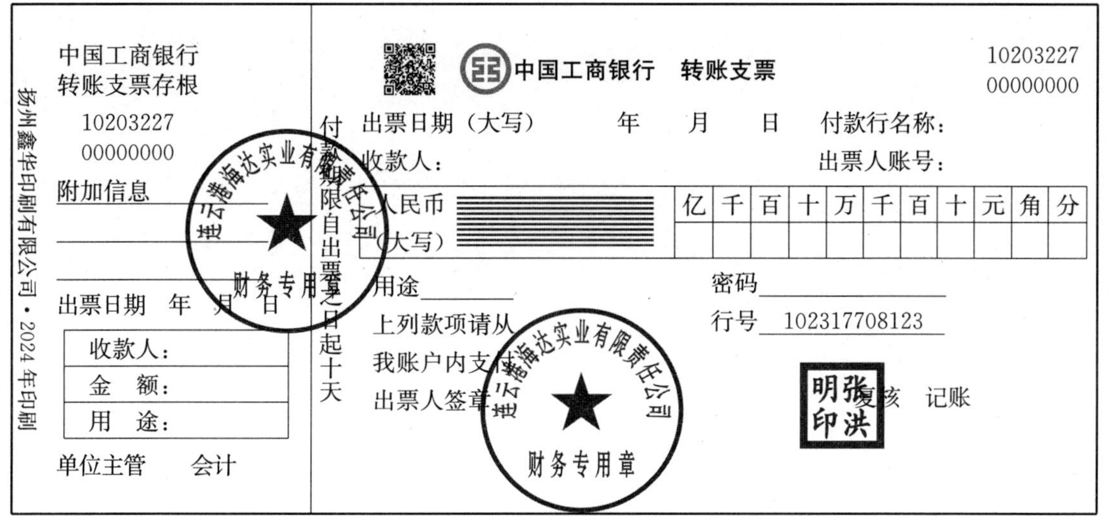

中国工商银行
转账支票存根
10203227
00000000
附加信息
出票日期　年　月　日
收款人：
金　额：
用　途：
单位主管　　会计

扬州鑫华印刷有限公司・2024 年印刷

中国工商银行　转账支票　10203227 00000000
出票日期（大写）　年　月　日　付款行名称：
收款人：　出票人账号：
付款期限自出票之日起十天

人民币（大写）	亿	千	百	十	万	千	百	十	元	角	分

用途　　密码
上列款项请从　行号 102317708123
我账户内支付
出票人签章　　复核　记账

连云港海达实业有限责任公司 财务专用章
张洪印明

凭证 5.2

中华人民共和国
税收通用缴款书（税务收现专用）

国

（061）苏国现 0479581

登记注册类型：　　填发日期：2024 年 12 月 6 日　　税务机关：连云港市国家税务局

纳税人识别号	910320705222065238			纳税人名称		连云港海达实业有限责任公司	
地址	连云港市连云区中山路 59 号						
税种	品目名称	课税数量	计税金额或销售收入	税率或单位税额	税款所属时期	已缴或扣除额	实缴金额
企业所得税	企业所得税	1	¥72 000.00	25%	2024-12-06		¥18 000.00
金额合计	（大写）壹万捌仟元整						¥18 000.00
税务机关（盖章）	代征单位（盖章）		填票人	备注 LSVDE43T9EN038896			

第一联（收据）交纳税人作完税凭证

妥善保管

［业务 6］

凭证 6.1　　3200094620　　江苏增值税专用发票　　No 03583271

机器编号：599934925099　　3200094620　03583271

开票日期：　　年　月　日

购买方	名　　称： 纳税人识别号： 地　址、电　话： 开户行及账号：				密码区		
货物或应税劳务 服务名称	规格型号	单位	数量	单价	金额	税率	税额
合计							
价税合计（大写）				（小写）			
销售方	名　　称： 纳税人识别号： 地　址、电　话： 开户行及账号：				备注	连云港海达实业有限责任公司 91032070522206523８ 发票专用章	

收款人：　　复核：　　开票人：　　销售方：（章）

税总函［2017］514 号南京造币厂

第一联　记账联

凭证 6.2　　ICBC 中国工商银行　进账单（回　单）2

年　月　日

出票人	全称		收款人	全称	
	账号			账号	
	开户银行			开户银行	
金额	人民币（大写）			亿 千 百 十 万 千 百 十 元 角 分	
票据种类		票据张数			
票据号码					
备注： 复核　　记账				中国工商银行 连云港连云支行 2024.12.07 转 开户银行签章	

此联是开户银行交给持（出）票人的回单

凭证 6.3

销售产品发货单

运输方式：

购货单位：　　　　　　年　月　日　　　　　　编号：

产品名称	规格型号	计量单位	数量	单价	金额	备注

销售负责人：　　　　发货人：　　　　提货人：　　　　制单：

［业务 7］

凭证 7.1

外埠差旅费报销表

2024 年 12 月 9 日

部门				营销部	姓名	张凯		职务		业务员	到达地点			北京
事由				展览费				车船住宿费张数						15
出差天数				自 12 月 4 日至 12 月 8 日共 5 天					在途天数		2	住勤天数		4
2024 年			起	起讫地点	车船费	卧改座补贴	夜间补助费	市内交通费	伙食补助费	住宿费				金额合计
月	日	时	止							实际	奖	罚	报销	
12	4	18	起	新浦—北京	200		80	240	300	480			480	1 300.00
12	5	17	止											
12	8	8	起	北京—新浦	200									200.00
12	8	19	止											
			起											
			止											
合计					￥1 500.00									
实报金额（大写）合计					⊗壹仟伍佰元整					单位负责人：同意 张洪明				
原借款数					￥1 800.00	退款或补款数		￥300						

主管人：　　　　会计：王铁山　　　　领报人：张凯　　　　填报：张凯

注：出差人员自备车辆的，不发市内交通费；卧改座补贴是指 90%或 50%卧改座补助。

凭证 7.2

收款收据

年　月　日　　　　No 0002041

今收到＿＿＿＿＿＿＿＿＿＿＿＿＿＿＿＿＿＿＿＿交来

人民币（大写）

事由＿＿＿＿＿＿＿＿＿＿＿＿＿＿＿＿＿＿＿＿

财务主管：　　　　记账：　　　　审核：　　　　出纳：　　　　经手人：

［业务 8］

凭证 8.1

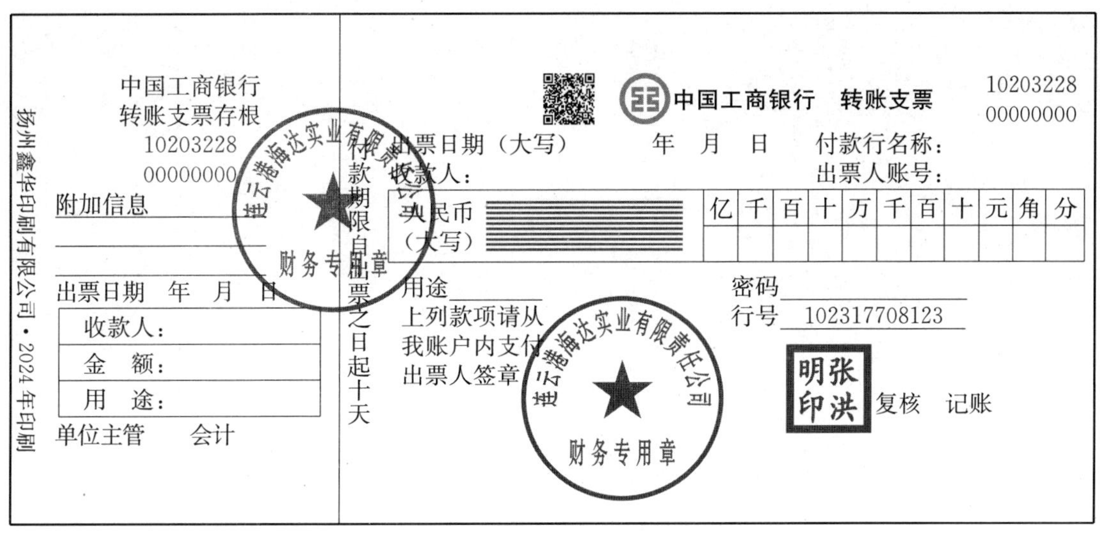

中国工商银行
转账支票存根
10203228
00000000
附加信息
出票日期　年　月　日
收款人：
金　额：
用　途：
单位主管　　会计

扬州鑫华印刷有限公司・2024 年印刷

中国工商银行　转账支票　10203228 00000000
出票日期（大写）　年　月　日　付款行名称：
收款人：　出票人账号：
人民币（大写）　亿 千 百 十 万 千 百 十 元 角 分
付款期限自出票之日起十天
用途
上列款项请从
我账户内支付
出票人签章
密码
行号 102317708123
复核　记账

连云港海达实业有限责任公司 财务专用章
张洪印明

［业务 9］

凭证 9.1　　23207077302　　江苏增值税专用发票　　No 02593811

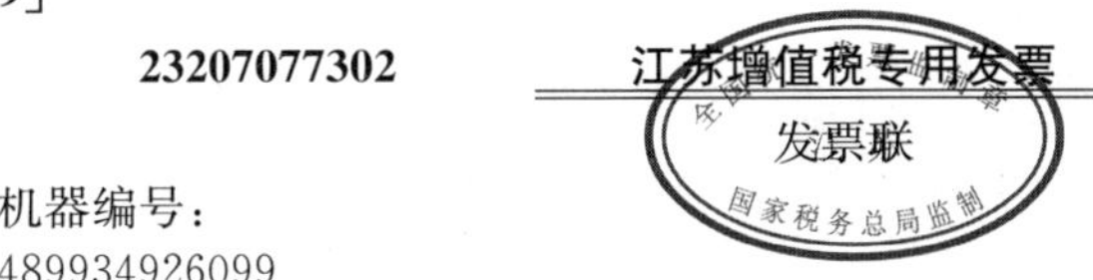

发票联
国家税务总局监制

23207077302
02593811
机器编号：489934926099
开票日期：2024 年 12 月 11 日

购买方	名　　称：连云港海达实业有限责任公司 纳税人识别号：91032070522206523８ 地 址 、电 话：连云区中山路 59 号 0518-82356456 开户行及账号：工行连云支行　260102220002752			密码区	03091122902－780/94＋8＋*2>73*7/346>8 －4－/2＋10828/>6663－/2＋<3200098>＋4620 852*0/2/1905<10*49<23*035*83271>89 44＋5//>755>8*07>9>>＋*9056＋<679237		
货物或应税劳务 服务名称	规格型号	单位	数量	单价	金额	税率	税额
*生活服务*餐费*					300.00	6%	18.00
合　计					¥300.00		¥18.00
价税合计（大写）	⊗叁佰壹拾捌元整　　（小写）¥318.00						
销售方	名　　称：连云港江山饭店 纳税人识别号：910320700139550852 地 址 、电 话：南极路 208 号　0518-85823779 开户行及账号：工行城中支行　260102220002855			备注	连云港江山饭店 910320700139550852 发票专用章		

收款人：张飞　　复核：王标　　开票人：张思宝　　销售方：（章）

税总函［2021］62 号南京造币厂

第三联 发票联 购买方记账凭证

［业务 10］

凭证 10.1

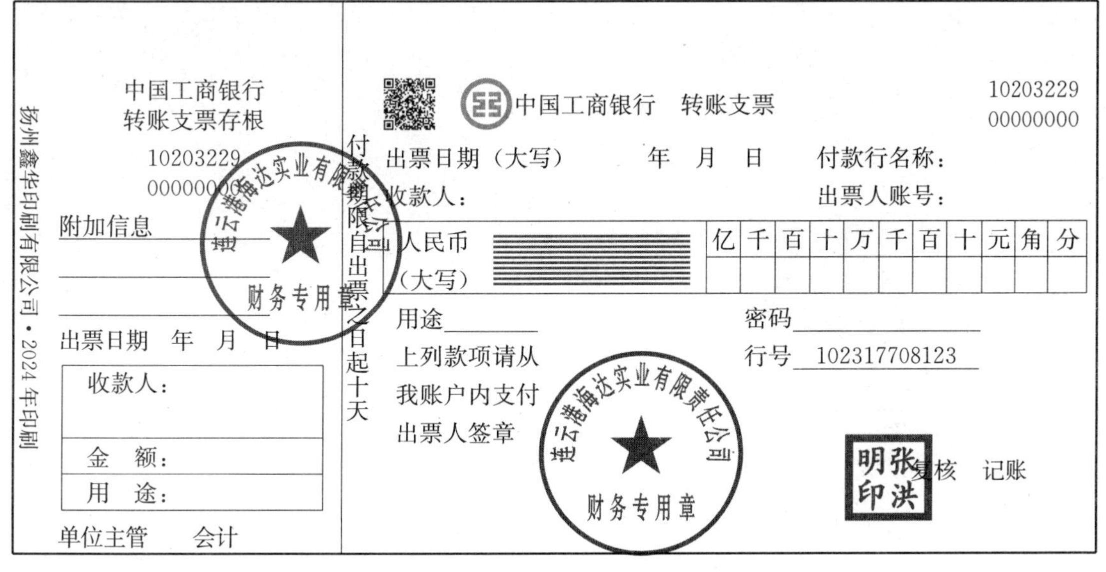
扬州鑫华印刷有限公司·2024年印刷

中国工商银行
转账支票存根
10203229
00000000
附加信息

出票日期　年　月　日

收款人：
金　额：
用　途：

单位主管　　会计

中国工商银行　转账支票　　10203229　00000000

付款期限自出票之日起十天

出票日期（大写）　　年　月　日　　付款行名称：
收款人：　　出票人账号：

人民币（大写）	亿	千	百	十	万	千	百	十	元	角	分

用途　　　　密码
上列款项请从　　行号 102317708123
我账户内支付
出票人签章　　　　复核　记账

凭证 10.2　　32000630113

江苏增值税专用发票

发票联

No 00074167

32000630113
00074167

机器编号：
289934926185

开票日期：2024年12月12日

购买方	名　　称：连云港海达实业有限责任公司 纳税人识别号：910320705222065238 地 址 、电 话：连云区中山路59号 0518-82356456 开户行及账号：工行连云支行　260102220002752	密码区	03091122902−780/94+8+*2>73*7/346>8 −4−/2+10828/>6663−/2+<3200098>+4620 852*0/2/1905<10*49<23*035*83271>89 44+5//>755>8*07>9>>+*9056+<679237

货物或应税劳务 服务名称	规格型号	单位	数量	单价	金额	税率	税额
*金融服务*保险费*					12 000.00	6%	720.00
合　计					¥12 000.00		¥720.00
价税合计（大写）	⊗壹万贰仟柒佰贰拾元整				（小写）¥12 720.00		

销售方	名　　称：太平洋保险公司 纳税人识别号：910320705660136233 地 址 、电 话：海昌路108号　0518-85823118 开户行及账号：工行海昌支行　260102220002859	备注	太平洋保险公司 910320705660136233 发票专用章

收款人：李飞　　复核：王三　　开票人：胡小平　　销售方：（章）

第三联　发票联　购买方记账凭证

税总函［2021］62号南京造币厂

［业务 11］

凭证 11.1

领 料 单

年 月 日

领料单位：

用途：

领料类别	材料名称及规格	计量单位	数量		单价	金额
			请领	实领		

记账： 发料： 领料负责人： 领料：

［业务 12］

凭证 12.1 3200094620

江苏增值税专用发票

发票联

No 03583277

3200094620

03583277

机器编号：

599934925199

开票日期： 年 月 日

购买方	名 称： 纳税人识别号： 地 址、电 话： 开户行及账号：					密码区	略
货物或应税劳务 服务名称	规格型号	单位	数量	单价	金额	税率	税额
合计							
价税合计（大写）					（小写）		
销售方	名 称： 纳税人识别号： 地 址、电 话： 开户行及账号：					备注	连云港海达实业有限责任公司 910320705222065238 发票专用章

税总函［2021］62号南京造币厂

第一联 记账联

收款人： 复核： 开票人： 销售方：（章）

凭证 12.2

托收凭证（受理回单）

委托日期　　年　月　日　　　　　　　　　　　　　　　　1

业务类型	委托收款（□邮划　□电划）　托收承付（□邮划　□电划）				
付款人	全称		收款人	全称	
	账号			账号	
	地址	省　市县　开户行		地址	省　市县　开户行
金额	人民币（大写）		亿 千 百 十 万 千 百 十 元 角 分		
款项内容		委托凭据名称		附寄单证张数	
商品发运情况		合同名称号码			
备注： 复核　记账	年　月　日	收款人开户银行盖章 中国工商银行 连云港连云支行 2024.12.15 转讫 年　月　日			

此联作收款人开户银行给收款人的受理回单

凭证 12.3

销售产品发货单

运输方式：

购货单位：　　　　　　年　月　日　　　　　　编号：

产品名称	规格型号	计量单位	数量	单价	金额	备注

销售负责人：　　　　发货人：　　　　提货人：　　　　制单：

［业务 13］

凭证 13.1　　3200094620

江苏增值税专用发票

发票联

（全国统一发票监制章 江苏 国家税务总局监制）

No 03583271

3200094620

03583271

机器编号：389934926188

开票日期：2024 年 12 月 17 日

购买方	名　　称：连云港海达实业有限责任公司 纳税人识别号：910320705222065238 地 址 、电 话：连云区中山路 59 号 0518-82356456 开户行及账号：工行连云支行　260102220002752			密码区	03091122902—780/94+8+*2>73*7/346>8 —4—/2+10828/>6663—/2+<3200098>+4620 852*0/2/1905<10*49<23*035*83271>89 44+5//>755>8*07>9>>+*9056+<679237		
货物或应税劳务 服务名称	规格型号	单位	数量	单价	金额	税率	税额
*销售货物*B材料*		千克	6 000	10.00	60 000.00	13%	7 800.00
合　计					¥60 000.00		¥7 800.00
价税合计（大写）	⊗陆万柒仟捌佰元整　　（小写）¥67 800.00						
销售方	名　　称：连云港红旗工厂 纳税人识别号：910160107430258233 地 址 、电 话：海宁路 46 号　0518-885645238 开户行及账号：工行海宁支行　260102220004896			备注	连云港红旗工厂 910160107430258233 发票专用章		

收款人：张晓　　　复核：冯光　　　开票人：雍红　　　销售方：（章）

税总函[2021] 62 号南京造币厂

第三联 发票联 购买方记账凭证

凭证 13.2

中国工商银行
转账支票存根
10203230
00000000

附加信息

出票日期 2024 年 12 月 17 日

收款人：红旗工厂
金额：67 800.00
用途：购料

单位主管　　会计：张斌

［业务 14］

凭证 14.1

中国工商银行
转账支票存根
10203231
00000000

附加信息

出票日期 2024 年 12 月 18 日

收款人：市电视台
金额：8 480.00
用途：广告费

单位主管　　会计：张斌

凭证 14.2　　**3200010813**

No 02153340
3200010813
02153340

机器编号：499935925098

开票日期：2024 年 12 月 18 日

购买方	名　　称：连云港海达实业有限责任公司 纳税人识别号：910320705222065238 地 址 、电 话：连云区中山路 59 号 0518-82356456 开户行及账号：工行连云支行　260102220002752				密码区	03091122902−780/94+8+*2>73*7/346>8 −4−/2+10828/>6663−/2+<3200098>+4620 852*0/2/1905<10*49<23*035*83271>89 44+5//>755>8*07>9>>+*9056+<679237		
货物或应税劳务 服务名称	规格型号	单位	数量	单价		金额	税率	税额
*现代服务*广告费*						8 000.00	6%	480.00
合　计						¥8 000.00		¥480.00
价税合计（大写）	⊗捌仟肆佰捌拾元整　　（小写）¥8 480.00							
销售方	名　　称：连云港电视台广告部 纳税人识别号：910320705468046625 地 址 、电 话：解放路 21 号　0518-85825778 开户行及账号：工行解放支行　260102220002844				备注	连云港电视台广告部 910320705468046625 发票专用章		

收款人：李华　　复核：李明　　开票人：刘柳　　销售方：（章）

税总函［2021］62 号南京造币厂

第三联 发票联 购买方记账凭证

［业务 15］

凭证 15.1

ICBC 中国工商银行　进账单（回　单）2

年　月　日

出票人	全称		收款人	全称	
	账号			账号	
	开户银行			开户银行	

金额	人民币（大写）	亿	千	百	十	万	千	百	十	元	角	分

票据种类		票据张数		
票据号码				
备注： 复核　　记账				中国工商银行 连云港连云支行 2024.12.19 转讫 开户银行签章

此联是开户银行交给持（出）票人的回单

凭证 15.2

江苏金诚会计师事务所有限公司连云港分所

验　资　报　告

江苏金诚会计师事务所有限公司连云港分所验资专用章

连云港海达实业有限责任公司全体股东：

我们接受委托，审验了贵公司截至 2024 年 12 月 19 日申请变更登记的注册资本的实收情况。按照国家相关法律、法规的规定和有关决议、章程的要求出资，提供真实、合法、完整的验资资料，保证资产的安全、完整是全体股东及贵公司的责任。我们的责任是对贵公司注册资本的实收情况发表审验意见。我们审验是依据《独立审计实务公告第 1 号——验资》进行的。在审验过程中，我们结合贵公司的实际情况，实施了检查等必要的审验程序。

根据有关部门协议、章程规定，贵公司申请变更的注册资本为人民币 100 万元，由连云港海达实业有限责任公司（简称甲方）、连云港枫华公司（简称乙方）于 2024 年 12 月 19 日之前缴足。经我们审验，截至 2024 年 12 月 19 日，贵公司已收到全体股东交纳的注册资本，合计人民币壹佰万元整（￥1 000 000.00），全部以货币出资。

本验资报告仅供贵公司申请变更登记及据以向全体股东签发出资证明时使用，不应将其视为对贵公司验资报告日后资本保全、偿债能力和持续经营能力等的保证。因使用不当造成的后果，与执行本验资业务的注册会计师及会计师事务所无关。

附：注册资本实收情况明细表

江苏金诚会计师事务所有限公司　　　　主任会计师：

连云港分所　　　　中国注册会计师：

中国　连云港　　　　二〇二肆年十二月十九日

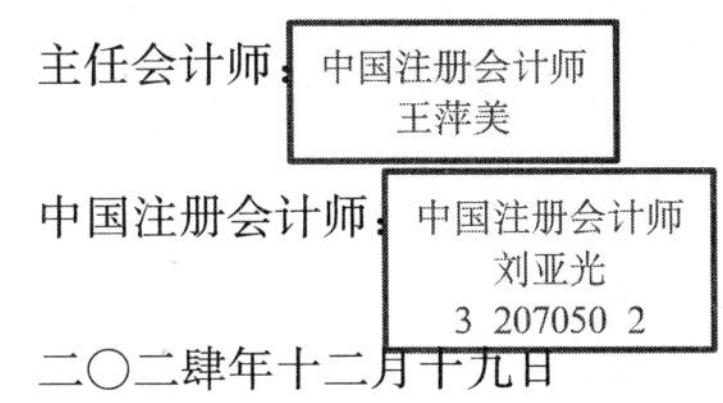

注册资本实收情况明细表

截至 2024 年 12 月 19 日

公司名称：连云港海达实业有限责任公司　　　　货币单位：万元

股东名称	申请的注册资本		实际出资情况						
	金额	比例（%）	货币	实物	净资产	其他	合计	其中：实际缴注册资本 金额	占注册资本总额比例（%）
海达实业	80	80	80				80	80	80
枫华公司	20	20	20				20	20	20
合计	100	100	100				100	100	100

江苏金诚会计师事务所有限公司连云港分所　　江苏金诚会计师事务所有限公司连云港分所验资专用章　　中国注册会计师：中国注册会计师 刘亚光 3 207050 2

[业务 16]

凭证 16.1

委托收款凭证　（付款通知）　5　委托号

119480525　委托日期：2024 年 12 月 20 日　第 00085691 号

<table>
<tr><td rowspan="3">付款人</td><td>全称</td><td>连云港海达实业有限责任公司</td><td rowspan="3">收款人</td><td>全称</td><td colspan="3">连云港水务公司</td></tr>
<tr><td>账号</td><td>260102220002752</td><td>账号</td><td colspan="3">260102220009832</td></tr>
<tr><td>开户银行</td><td>工行连云支行</td><td>开户银行</td><td>工行营业部</td><td>行号</td><td></td></tr>
<tr><td>委托金额</td><td colspan="4">人民币
（大写）壹仟壹佰零玖元陆角肆分</td><td colspan="3">千 百 十 万 千 百 十 元 角 分
¥ 1 1 0 9 6 4</td></tr>
<tr><td colspan="2">款项内容及合同（协议）号码</td><td>委托收款凭据名称　水费</td><td colspan="2">附寄单据张数　1</td><td colspan="3">委托手续费</td></tr>
<tr><td colspan="3">备注：</td><td colspan="5">付款人开户银行盖章：
中国工商银行 连云港连云支行 2024.12.20 转讫</td></tr>
</table>

单位主管：　会计：　复核：　记账：

此联是付款人开户银行给付款人的付款通知

凭证 16.2　3200094620

江苏增值税专用发票

发票联

No 03583271

3200094620

03583271

机器编号：

599935925198

开票日期：2024 年 12 月 20 日

<table>
<tr><td rowspan="4">购买方</td><td colspan="4">名　　称：连云港海达实业有限责任公司
纳税人识别号：910320705222065238
地 址 、电 话：连云区中山路 59 号 0518-82356456
开户行及账号：工行连云支行　260102220002752</td><td>密码区</td><td colspan="3">03091122902－780/94＋8＋*2>73*7/346>8
－4－/2＋10828/>6663－/2＋<3200098>＋4620
852*0/2/1905<10*49<23*035*83271>89
44＋5//>755>8*07>9>>＋*9056＋<679237</td></tr>
<tr><td colspan="2">货物或应税劳务 服务名称</td><td>规格型号</td><td>单位</td><td>数量</td><td>单价</td><td>金额</td><td>税率</td><td>税额</td></tr>
<tr><td colspan="2">*自来水*水费*</td><td></td><td></td><td></td><td></td><td>1 018.02</td><td>9%</td><td>91.62</td></tr>
<tr><td colspan="2">合　计</td><td></td><td></td><td></td><td></td><td>¥1 018.02</td><td></td><td>¥91.62</td></tr>
<tr><td colspan="2">价税合计（大写）</td><td colspan="7">⊗壹仟壹佰零玖元陆角肆分　　（小写）¥1 109.64</td></tr>
<tr><td>销售方</td><td colspan="4">名　　称：连云港水务公司
纳税人识别号：910320705222077935
地 址 、电 话：连云港海连路 75 号 0518-85438956
开户行及账号：工行营业部　260102220009832</td><td>备注</td><td colspan="3">连云港水务公司 910320705222077935 发票专用章</td></tr>
</table>

收款人：孙华　复核：张军　开票人：冯小明　销售方：（章）

税总函[2021] 62 号南京造币厂

第三联 发票联 购买方记账凭证

凭证 16.3

委托收款凭证　　（付款通知）　5　委托号

2128805935　委托日期：2024 年 12 月 20 日　第 00085692 号

<table>
<tr><td rowspan="3">付款人</td><td>全称</td><td>连云港海达实业有限责任公司</td><td rowspan="3">收款人</td><td>全称</td><td colspan="3">连云港供电公司</td></tr>
<tr><td>账号</td><td>260102220002752</td><td>账号</td><td colspan="3">260102220047856</td></tr>
<tr><td>开户银行</td><td>工行连云支行</td><td>开户银行</td><td>工行营业部</td><td>行号</td><td></td></tr>
<tr><td>委收金额</td><td colspan="4">人民币
（大写）叁仟玖佰伍拾伍元整</td><td colspan="3">千 百 十 万 千 百 十 元 角 分
¥ 3 9 5 5 0 0</td></tr>
<tr><td colspan="2">款项内容及合同（协议）号码</td><td></td><td>委托收款凭据名称</td><td>电费</td><td>附寄单据张数</td><td>1</td><td>委托手续费</td></tr>
<tr><td colspan="3">备注：</td><td colspan="5">付款人开户银行盖章：中国工商银行 连云港连云支行 2024.12.20 转讫</td></tr>
</table>

单位主管：　会计：　复核：　记账：

此联是付款人开户银行给付款人的付款通知

凭证 16.4　**3200094620**　**江苏增值税专用发票**　No 03583271

发票联

3200094620
03583271

机器编号：599935925198　开票日期：2024 年 12 月 20 日

<table>
<tr><td>购买方</td><td colspan="4">名　　称：连云港海达实业有限责任公司
纳税人识别号：910320705222065238
地 址 、电 话：连云区中山路 59 号 0518-82356456
开户行及账号：工行连云支行　260102220002752</td><td>密码区</td><td colspan="3">03091122902-780/94+8+*2>73*7/346>8
-4-/2+10828/>6663-/2+<3200098>+4620
852*0/2/1905<10*49<23*035*83271>89
44+5//>755>8*07>9>>+*9056+<679237</td></tr>
<tr><td colspan="2">货物或应税劳务 服务名称</td><td>规格型号</td><td>单位</td><td>数量</td><td>单价</td><td>金额</td><td>税率</td><td>税额</td></tr>
<tr><td colspan="2">*电力产品*电费*</td><td></td><td></td><td></td><td></td><td>3 500.00</td><td>13%</td><td>455.00</td></tr>
<tr><td colspan="2">合　计</td><td></td><td></td><td></td><td></td><td>¥3 500.00</td><td></td><td>¥455.00</td></tr>
<tr><td colspan="2">价税合计（大写）</td><td colspan="7">⊗叁仟玖佰伍拾伍元整　　（小写）¥3 955.00</td></tr>
<tr><td>销售方</td><td colspan="4">名　　称：连云港供电公司
纳税人识别号：910320705222046584
地 址 、电 话：海州区幸福路 107 号 0518-85612346
开户行及账号：工行营业部　260102220047856</td><td>备注</td><td colspan="3">连云港供电公司 910320705222046584 发票专用章</td></tr>
</table>

收款人：朱小美　复核：江涛　开票人：刘庆　销售方：（章）

税总函[2021] 62 号南京造币厂

第三联 发票联 购买方记账凭证

［业务 17］

凭证 17.1

收 料 单

收料日期：2024 年 12 月 20 日　　　　仓库：3 号仓库

材料名称	规格	单位	数量		发票金额		应摊运杂费	实际成本	
			应收数	实收数	单价	金额		单价	金额
B 材料		千克	6 000	6 000	10	60 000.00		10	60 000.00
合计						60 000.00			60 000.00

会计：王铁山　　记账：　　保管员：沈大军　　验收人：沈大军

［业务 18］

凭证 18.1

ICBC 中国工商银行　进账单（回　单）2

2024 年 12 月 22 日

出票人	全称	明辉工厂	收款人	全称	连云港海达实业有限责任公司
	账号	260102220003875		账号	260102220002752
	开户银行	工行解放路支行		开户银行	工行连云支行

金额	人民币（大写）伍万元整	亿	千	百	十	万	千	百	十	元	角	分
					¥	5	0	0	0	0	0	0

票据种类	转支	票据张数	1
票据号码	345698		

复核　　记账　　开户银行签章

中国工商银行 连云港连云支行 2024.12.22 转讫

此联是开户银行交给持(出)票人的回单

［业务 19］

凭证 19.1

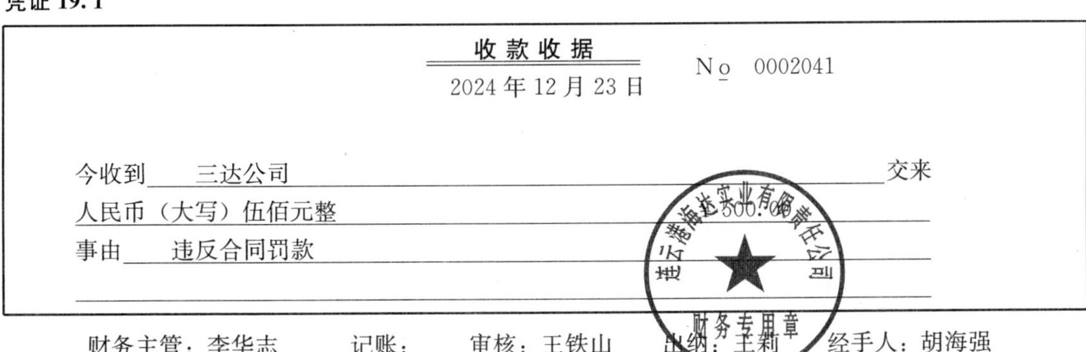

收 款 收 据

2024 年 12 月 23 日　　No 0002041

今收到　三达公司　交来

人民币（大写）伍佰元整　¥500.00

事由　违反合同罚款

连云港海达实业有限责任公司 财务专用章

财务主管：李华志　　记账：　　审核：王铁山　　出纳：王莉　　经手人：胡海强

［业务 20］

凭证 20.1

领　料　单

领料单位：　　　　　　　　　　　　年　月　日

用途	材料名称及规格	计量单位	数量		单价	金额
			请领	实领		

记账：　　　　发料：　　　　领料负责人：　　　　领料：

［业务 21］

凭证 21.1

中国工商银行
转账支票存根
10203232
00000000

附加信息

出票日期 2024 年 12 月 25 日

收款人：市红十字会
金额：10 000.00
用途：赈灾捐款

单位主管　　会计

凭证 21.2

公益事业捐赠统一票据

UNIFIED INVOICE DONATION FOR PUBLIC WELFARE

捐赠人：连云港海达实业有限责任公司　　2024 年 12 月 25 日　　No 0000002498
Donor:　　　　　　　　　　　　　　Y　M　D

捐赠项目 For purpose	实物（外币）种类 Material Objects (currency)	数量 Amount	金额 Total amount									
			千	百	十	万	千	百	十	元	角	分
捐赠	人民币	1				1	0	0	0	0	0	0
金额合计（小写）In Figures					¥	1	0	0	0	0	0	0
金额合计（大写）In Words			⊗仟⊗佰⊗拾壹万零仟零佰零拾零元零角零分									

第二联 收据

接收单位（盖章）：　　复核人：李大军　　开票人：张莉
Receiver's Seal　　Verified by　　Handling Person

（印章：市红十字会 财务专用章）

感谢您对公益事业的支持！Thanks you for support of public welfare!

［业务 22］

凭证 22.1　　**3200094620**

江苏增值税专用发票

发票联

No 03583271

3200094620

03583271

机器编号：699935925196

开票日期：2024 年 12 月 26 日

购买方	名　　称：连云港海达实业有限责任公司 纳税人识别号：910320705222065238 地 址 、电 话：连云区中山路 59 号 0518-82356456 开户行及账号：工行连云支行　260102220002752			密码区	03091122902－780/94＋8＋*2＞73*7/346＞8 —4—/2＋10828/＞6663—/2＋＜3200098＞＋4620 852*0/2/1905＜10*49＜23*035*83271＞89 44＋5//＞755＞8*07＞9＞＞＋*9056＋＜679237		
货物或应税劳务 服务名称	规格型号	单位	数量	单价	金额	税率	税额
*销售货物*T 机器*	T6120	台	1	50 000.00	50 000.00	13%	6 500.00
合　计					¥50 000.00		¥6 500.00
价税合计（大写）	⊗伍万陆仟伍佰元整　　（小写）¥56 500.00						
销售方	名　　称：大江机器厂 纳税人识别号：910320705222456891 地 址 、电 话：东海振兴路 79 号　0518-87567398 开户行及账号：工行振兴支行　260102220004865			备注	大江机器厂 910320705222456891 发票专用章		

收款人：徐江艳　　复核：李国立　　开票人：徐小娟　　销售方：（章）

税总函[2021] 62 号南京造币厂

第三联 发票联 购买方记账凭证

凭证 22.2　　**2200094620**

江苏增值税专用发票

发票联

No 05583271

2200094620

05583271

机器编号：799934925197

开票日期：2024 年 12 月 26 日

购买方	名　　称：连云港海达实业有限责任公司 纳税人识别号：910320705222065238 地 址 、电 话：连云区中山路 59 号 0518-82356456 开户行及账号：工行连云支行　260102220002752			密码区	03091122902－780/94＋8＋*2＞73*7/346＞8 —4—/2＋10828/＞6663—/2＋＜3200098＞＋4620 852*0/2/1905＜10*49＜23*035*83271＞89 44＋5//＞755＞8*07＞9＞＞＋*9056＋＜679237		
货物或应税劳务 服务名称	规格型号	单位	数量	单价	金额	税率	税额
*运输服务*运费*					1 500.00	9%	135.00
合　计					¥1 500.00		¥135.00
价税合计（大写）	⊗壹仟陆佰叁拾伍元整　　（小写）¥1 635.00						
销售方	名　　称：连云港万通运输公司 纳税人识别号：910320705589061043 地 址 、电 话：东海牛山镇振兴路 23 号 0518-87567596 开户行及账号：工行东海牛山支行　260102220002855			备注	起始地：东海　连云 车号：苏 GX5126　货名：T 机器 连云港万通运输公司 910320705589061043 发票专用章		

收款人：张飞　　复核：王标　　开票人：张思宝　　销售方：（章）

税总函[2021] 61 号南京造币厂

第三联 发票联 购买方记账凭证

凭证 22.3

ICBC 中国工商银行　　托收凭证（付款通知）

5

委托日期　2024 年 12 月 26 日　　付款期限　年　月　日

业务类型	委托收款（□邮划　□电划）　托收承付（□邮划　□电划）							
付款人	全称	连云港海达实业有限责任公司		收款人	全称	大江机器厂		
	账号	260102220002752			账号	260102220004865		
	地址	连云区中山路 59 号	开户行 工行连云支行		地址	东海振兴路 79 号	开户行	工行振兴支行
金额	人民币（大写）伍万捌仟壹佰叁拾伍元整				亿千百十万千百十元角分	¥ 5 8 1 3 5 0 0		
款项内容	购入新机器	托收凭据名称	增值税专用发票、运费专用发票	附寄单证张数	2			
商品发运情况		合同名称号码	00013145					
备注： 复核　记账	款项收妥日期 年　月　日	收款人开户银行盖章 中国工商银行 连云港连云支行 2024.12.26 转讫 年　月　日						

此联作收款人开户银行给收款人的受理回单

鑫华印刷(2017) 17.5×10厘米(工AIIC)

凭证 22.4

固定资产验收报告单

2024 年 12 月 26 日

固定资产名称及规格	T 机器 T6120	验收日期	2024 年 12 月 26 日
固定资产编号	S0001	购买时间	2024 年 12 月 26 日
使用或保管仓库	生产车间	入账价值	51 500. 00
验收部门	设备科	验收意见	宋建国
备注			

［业务 23］

凭证 23.1　　**2200094620**

No 05583271

2200094620

05583271

机器编号：199934925297

开票日期：2024 年 12 月 27 日

购买方	名　　称：连云港海达实业有限责任公司 纳税人识别号：910320705222065238 地 址 、电 话：连云区中山路 59 号 0518-82356456 开户行及账号：工行连云支行　260102220002752				密码区	03091122902－780/94＋8＋*2>73*7/346>8 －4－/2＋10828/>6663－/2＋<3200098>＋4620 852*0/2/1905<10*49<23*035*83271>89 44＋5//>755>8*07>9>>＋*9056＋<679237		
货物或应税劳务 服务名称	规格型号	单位	数量	单价	金额	税率	税额	
*电信服务*电话费*					680.00	6%	40.80	
合　计					￥680.00		￥40.80	
价税合计（大写）	⊗柒佰贰拾元捌角整　　（小写）￥720.80							
销售方	名　　称：中国电信股份有限公司连云港分公司 纳税人识别号：910320705750528699 地 址 、电 话：海连路 53 号　0518-85835777 开户行及账号：工行海连支行　260102220005678				备注	中国电信股份有限公司连云港分公司 910320705750528699 发票专用章		

收款人：周辉　　复核：石康　　开票人：江华　　销售方：（章）

税总函［2021］62 号南京造币厂

第三联 发票联 购买方记账凭证

［业务 24］

凭证 24.1

材料盘点报告单

2024 年 12 月 28 日

材料编号	品名	规格	计量单位	单位成本	账存数量	实存数量	盘盈		盘亏		盘盈盘亏原因	董事会审批
							数量	金额	数量	金额		
合计												

盘点人签名：　　　　保管人签名：

［业务 25］

凭证 25.1

中国工商银行　　借款借据

INDUSTRIAL AND COMMERCIAL BANK OF CHINA

借款日期 2024 年 12 月 28 日　　　　借据编号

借款种类		企业周转贷款	借款人企业代码		910320705222065238
借款原因及用途		购材料	借款合同编号		320705000325
借款人	户名	中国工商银行股份有限公司	收款人	户名	连云港海达实业有限责任公司
	账号	02000456		账号	260102220002752
	开户银行	连云港苍梧支行		开户银行	工行连云支行

借款金额（大写）	亿	千	百	十	万	千	百	十	元	角	分
捌万元整				¥	8	0	0	0	0	0	0

基准利率	5.35%（年利率）	正常利率浮动值	%	浮动点数	
借款当期执行利率	5.35%（年利率）	逾期借款浮动值	40%		
利率变动方式	□借款期内固定利率 ■按一个月浮动 □按三个月浮动 □按半年浮动 □按年浮动 □其他				
借款期限	12 个月	借款到期日	2024 年 12 月 28 日	结息方式	■按月 □按季 □其他

借款期次	执行利率	起始日期	信贷员签章	还款期次	还款日期	还款金额	经办人签章
第一期	%			第一期			
第二期	%			第二期			
第三期	%			第三期			
第四期	%			第四期			
备注：				你单位上列借款款项已转入你单位结算账户内。该借款到期或提前偿还时，应由你单位主动开具转账支票或以现金方式归还借款。借款到期日，在营业终了后，你单位仍未归还借款，则由我行主动在你单位的结算账户内扣款，以归还借款，特此通告。 借款单位签章：　　银行签章：			

［业务 26］

凭证 26.1　　3200094620　　**江苏增值税专用发票**　　No 03583271

发票联

3200094620
03583271

机器编号：
499934925099　　　　开票日期：2024 年 12 月 30 日

购买方	名　　称：通云工厂 纳税人识别号：910160107430278476 地 址 、电 话：海宁路 88 号　0518-85645873 开户行及账号：工行海宁支行　260102220005386				密码区	03091122902—780/94+8+*2>73*7/346>8 —4—/2+10828/>6663—/2+<3200098>+4620 852*0/2/1905<10*49<23*035*83271>89 44+5//>755>8*07>9>>+*9056+<679237		
货物或应税劳务 服务名称		规格型号	单位	数量	单价	金额	税率	税额
*销售货物*A 材料*			千克	500	10.00	5 000.00	13%	650.00
合　计						¥5 000.00		¥650.00
价税合计（大写）		⊗伍仟陆佰伍拾元整		（小写）¥5 650.00				
销售方	名　　称：连云港海达实业有限责任公司 纳税人识别号：910320705222065238 地 址 、电 话：连云区中山路 59 号 0518-82356456 开户行及账号：工行连云支行　260102220002752				备注			

收款人：王莉　　复核：宋成和　　开票人：王铁山　　销售方：（章）

税总函［2021］62 号南京造币厂

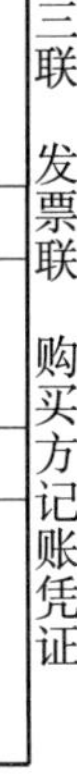

凭证 26.2 ICBC 中国工商银行 进账单（回 单）2

2024 年 12 月 20 日

出票人	全称	通云工厂	收款人	全称	连云港海达实业有限责任公司
	账号	260102220005386		账号	260102220002752
	开户银行	工行海宁支行		开户银行	工行连云支行

金额	人民币（大写）伍仟陆佰伍拾元整	亿	千	百	十	万	千	百	十	元	角	分
						¥	5	6	5	0	0	0

票据种类	转支	票据张数	1
票据号码	348247		

备注：

复核 记账

中国工商银行 连云港连云支行 2024.12.20 转 讫

开户银行签章

此联是开户银行交给持（出）票人的回单

［业务 27］

凭证 27.1 领 料 单

领料单位：营销部 领料日期：2024 年 12 月 30 日

用途	材料名称及规格	计量单位	数量		单价	金额
			请领	实领		
销售	A 材料	千克	500	500	8.00	4 000.00

记账： 发料：沈大军 领料负责人：沈大军 领料：张庆

［业务 28］

凭证 28.1 水电费分配表

2024 年 12 月 31 日

使用部门	水费	电费	合计
车间一般耗用	820.00	2 180.00	3 000.00
管理部门耗用	200.00	1 000.00	1 200.00
合计	1 020.00	3 180.00	4 200.00

连云港海达实业有限责任公司 财务专用章

［业务 29］

凭证 29.1 **存货盘亏（盈）处理通知**

2024 年 12 月 31 日

经查确认盘盈 A 材料系计量误差，批准冲减管理费用。

总经理：张洪明 2024 年 12 月 31 日　　会计主管：李华志 2024 年 12 月 31 日　　会计：王铁山 2024 年 12 月 31 日

［业务 30］

凭证 30.1 **中国工商银行存（贷）款利息凭证**

币种：人民币　　单位：元　　2024 年 12 月 30 日

10×17.5厘米353

付款人	户名	连云港海达实业有限责任公司		收款人	户名	工行连云支行
	账号	260102220002752			账号	260102220004327
金额		400.00		计息户账号		260102220002752
借据编号		8833		借据序号		
备注	起息日期	止息日期	积数	利率	利息	
	2024.11.30	2024.12.30	50 000	0.8%	￥400.00	
	调整利息：			冲正利息：		

第一联 回单

中国工商银行 连云港连云支行 2024.12.30 转讫

银行章：　　经办人：杨中前

［业务 31］

凭证 31.1 **工资分配表**

年　月　日　　单位：元

部门		生产成本	制造费用	销售费用	管理费用	合计
车间生产工人工资	甲产品生产人员					
	乙产品生产人员					
车间管理人员工资						
销售人员工资						
行政管理人员工资						
合计						

主管：　　审核：　　制表：

［业务 32］

凭证 32.1

固定资产折旧计算表

2024 年 12 月 31 日

单位：元

使用单位及固定资产类别		月初应计提折旧原值	月折旧率(%)	月折旧额
车间	厂房	200 000.00	0.9	1 800.00
	设备	250 000.00	1	2 500.00
厂部	房屋	200 000.00	0.55	1 100.00
合计				5 400.00

主管：　　审核：　　制表：沈大军

［业务 33］

凭证 33.1

海达实业有限责任公司财产保险费摊销计算表

2024 年 12 月 31 日

单位：元

项目	预付总额	计划分摊期（月）	已分摊额	本期摊销额	部门	
					车间	厂部
财产保险费	12 000.00	12	11 000.00	1 000.00	600.00	400.00
合计	12 000.00		11 000.00	1 000.00	600.00	400.00

会计主管：王铁山　　审核：宋成和　　制单：王莉

［业务 34］

凭证 34.1

制造费用分配表

年　月　日

车间：基本生产车间　　单位：元

分配对象	分配标准（生产工人工资）	分配率（%）	分配金额
甲产品			
乙产品			
合计			

主管：　　复核：　　制表：

［业务 35］

凭证 35.1

产品生产成本计算表

年　月　日

产品名称：　　完工数量：

项目	直接材料	直接人工	制造费用	合计
月初在产品				
本月生产费用				
月末在产品				
完工产品成本				
单位成本				

主管：　　会计：　　复核：　　制表：

凭证 35.2

产品生产成本计算表

年　月　日

产品名称：　　　　　　　　　　　　　　　　　　完工数量：

项目	直接材料	直接人工	制造费用	合计
月初在产品				
本月生产费用				
月末在产品				
完工产品成本				
单位成本				

主管：　　　　会计：　　　　复核：　　　　制表：

凭证 35.3

产成品入库单

年　月　日

产品名称	计量单位	入库数量	单位成本	金额（元）
合计				

第二联　记账联

记账：　　　　经手人：　　　　保管人：

［业务 36］

凭证 36.1

产品销售成本计算表

年　月　日

项目	甲产品			乙产品		
	数量	单位成本	金额（元）	数量	单位成本	金额（元）
期初结存						
本期完工						
本期销售						
期末结存						

主管：　　　　会计：　　　　复核：　　　　制单：

［业务 37］

凭证 37.1

税金及附加计算表

年　月　日　　　　　　　　单位：元

项目	计征基础	税率（%）	应交金额
合计			

主管：　　　　审核：　　　　制表：

［业务 38］

凭证 38.1

企业所得税计算表

年　月　日　　　　单位：元

项目	本月数
一、营业收入	
减：营业成本	
税金及附加	
销售费用	
管理费用	
财务费用	
二、营业利润	
加：营业外收入	
减：营业外支出	
三、利润总额	
适用税率	
四、应纳所得税额	

［业务 39］

凭证 39.1

本月收入计算表

年　月　日　　　　单位：元

项目	金额
主营业务收入 其他业务收入 营业外收入	
合计	

凭证 39.2

本月费用计算表

年　月　日　　　　单位：元

项目	金额
主营业务成本 税金及附加 其他业务成本 管理费用 财务费用 销售费用 营业外支出 所得税费用	
合计	

［业务 40］

凭证 40.1

提取盈余公积计算表

年　月　日　　　　单位：元

项目	净利润	提取率	应提金额	备注
合计				

会计主管：　　　　审核：　　　　制单：

［业务 41］

凭证 41.1

应付股利计算表

年　月　日　　　　单位：元

项目	净利润	分配率	应分配金额	备注
合计				

会计主管：　　　　审核：　　　　制单：

［业务 42］

凭证 42.1

本年利润结转表

年　月　日　　　　单位：元

项目	金额
期初余额 本月发生	
合计	

［业务 43］

凭证 43.1

利润分配结转表

年　月　日　　　　单位：元

明细科目	金额（期初余额＋本月提取）
提取法定盈余公积 应付现金股利	
合计